民國歷史與文化研究

二 編

第 18 冊

通俗知識與現代性
——丁福保與近代上海醫學知識的大眾傳播

劉 玄 著

花木蘭文化出版社

國家圖書館出版品預行編目資料

通俗知識與現代性——丁福保與近代上海醫學知識的大眾傳
播／劉玄 著 -- 初版 -- 新北市：花木蘭文化出版社，2015〔民
104〕

目 2+210 面；19×26 公分

（民國歷史與文化研究 二編；第 18 冊）

ISBN 978-986-404-286-9（精裝）

1. 丁福保 2. 傳記 3. 中國醫學史

628.08　　　　　　　　　　　　　　　　104012467

ISBN-978-986-404-286-9

9 789864 042869

民國歷史與文化研究

二 編 第十八冊　　　　　　ISBN：978-986-404-286-9

通俗知識與現代性
——丁福保與近代上海醫學知識的大眾傳播

作　　者	劉 玄
總 編 輯	杜潔祥
副總編輯	楊嘉樂
編　　輯	許郁翎
出　　版	花木蘭文化出版社
社　　長	高小娟
聯絡地址	235 新北市中和區中安街七二號十三樓
	電話：02-2923-1455 ／傳眞：02-2923-1452
網　　址	http://www.huamulan.tw 信箱 hml 810518@gmail.com
印　　刷	普羅文化出版廣告事業
初　　版	2015 年 9 月
全書字數	199676 字
定　　價	二編 24 冊（精裝）台幣 45,000 元

通俗知識與現代性
——丁福保與近代上海醫學知識的大眾傳播

劉　玄　著

作者簡介

劉玄，女，1985 年生於江西省南昌市。先後在南京大學、北京師範大學及香港中文大學獲得歷史學學士、歷史學碩士及哲學博士學位。研究方向爲近代中國社會史、醫療文化史。2013 年進入南京大學 —— 江蘇鳳凰出版傳媒集團博士後科研工作站工作，主要從事大型出版項目《中國運河志》的相關研究工作，先後發表學術文章多篇。

提　　要

　　本書旨在研究丁福保（1874～1952）在晚清及民國時期在上海傳播西醫知識及各種醫學普及知識的作用和影響，並以此來討論通俗知識與十九世紀二十世紀初中國的現代性問題。醫學知識的傳播在近代中國經歷了一個大眾化，普及化，商業化的過程。而以豐富的醫學著述而聞名的上海醫學書局的創辦人，集醫生、著述家、出版商、佛教居士等身份爲一體的近代學者丁福保，是這一過程中的關鍵人物。

　　從 1909 到 1915 年前後，丁福保和他創辦的醫學書局幾乎主導了晚清民初的醫書市場，翻譯編譯出版了日本明治維新以來出版的包括解剖生理、病理衛生等醫學各科近百部西醫書籍，還有部分中藥及中醫著作。然而 1915 年之後，隨著西醫專業團體的興起，丁福保在西醫譯書市場中的壟斷地位迅速被取代。故對丁氏而言，1909 至 1915 年是個非常重要的時段。本書對這個特殊時代的背景做出分析。在此之後，作爲一名佛學養生家，丁氏在醫書市場上貢獻最多的是關於個人保健衛生的通俗醫學知識。

　　本書對丁福保的研究十分詳盡，利用了大量資料，發掘出丁福保在從清末到 1915 年以前在中國西醫書籍市場上的獨一無二的主導地位，以及他在民國之後成爲結合佛學的養生家之後，傳播的醫學通俗知識的內容及影響。不但有助於讀者全面瞭解丁福保在近代醫療文化史中扮演的角色，也給讀者提供清末民初至民國三、十年代中國醫學發展之重要參考。

目次

第一章 緒論：丁福保與晚清民初 上海醫書市場的轉型

一、前言：從晚清時期《申報》刊登的一則廣告說起

> 〔函授新醫學廣告〕鄙人為改良醫學起見，仿實業函授學校之
> 例創立函授新醫學，其講義有《家庭侍疾法》，《西藥實驗談》，《肺
> 癆病之大研究》，《神經衰弱研究》，《病理學一夕談》，《診斷學一夕
> 談》……等，皆淺顯明白為門徑中之門徑，階梯中之階梯。如欲閱
> 章程乞寄郵票二分至上海新馬路昌壽里丁寓，即將章程寄上。〔註1〕

　　1910 年六月開始，上海第一大報紙《申報》的廣告版面連續刊登了這樣
一則「函授新醫學廣告」啓事，從中反映出清季民初的中國，在社會由傳統
邁向現代之時，醫學知識的傳播也正經歷著包括內容與媒介在內的巨大轉
變。刊登這則廣告的作者，便是本書的主角──丁福保〔註2〕（1874～1952），
當時正是滬上新成立的旨在研究中西醫藥學的「中西醫學研究會」的發起人。

　　丁福保在《申報》上刊登的商業廣告，除了有關於他所創辦的函授新醫

〔註 1〕《申報》1910 年 6 月 4 日第一張第五版。

〔註 2〕丁福保，字仲祐，又字梅軒，號疇隱居士，又署晉陵下工、濟陽破衲。江蘇無
　　　錫人。他不僅精通中西醫學，出版了大量醫書，這是本書研究的主要方面，但
　　　除此之外，丁氏在佛學，國學，算學，錢幣學方面亦頗有造詣。在佛學方面，
　　　編有《佛學撮要》、《佛學指南》、《佛學起信》及《佛學大辭典》等十多種書籍；
　　　在國學方面，編有《說文解字祜林》，《全漢三國晉南北朝詩》及《歷代詩話》
　　　等；錢幣方面有《古錢大辭典》、《古泉學綱要》、《古泉叢話》等。

學講習社的之外，還有他的出診廣告及他翻譯的各類醫書廣告〔註3〕（多為肺癆病與花柳病類書籍）。此外，丁福保亦向《申報》、《大公報》等主要報紙投稿，主動提供他翻譯的西醫譯著如《鼠疫一夕談》，《胃腸病之預防法》，《學校健康與保護》等的章節摘錄，其意圖如下：「惟吾國醫生向不知鼠疫之原因，病狀，預防等法，謹呈拙著《鼠疫一夕談》一篇，乞貴報登錄，使齊民咸知鼠疫之情狀，於公共衛生上或稍有益也。……又呈拙著數首以備採擇……貴報如欲提倡醫學，徵集醫學論說，乞寄函上海新馬路昌壽里八十二號福保，即將拙稿按月寄上。」〔註4〕丁氏假借報紙作為宣傳西醫新知識的平臺，目的也在於以此擴大他所創辦的醫學書局發售醫書的影響力。從1910年開始，「丁福保」這個名字開始與有別於傳統醫學的新醫學知識相聯繫，頻繁出現於上海各大小報紙上，既有《申報》、《大公報》這樣的大報，也有《時報》、《神州日報》、《天鐸報》這樣的小報。這些報紙商業廣告，顯示了在日益商業化、都市化的近代上海，醫學知識也作為一種資本，通過出版生利，並借助商業廣告、郵政通信提高傳遞信息的效率，這些都是現代性的重要表徵。

　　古代傳統社會裏，因為沒有學堂模式的中醫教育，醫學知識的傳播主要發生於師徒之間的傳授，這種師徒相傳又特別限於家庭、宗族、民族體系之內，〔註5〕因此出現了許多以醫為名的醫學世家及學派。醫學知識要實現更大範圍的大眾傳播則要有賴於印刷技術及圖書市場的發展以及文人階層的出現。自宋代開始，印刷技術的推廣，新社會秩序的形成及理學的發展大大擴展了醫學知識的傳播管道。〔註6〕特別是明清以來，醫書市場上流行的不止是一些醫學經典，更多的是以實用取向的醫學入門普及書。〔註7〕除了醫學世家之外，普通讀書人，士人都可以從身邊可獲得的醫書中或是醫家友人處獲得醫學知識。丁福保起初也是從自學及專業網絡獲得醫學知識中的儒生中的一員，但最後卻應時代之變，以大眾化，普及化，商業化為目標，打破了傳統醫學知識在中國的傳播之道，成為在晚清民初向大眾傳播西醫知識之先進，

〔註3〕廣告見《申報》1913年3月21日第八版，1914年4月16日第五版，1915年2月28日第二張第一版。

〔註4〕《大公報》，1911年2月3日第三張，頁3。

〔註5〕朱現平，〈中醫學傳承體系的形成〉，《中華醫史雜誌》1991年第4期，第21卷，頁207。

〔註6〕詳見梁其姿，《面對疾病：傳統中國社會的醫療觀念與組織》，北京：中國人民大學出版社，2012，頁3。

〔註7〕同上。

並以行醫刊書作爲其一生的事業。

　　然而，丁福保向大眾傳播的醫學知識並不能完全以西醫知識概括之。確切來說，以 1915 年前後爲界，丁福保傳播的主要是日本西醫知識，以他在上海創辦的醫學書局出版的「丁氏醫學叢書」爲代表。而之後他向大眾傳播的則主要是普及性的通俗醫學知識，內容上呈現爲調和中西醫學衛生思想的形態，以其在民國三、四十年代出版的大量關於健康生活的書籍和文章爲代表。他之所以有這樣的變化，是時代背景及其個人修養影響下的結果，也反映了傳統文人在社會劇變之下，對以醫藥衛生知識爲代表的「現代性」的另類認識。

丁福保的生平概覽

　　「江南好，眞個到梁溪。一幅雲林高士畫，數行泉石故人題。還似夢遊非。江南好，水是二泉清。味永出山那得濁，名高有錫有誰爭。何必讓中冷。」這是清代詞人納蘭容若（1655～1685）於 1684 年隨從康熙帝巡遊江南時，爲無錫寫的詞，從中可見無錫濃厚的山水人文氣息。這個有山有水富人文氣息的江南魚米之鄉，便是丁福保的出生成長之地。據地方文獻資料的記載，無錫，清代時隸屬常州府，縣內分爲無錫、金匱二縣，合稱爲錫金，民國之後兩縣合併爲無錫縣。它地處江南吳中之地，瀕臨太湖長江，靠近上海，經濟富庶，乃人文薈萃之地。從明代開始，隨著科舉的興盛，文學亦盛，無錫出現眾多以門第、科舉文學或是財力聞名的世家大族，如錫山顧氏、無錫錢氏、東亭和盪口華氏等，家族之中人才輩出。〔註8〕

　　丁福保於清同治十三年，即 1874 年，出生於無錫南塘丁氏家族。其先祖在元末之時從常州遷居至無錫，爲商業起家的文人家族。清代乾隆年間，丁福保的高祖之父及高祖一輩，多於科舉應試中考中舉人，外派至浙江、廣東、廣西、山西、河南、江西，陝西等地任知府知縣官員。丁福保認爲這段時間是其家族的全盛時期：「雖無顯宦達官，而遺愛惠政，先後媲美，其事跡備載於邑志行義宦望孝友文苑等，傳者代不乏人，由今思之，實爲吾家全盛時代。」〔註9〕此後丁福保家族中人以科舉顯名者少，漸漸式微。至丁福保的祖父文炳

〔註8〕羅時進，〈無錫家族文化與清代梁溪文學群體〉，《地域、家族、文學：清代江南詩文研究》，上海：上海古籍出版社，2011，頁 183。

〔註9〕丁福保，《疇隱居士自定年譜》，《清代民國藏書家年譜》第六冊，北京：國家圖書館，1999。

曾任浙江海鹽縣的典史，爲隸屬於知縣的小文官，因死難於太平軍的戰事中，被給予雲騎尉世職，入祀昭忠祠。丁福保的父親潔盦則襲雲騎尉，但應試不中，只靠業童子師自給，其家產尚有田地百餘畝，雖非望族，也非一貧如洗的寒士階層。丁福保上有一兄，名丁寶書〔註10〕（1866～1936），比其年長八歲，幼習經史，擅長書畫，是丁福保的啓蒙老師。在丁寶書入讀江南著名學府南菁書院時，丁福保也經常與之同行。丁寶書雖以書畫名，但對佛學、老莊道學也都頗有研究，相信對丁福保的學術修養以及他中年之後皈依佛教都有很大影響。丁福保出生之時，正上承清代乾嘉時的學術繁榮，他自己又自幼秉承其父兄的家學薰陶，所以他少年時便接觸到考據詞章之學，應選入讀南菁書院多年，並於 1896 年，他二十二歲時從書院肄業。愛好文學的丁福保對於科舉考試的科目卻不感興趣，在縣試、院試的考試中成績都不甚理想，後補無錫縣學生員。

　　1897 年，丁福保赴南京參加秋試，未中名次，同時其父因患肺結核而去世，肩負起養家責任的他再入南菁書院，從師於算學家華世芳〔註11〕（1854～1905）攻讀算學，同時在無錫新開辦的新式學堂，竣實學堂擔任算學教習。三年後丁福保辭職前往蘇州就讀於美國傳教士創辦的東吳大學堂，但入讀半年便因病輟學，赴上海求醫於趙元益〔註12〕（1840～1902）門下，並進入江南製造局工藝學堂學化學。同年考入盛宣懷〔註13〕（1844～1916）在虹口開設的上海東文學堂學習日文及化學，並得到盛氏的賞識。在攻讀日文的同

〔註10〕丁寶書，字雲軒，別署芸軒，號懶道人、幻道人，江蘇無錫人。1889 年中秀才，1893 年參加鄉試，中恩科副榜，擅書畫。1898 年與吳稚暉、俞復等創辦無錫三等學堂，編寫過《蒙學中國歷史教科書》，任上海文明書局美術編輯，編輯影印多部畫冊，有佛學著作《大乘起信論解》等。

〔註11〕華世芳，字若溪，江蘇金匱（今併無錫）人，近代著名算學家華衡芳之胞弟。受父兄影響，研究算學，肄業於南菁書院，從 1894 年起先後主講於湖北自強學堂、常州龍城書院、江陰南菁書院等，1903 年應清廷經濟特科入京，1905 年起任上海南洋公學總教習，後又任北京商部高等實業學堂算學教習。

〔註12〕趙元益，字靜涵，江蘇新陽人。光緒舉人，精通中西醫學。1869 年入江南製造局與傅蘭雅等外國傳教士合作翻譯西方醫學、科學書籍多部，如《儒門醫學》，《西藥大成》等。1889 年作爲醫官，隨薛福成出使英法俄比四國家。

〔註13〕盛宣懷，字杏蓀，又號愚齋，江蘇武進人。清末實業大臣，先後主辦輪船招商局，中國電報總局，中國鐵路總公司，中國通商銀行等，同時也興學辦教育譯書，創辦北洋大學及南洋公學。曾在上海創立東文譯書會，丁福保爲主持之一，負責翻譯其從日本帶回《明治財政史》。

時，丁福保也加入到由南菁書院學友廉泉〔註14〕（1868～1931）、俞復〔註15〕
（1866～1931）在上海創辦的文明書局之中，出版了幾部日文文法及衛生的
教科書，初初開始接觸編輯出版書籍事業。

　　十九世紀下半葉，是中國在文化上經歷巨大轉變的時期。從洋務運動開
始學習西方的軍事工業技術，維新運動開始學習西方的政治制度，到清末新
政時期，則正式廢除了科舉制度，改革學制，興西學。傳統書院教育被以日
本教育為模式的新式學堂制度所取代，文人以往通過習經史文學應試科舉之
路從此被中斷，這同時也意味著文人儒生階層的衰落，取而代之的是更廣大
的接受西學教育的新式學堂學生的興起，一個新的社會秩序就此形成。作為
第一批大力傳播西醫知識的傳統士人之一，丁福保本人的求學經歷亦反映了
這個變化的社會秩序。他少年時入讀的是傳統教育模式下的南菁書院，學習
的是經史文學及算學，而青年時代則分別求學於洋務運動中開辦的江南製造
局工藝學堂，美國傳教士創辦的蘇州東吳大學以及晚清官員盛宣懷所辦的上
海東文學堂等新式學校，學習的是化學，英文及日文等新學科，他的求學歷
程也與晚清時期中國社會政治文化的變化息息相關。而與圖書市場相關的
是，文人階層的衰落，新學學生的興起也意味著書籍市場受眾群體的擴大，
由儒生、官紳士大夫轉變為滿足學生、兒童、家庭以及一般大眾需求。

　　1903年，丁福保憑其著作《衛生學答問》及《算學書目問答》，被京師大
學堂管學大臣張百熙（1847～1907）〔註16〕聘任為譯學館算學及生理學教習。

〔註14〕廉泉，字惠卿，號南湖居士，江蘇無錫人。1894年舉人，與俞復一同參與1895
　　　　年的公車上書活動。1894年起任戶部主事、戶部郎中，精詩文，善書法。曾
　　　　資助俞復等在無錫創辦竢實學堂、三等公學堂。1902年在上海集資與俞復、
　　　　丁寶書等人創辦文明書局，編印新式教科書，出版文學文藝譯著，至1921年
　　　　文明書局合併入中華書局。晚年信佛入北京潭拓寺為僧。

〔註15〕俞復，字仲還，江蘇無錫人。1886年中秀才，1894年中舉人，曾參與康有為
　　　　發起的公車上書運動。後興辦新學，1898年與南菁書院同學吳稚暉、丁寶書
　　　　等在無錫創辦二等公學堂，自編蒙學讀本。加入同盟會，歷任江蘇省諮議局
　　　　議員，無錫縣民政署民政長，無錫市公所總董，上海文明書局經理、無錫縣
　　　　縣長等職。在滬期間與旅滬無錫同鄉廉泉、丁福保等發起成立少年進德會，
　　　　每季出版一遍《少年進德彙編》，1918年成立上海靈學會。文明書局併入中華
　　　　書局後任中華書局經理。

〔註16〕張百熙，字埜秋，湖南長沙人。同治十三年（1874）進士出身，曾授翰林院庶
　　　　起士、編修、侍講、南書房行走等。歷任地方鄉試考官、督山東、廣東學政，
　　　　禮部侍郎、工部、刑部、吏部尚書等職。1901年上新政疏，請變科舉，辦學
　　　　堂，1902年被任為管理大學堂事務大臣，主持京師大學堂，並總理全國教育

由此他赴京任學堂講習兩年，但不喜京師官僚之風的丁福保最終還是放棄了
這一教職，選擇回到家鄉無錫從事譯書出版事業，因經營虧本而於 1908 年前
往上海行醫刊書。

　　從十九世紀中葉開始，上海已經成為中國最大的港口和通商口岸，人口
集中。1865 年時，上海人口有 70 萬左右，此後又有移民不斷湧入，到 1910
年時，上海人口已達 130 萬人，其中，約 60 餘萬人生活在租界，另外 60 餘
萬人生活在老城。〔註 17〕與人口集中相對應的是它還擁有當時中國最為發達
的近代鐵路、航運與郵政系統。1898 年淞滬鐵路在盛宣懷主持下重修通車，
1908 年滬寧鐵路建成通車，1909 年滬嘉杭鐵路建成通車，將上海和江南一些
重要城鎮連成一線。而航運方面，上海則開通了至外國港口和沿海各埠的航
班。上海的郵政通信系統亦隨著商業活動的繁榮而早早成立。1896 年，清政
府仿傚英美等國設立大清郵政局時，向上海大清郵政當局登記的民信局多達
70 家，占全國登記的民信局總數的五分之一以上。〔註 18〕到 1900 年，上海的
民信局已經分別與全國 15 個省的 144 個城鎮建立了郵遞業務關係。〔註 19〕
從 1901 至 1910 年間，上海信件，報紙和雜誌的流通增長了數十倍。如此發
達的信息傳遞媒介為上海成為近代出版業的中心提供了物質條件。

　　作為最早開放的通商口岸之一，上海最先應用新式印法，即鉛合金活字
排版和機械化印刷技術的是外國傳教士成立的書房，書館。如 1843 年遷往上
海的墨海書館、1860 年接替其工作的美華書館，1887 年創立的廣學會等，它
們的出版物除了宗教類書籍外，也有許多科學、政治譯著。隨後是各種官辦
及私人商業出版機構。如 1865 年，李鴻章在上海開設江南製造局後，由於製
造軍用槍砲及輪船技術上的理論知識的需要而開設翻譯館，聘請西人與中國
學者合作翻譯出版了大量數學、天文、物理，化學，化工類科技書籍。以及
1897 年成立的商務印書館，〔註 20〕1902 年成立的廣智書局，文明書局等，都

　　　　事宜。在任期間主持擬定《欽定學堂章程》（壬寅學制），創立醫學及譯學館。
〔註 17〕鄒伊仁，《舊上海人口變遷的研究》，上海：上海人民出版社，1980，頁 90。
〔註 18〕黎霞，〈工部書信館與近代上海郵政〉，上海市檔案館，《檔案裏的上海》，上
　　　　海：上海辭書出版社，2006，頁 210。
〔註 19〕樂正，《近代上海人社會心態 1860～1910》，上海：上海人民出版社，1991，
　　　　頁 162。
〔註 20〕商務印書館於 1902 年建編譯所，開始編纂學校用書和翻譯出版英美法日醫學
　　　　書籍。據統計，1897 年至 1949 年出版的醫藥衛生類書籍達 349 種，佔出版總
　　　　數的 2.31%。1929 年出版的「萬有文庫」中包括 15 種醫學小叢書。

以編譯西學譯作，教科書為出版特色。「到 1902 年，上海用新式印法（石印與鉛印）的出版商和印家已達 22 家，到 1911 年猛增到 60 來家。」〔註21〕而上海新興的這些出版社的出版物多為西文譯著，上海成為介紹西學的出版中心。據熊月之的統計，「1860 年以後，以譯書數量而言，全國譯書總數 77%出自上海。」〔註22〕

　　在上海這樣一個中西文化交融蹤撞激烈，商業氣氛濃厚，人口集中的通商口岸城市裏，丁福保的譯書出版事業有了很大的發展，這也與他在滬上醫界知名度的提升有關。1909 年丁福保參加兩江總督端方在南京舉辦的南洋大臣醫科考試，獲得內科醫師最優等開業證書。又因盛宣懷之助，被特派為清政府考察日本醫學專員，赴日本參觀各大醫學院，醫院，研究所，圖書館等處一個月，回國後在醫界聲名大震。丁福保隨後在上海英租界成立醫學書局，將其從日本所買回之涉及西方生理、解剖、衛生、內外科、處方學以及中西醫學會通各方面在內的醫書一一翻譯出版，數目蔚為壯觀，達到 68 種，被匯為「丁氏醫學叢書」。與此同時，他還發起中西醫學研究會，發行《中西醫學報》，開設函授新醫學講習社，系統全面地向大眾介紹各類西醫知識。「丁氏醫學叢書」陸續出版後，大受歡迎，頻頻再版。其中有的書目的再版次數多到驚人，如《化學新本草》（1909），《漢法醫典》（1916）等書，到 1930 年代便再版到 30 餘次，並先後在 1910 年六月清政府舉辦的南洋勸業會及羅馬萬國衛生博覽獲得最優獎的殊榮〔註23〕，取得商業上與聲譽上的成功。

　　進入民國之後，儘管丁福保的譯書興趣有所轉移，皈依佛教的他編輯出版了眾多佛學書籍，但他的名字仍然活躍在大眾醫書、醫學知識消費市場中。除了他創辦的醫學書局出版醫書的事業一直持續到1942年，總共出版的醫學衛生類圖書達到 130 種之外，在近代上海出版業發達，各種期刊雜誌林立的情況下，他還出任了諸多不同類型期刊雜誌的特約著述，在各種大眾刊物如《健與美》、《健康家庭》、《家庭醫藥》、《大眾醫學月刊》以及《申報》、《大公報》等報紙上發表了眾多以防治傳染病，衛生健康知識為主題的中西醫學知識文章，是滬上知名的保健衛生專家。

〔註21〕樂正，《近代上海人社會心態 1860～1910》，上海：上海人民出版社，1991，頁 160。

〔註22〕熊月之，《西學東漸與晚清社會》，上海：上海人民出版社，1994，頁 12。

〔註23〕丁福保，《疇隱居士七十自敘》，無錫：無錫史志辦，2009，頁 42～43。

丁福保學術興趣廣泛，除了醫學叢書之外，他編印的各書，還有文學叢書，進德叢書，佛學叢書以及古泉叢書〔註24〕。他在上海交友圈也十分廣闊，與中西醫界、佛學界、文學界、工商業界，政界名流都有往來，曾發起聚餐會定期與友人聚會。善於經營理財的他積累下可觀財富，但自中晚年後，受宗教信仰影響，頗熱心於公益慈善事業，捐助了大宗金錢、書籍、物資等給公眾機構。1949 年後，丁福保留在上海，將所藏稀世宋代版本古籍，以及漢、晉、宋石墨千餘種捐獻給國家，獲中央文化部褒獎，被任命為北京中央衛生特派員。1952 年冬，七十八歲的丁福保病逝於上海。丁福保共育有三子二女，都接受了良好的西式教育，但身為醫生兼衛生專家的丁福保對其子女的病患卻顯得有心而無力。丁福保的長子成年後忽患精神疾病，三子因患腎臟結核兼肺結核而早逝，相信這對他的醫藥及身體觀也有很大影響。只有丁福保的次子丁惠康（1904～1979）〔註 25〕繼承父業，學的是西醫，入讀上海同濟德文醫工學校，畢業後出任由丁福保出資創辦的上海虹橋療養院院長，是1930 年代防癆運動的發起人之一。在文化大革命期間被打為右派並入獄三年，後得到平反。〔註 26〕

2009 年，在丁福保去世半個多世紀之後，他的家鄉無錫建立起丁福保陳列館，位於無錫名寺，靈山祥符禪寺西側的一角。陳列館按照丁福保的自敘和著作，回顧了他在醫學、文字學、佛學、養生、錢幣學、算學、道學等方面的學術成就，稱其為一名「百科全書」式的學者。而佛學、醫學、養生及捐助事業則被認為是丁氏最重要的成就，被單獨列出介紹。陳列館所展示出的丁福保，是一個無異於傳統中國士大夫精英的形象。但從他的生平經歷與學術思想中，可以看出的是傳統與現代交織的複雜一面，傳達了二十世紀初中國的混雜的「現代性」。到今天，丁氏在佛學、文字訓詁學及古泉學上編著

〔註24〕 其中，如《說文解字詁林》以及《佛學大辭典》、《古泉大辭典》這樣的工具書，在文字學、佛學及古泉學領域中現在仍然有學術價值，不斷重印。

〔註25〕 丁惠康，江蘇無錫人。1927 年畢業於上海同濟德文醫工學校，期間曾擔任丁福保創辦的《中西醫學報》主編。1928 年任職於黃涵之於上海創辦的肺病療養院。1934 年與其父丁福保創辦上海虹橋療養院，任院長。1935 年游學德國，獲德國漢堡大學醫學博士學位。在上海防癆運動中出力頗大。其人擅攝影，愛收藏。1949 年後將其收藏品大部分捐獻給國家。1966 年受聘為上海文史館館員。

〔註26〕 本小節關於丁福保生平的記述主要來源於丁福保所著，《疇隱居士自定年譜》，北京：國家圖書館，1999。

出版的一些工具書仍有再版，一直保持學術上的價值；然而，他在醫學方面的著述卻頗受冷遇。這是醫學知識飛速進步的結果，儘管它們在清末民初直到民國三、四十年代的通俗醫書市場上曾經風靡一時，這是一個特殊而有趣的歷史現象，反映了時代發展帶來的新的讀者群體的閱讀需求，也反映了晚清到民國時期社會向現代轉型之時所帶來的制度以及知識文化體系的變化。

二、歷史背景與問題討論

醫學作為一門與人類生活密切相關的學問，它的發展不僅僅是科學知識演進的結果，同時也受到社會制度、知識系統變化的影響。1940 年代 Erwin H. Ackernecht 首先提出將「醫學作為一種文化系統看待」的說法，到 1980 年代 Paul U.Unschuld 認為，「如果對象是中國醫學的話，更要注意文化的雜糅與多重性。」〔註27〕十九世紀以來，獲得知識上的突破的西醫，在進入中國之後，對中醫漸漸形成挑戰。而中國社會政治，經濟，文化等多方面的變化也直接影響了隨之而來的醫學知識的傳播。這些變化包括西學的傳入及社會對「科學」的推崇，上海作為以商業為目的的私人出版業中心的崛起，近代報紙、期刊等西方媒介在中國國內的出現，鐵路和郵政的迅速發展，上海消費主義革命的發生，區別於傳統文人，士大夫的新的知識分子階層的興起等。這些時代的變化使得晚清以來醫學知識的傳播向著大眾化，普及化，商業化的方向大大邁進，這也正是晚清以來丁福保成為在中國傳播西醫知識之先進的社會背景。

西醫東漸背景下的中譯西醫書籍市場

西方醫學的傳統可回溯到古希臘羅馬醫學，代表人物便是希波克拉底（Hippocrates，公元前 460～前 377）和蓋倫（Galen, 129～199），他們的醫學一直影響到十九世紀甚至更遠，是西方醫學的奠基者。〔註28〕而中國最早

〔註27〕 Paul U. Unschuld, Medicine in China: a history of ideas, Berkeley: University of California Press, 1988, p3～4.

〔註28〕 在醫療史中，希波克拉底被稱為「醫學之父」，他留下的希波克拉底誓言（Hippocratic Oath）被認為是醫生倫理的基礎，及希波克拉底病症（Hippocratic Epidemics）提供了臨床醫案的範例。而蓋倫則被稱作「醫師之尊」，他在解剖和藥物學的實驗，以及身體的系統理論和堅持嚴格的邏輯推論建立起了一套將實證觀察與合理推論結合的方法典範。Mark Jackson ed. The Oxford Handbook of the History of Medicine, Oxford: Oxford University Press, 2011, p.21.

的醫學經典《黃帝內經》則相傳成書於戰國年代（公元前 481～前 220 年），兩者的醫學觀點不乏相近之處。如古希臘醫學認為，人體機體的各個部分是相互聯繫的，而疾病是由機體內部紊亂引起的，體液構成了人體的一個方面，這些體液的平衡是機體賴以生存的基本條件。這與中醫的整體疾病觀有相合之處。但在中西方文明走向不同發展的道路之時，醫學的發展也漸行漸遠。與中醫崇尚經典，以古為尊不同的是，西醫在西方政治、經濟、文化價值觀的影響下以及生物、物理、化學等其他學科的支持下卻是在不斷地推陳出新，「它一直在不斷地重新塑造自己，推翻老教條，在過去的基礎上建立新觀點，重新定義它的目的。」〔註29〕

　　十七世紀之時，比利時醫生維薩里（Andreas Vesalius, 1514～64）及英國醫生哈維（William Harvey, 1578～1657）在解剖學和血液循環的重大發現打破了蓋倫醫學的權威。十九世紀，在西方文明經歷城市化，工業化和商業化的同時，醫學也有了重大的發展，解剖學、生理學越來越重要了，伴隨的是細菌學、細胞學、寄生蟲學、外科手術，公共衛生等領域知識上的重大突破，這就是西醫發展歷史上所謂的「科學時代」的到來。法國微生物學家巴斯德（Louis Pasteur, 1822～95）在研究生物發酵的實驗中證明發酵劑傳染病都是微生物引起的。德國的科赫〔註30〕（Robert Koch, 1843～1910）於 1882 年宣佈發現結核病的致病菌，證實結核病是一種傳染病，受到世界矚目。以及其它各種致病病菌如霍亂弧菌等致病病菌的發現使得細菌學在十九世紀成為西方醫學的中心和醫學研究的主要目標，帶來了醫學思想在疾病概念及醫學方法上的巨大革命。具體來說，便是病原微生物引起疾病說取代了十九世紀以前西醫所流行的體液說、瘴氣說等。但在治療方面此時的西方醫學並沒有取得如病理知識領域一般的重大突破，藥理學雖有所進步，但對多數疾病仍然無能無力，更為有效的針對各種病菌病毒的抗生素與抗病毒劑的出現要到 1930 年代之後。〔註31〕

〔註29〕羅伊·波特（Roy Porter）主編，張大慶主譯，《劍橋插圖醫學史》，臺北：如果出版社，2008，頁 274。

〔註30〕科赫，德國醫師、細菌學家。先後發現炭疽桿菌、結核桿菌和霍亂弧菌，被稱為細菌學之父。1905 年獲得諾貝爾醫學獎。由他主持的傳染性疾病研究所成立於 1891 年，旗下門生繼續發現多種疾病的病原體。

〔註31〕見羅伊·波特（Roy Porter）主編，張大慶主譯，《劍橋插圖醫學史》，臺北：如果出版社，2008。

　　在十九世紀，隨著西方文明對外擴張的殖民活動，西方醫學也因此迅速擴張，成為世界的主流醫學，這不僅僅是出於醫學理論和治療方法上的競爭，更為起決定作用的是西醫背後所代表的西方文明政治、經濟、軍事的強勢力量。正如李尚仁所說，「現代西方醫學之所以有強大的意識形態正當化作用和形塑身份認同的力量，並不僅在於其預防與治療的能力，也在於它在帝國擴張過程中扮演的重要角色，以及它在後殖民時期所具有的現代性光輝。」〔註32〕Worboys 也說道，「現代西方醫學擴張的動力並不只來自歐洲中心。許多遭到帝國主義侵略殖民的社會，隨後認為現代科學、技術與醫學是國家強大的關鍵。追求現代科學、醫學與技術成為十九世紀國族主義運動的重要成份。」〔註33〕回歸西醫東漸的歷史，儘管西方醫學在十六、十七世紀就傳入到中、日兩國，但真正發生重大影響卻要到十九世紀之後。

　　近代西方醫學知識從十六世紀開始便通過西方天主教傳教士傳入中國，其中的代表人物有利瑪竇（Matteo Ricci, 1552～1610），鄧玉函（Jean Terenz, 1576～1630）等，他們在中國傳教的同時也介紹了西方的醫學知識。但這些傳教士並不是專業的醫生，介紹的西醫知識以粗略的解剖生理學為主，目的服務於傳教，流傳度不高，對中國社會及醫學的影響都十分有限。此後由於清朝雍正時期的禁教命令及閉關政策，一度中止了包括西醫知識在內的西學的繼續輸入。直到十九世紀中葉鴉片戰爭之後，隨著新教傳教士的再度大規模東來，他們在中國沿海及內地城市開辦醫院，編輯醫書，新的西醫知識也隨之傳入中國。儘管如此，直到 1890 年代晚期，並沒有多少中國人對學習西醫知識產生濃厚的興趣，〔註34〕這也是導致西醫譯書市場一直不甚發達的重要原因。

　　1899 年出版的《東西學書錄》，收錄中國自 1840 年至 1899 年的譯著共計568 種，1902 年又有《增版東西學書錄》問世。1904 年繼之的《譯書經眼錄》，記錄 1902 年至 1904 年出版的主要譯著有 533 種，兩者加起來書目達到千餘種。〔註35〕但其中的醫學譯著卻並不多：兩部《東西學書錄》中收錄的中國

〔註32〕李尚仁主編，《帝國與現代醫學》，臺北：聯經出版事業有限公司，2008，頁11。

〔註33〕Worboys, "The Spread of Western Medicine," p. 260～263.轉引自李尚仁，《帝國與現代醫學》，臺北：聯經出版事業有限公司，2008，頁9。

〔註34〕Bridie Jane Andrews, "The Making of Modern Chinese Medicine,1895～1937",Dissertation,The Cambridge University 1997, p.88.

〔註35〕來新夏，《中國近代圖書事業史》，上海：上海人民出版社，2000，頁171。

至 1902 年出版的包括內外科，藥品，方書和衛生學在內的醫學書目只有 50 餘種。〔註 36〕而《譯書經眼錄》中收入的包括全體學、衛生學在內的西醫譯著則僅有 20 餘種。〔註 37〕這個數字並不能與近代以來西學譯著的蓬勃之勢相匹配。這是因爲在十九世紀以來的應用新式印法的中國出版業〔註 38〕中，傳教士開辦的書局出版物首重宗教宣傳，其次是數學、物理、天文等各科科學。而如江南製造局、京師同文館這樣的官辦印書機構，印書側重實用，前者首重軍事化學工業等應用科學領域，如李鴻章對於譯書一事曾在奏摺中言，「最要爲算學、化學、汽機、火藥、炮法等編，因屬關係製造；即如行船、防海、練軍、採煤、開礦之類，亦皆有裨實用。」〔註 39〕後者所設的印書館譯書則以外交政法爲主，少量關於生理者，且只供給政府衙門，不對外出售。〔註 40〕私人出版業的出版品則以教科書，史志、政法等社會科學譯作爲多，關係到民生的醫藥領域並不是十九世紀末中國出版業出版譯著的重點，介紹的知識也以一般性爲主。即使是晚清時候最重要的翻譯出版機構，江南製造局翻譯館所翻譯的總共 160 餘種譯書中，醫學類也只有 11 種（這些譯書中還包括已譯卻未曾刊印的）。〔註 41〕

這些西醫譯著主要有英國來華傳教士合信〔註 42〕（Benjamin Hobson, 1816~1873）所編寫的《醫學五種》〔註 43〕，這些書以由合信口譯，中國文人筆述的方式完成，大部分由上海墨海書館由 1850 年代出版，介紹的主要是西醫

〔註 36〕徐維則，《增版東西學書錄》，熊月之主編，《晚清新學書目提要》，上海：上海人民出版社，1997，頁 129。

〔註 37〕顧燮光，《譯書經眼錄》，熊月之主編，《晚清新學書目提要》，上海：上海人民出版社，1997，頁 315，頁 322。

〔註 38〕除了這些使用現代印法的出版機構外，清政府還在大多數省份成立了官立書局，如金陵書局，江蘇官書局，浙江書局等，仍採用雕版印刷技術，內容也沿襲經史子集，詩詞文選等中學，只有少部分西書。

〔註 39〕鄒振環，〈晚清西書中譯對中國文化的影響〉，宋原放主編，《中國出版史料 近代部分》，武漢：湖北教育出版社，2004，頁 126。

〔註 40〕郭廷以，《近代中國的變局》，臺北：聯經出版事業有限公司，1987，頁 58。

〔註 41〕熊月之，《西學東漸與晚清社會》，上海：上海人民出版社，1994，頁 500。

〔註 42〕Hobson 畢業於倫敦大學醫學院，醫學碩士，皇家外科學會會員，英國倫敦會傳教醫師。1848 年在香港金利埠醫院，1857 年來上海設仁濟醫館，臨症之餘與中國助手合作翻譯西醫學書籍，合稱爲《合信氏醫書五種》。

〔註 43〕《醫學五種》，包括《全體新論》（1851）、《博物新編》（1855）、《西醫略論》（1857）、《婦嬰新說》（1858）以及《內科新說》（1858）。

解剖學和生理學知識，外科及內科臨床經驗，婦兒疾病法則以及生物學一般知識。之後是美國傳教士嘉約翰〔註44〕（John Glasgow Kerr, 1824～1901），他在主持廣州博濟醫院時翻譯了 20 餘種西醫著作，側重於臨床醫療技術知識〔註45〕，由廣州博濟醫院於 1870 年代出版。此外翻譯較多西醫著作的還有在北京京師同文館工作的英國倫敦會傳教士德貞〔註46〕（John Dudgeon, 1837～1901），他編譯的著作側重解剖學、生理學和臨床治療方面〔註47〕，還有多篇文章多發表於《萬國公報》上。以及在上海江南製造局翻譯館內工作的英國傳教士傅蘭雅〔註48〕（John Fryer, 1839～1928），他與趙元益〔註49〕（1840～1902）合作譯述了不少醫書；另外，趙元益與江南製造局工作的其他傳教士也合作翻譯過包括《眼科攝要》、《內科理法》（1889）、《保全生命論》（1901）在內的不少西醫書籍，〔註50〕其中既有專業的西醫西藥書籍，也不乏醫藥衛生普及性讀物，因在翻譯西洋醫書數量上的多產，趙元益被稱爲「十九世紀下半葉爲外國醫士做中文筆述最有貢獻的人物」。〔註51〕

這些西醫書籍因背後都有或來自教會，或來自政府的資本支持，有的卷

〔註44〕 Kerr 畢業於美國傑弗遜醫學院，1854 年受美國長老會派遣來華擔任博濟醫院院長。從 1859 年起開始翻譯西醫書籍作爲授課教材，至 1886 年共譯醫書 20 餘種，此外博濟醫院也有出版其它醫師翻譯的醫書，但數量不多。

〔註45〕 Kerr 編著的西醫著作主要有《西藥略釋》（1871）、《裹紮新篇》（1872）、《割症全書》（1871）、《內科闡微》（1873）等。

〔註46〕 Dudgeon 畢業於英國愛丁堡大學醫學院，醫學博士，英國倫敦會傳教醫師。1864 年派遣來華，先任英國駐華領館醫師，後建北京第一所西醫院，1871 年受聘爲京師同文館生理學和醫學教習。

〔註47〕 如《全體通考》（1886），《全體功用》、《西醫舉偶》等。

〔註48〕 Fryer，英國人，畢業於英國師範學校。1861 年來華任香港聖保羅書院院長。1865 年應聘參加江南製造局翻譯館。他與趙元益合作翻譯的醫書有《儒門醫學》（1876）、《西藥大成》（1879）、《化學衛生論》（1850）、《延年益壽論》（1892）、《治心免病法》（1896）、《孩童衛生編》等。

〔註49〕 趙元益，字靜涵，江蘇新陽人。1888 年舉人。1869 年入江南製造局翻譯館工作。1889 年以醫官身份隨薛福成出使英法意比四國，居倫敦三年。歸國後與董康等創設譯書公會。在江南製造局翻譯館期間與外國傳教士合作，翻譯西洋科技，醫學類書籍多部，包括了醫學總論，內科、眼科、法醫、急救、西藥以及治病，防病，保健等。見黎難秋，〈趙元益與西方近代醫藥學的傳入〉，《中華醫史雜誌》，1983 年第 13 卷第 3 期。

〔註50〕 見鄧鐵濤編，《中國醫學通史近代卷》，北京：人民衛生出版社，2000，頁 501～502。

〔註51〕 趙璞珊，〈趙元益和他的筆述醫書〉，《中國科技史料》第 12 卷（1991）第 1 期，頁 69。

數相當龐大，顯然不是針對一般的大眾讀者，也不以商業盈利爲目的。考慮到譯本的內容、文筆、發行等方面的因素，這些西醫譯著在中國社會的流傳度及影響力都是有限的。另外，在清末出版的一些西人及國人自辦的科學雜誌中，如《中西聞見錄》〔註52〕、《格致彙編》〔註53〕、《格致新報》〔註54〕等，在廣泛介紹西方科學技術知識同時，也涉及到西醫知識，但篇幅不多，且大多很快便停刊，影響力有限。〔註55〕

曾拜師求醫於趙元益，並出任京師大學堂譯學館生理學教習兩年的丁福保，對這些早期的中譯西醫書籍都有所涉獵。他在於其出版的第一部衛生學著作《衛生學問答》中對此評價道：

> 如合信氏《西醫五種》，其說雖舊，而於全體、內科、外科、婦科已粗備大略。海得蘭《儒門醫學》，嘉約翰《西醫內科全書》、《西藥略釋》，虎伯《內科理法前後編》均詳備。……此外論全體則有《全體闡微》、《全體通考》、《體用十章》；論藥品則有《西藥大成》、《萬國藥方》；論兒科則有《兒科撮要》、《兒科論略》；婦科則有《婦科精蘊》、《胎產舉要》、《產科圖說》；論花柳則有《花柳指迷》；論眼科則有《眼科證治》；論皮膚證則有《皮膚新編》、《皮膚證治》；皆確實有據，無模糊影響之談。〔註56〕

在這裏丁福保表達了他對當時的西醫譯著中所傳播的西醫西藥基礎知識的瞭解與讚賞。而丁福保的學生陳邦賢〔註57〕（1889～1976）則言，「中國自

〔註52〕美國人丁韙良（1827～1916）於 1872 年創辦於北京。在上面刊文的大多是京師同文館的外國教習，以及一些中國學者如李善蘭登，仿照外國新聞紙，介紹最新科學技術知識，天文地理格物之學。1975 年停刊。

〔註53〕1876 年由英國傳教士傅蘭雅（John Fryer, 1839～1928）創辦於上海，由上海格致書院發行。介紹西方近代科學知識及技術產品等。1893 年停刊。

〔註54〕1898 年 3 月創刊於上海，8 月停刊。刊載科學譯文集科學論說，時事新聞等。

〔註55〕此段關於中國早期西醫譯著的資料來源於郭廷以，《近代中國的變局》中的〈近代科學與民主思想的輸入 —— 晚清譯書與西學〉，臺北：聯經出版社，1987，及《中國出版史料近代部分》，武漢：湖北教育出版社，2004，以及陳勝昆，《近代醫學在中國》，臺北：橘井文化事業有限公司，1978。

〔註56〕轉引自陳邦賢，《中國醫學史》，上海：商務印書館，1937，頁 191。

〔註57〕陳邦賢，字也愚，冶愚，江蘇鎮江丹徒人。著名醫史學家。年二十二歲時入讀丁福保所辦函授新醫學講習社，時爲蘇省塾師補習所最優等畢業生，並充鎮江西三區簡易學校教員兼鎮江城外自治研究所學員。精究中西醫理，創設醫史研究社，編輯完成著作多部，1919 年出版《中國醫學史》，爲中國近代第一部醫學通史，列爲商務印書館中國文化史叢書之一廣爲發行。對腳氣病也

西洋醫學傳入以後，一般學醫者漸知趨重於新理新法的一途；惜譯本很少，僅有合信氏、傅蘭雅、趙靜涵等譯述的二十餘種；非淺顯，即陳舊……」。〔註58〕早期的西醫翻譯出版事業幾乎完全是被壟斷於西方傳教士之手，出版者爲傳教士印書機構或是中國官辦印書機構。這些書籍雖然在十九世紀之時將完全不同於中醫理論臨床實踐的西醫知識再次介紹進入中國，但很多書籍專業性較強，針對的讀者群體很大一部分是傳統的文人士大夫，中醫，或者是滿足政府採購的需要，因此在社會上的流通性及傳播範圍值得懷疑。此外，這些著作因爲是在華傳教士與中國學者合作的作品，譯介的書籍科目少而重複者多，翻譯中應用的名詞術語，編排體例也常常彼此互異，不能統一，令讀者閱讀起來難度增大，難以反映當時西醫學知識水準。尤其是對比十九世紀以來西醫知識在細菌學、病理學等方面的迅猛發展，很多內容都已有些過時。

從十七世紀開始西醫知識就傳入中國，但直到十九世紀下半葉中國清末，西醫才對中國醫界形成挑戰。1884 年，日本人岡千仞（1853～1914）往中國觀光遊歷，途經浙江慈溪時寫到這麼一段經歷：「在王家鄉宴席上，有個叫夢香的人，盛讚日本多紀氏所著的漢方醫書。」千仞聽後說，「敝國近來盛行西洋醫學，我因未見過多紀氏的漢方醫書。由閣下這麼說，我乃知，日本已將其原版賣給於上海的書肆了。」而那位中國士人夢香則言，「多紀氏的醫書，係發了張仲景的微旨，眞是善本。總有一天日本人必後悔其賣掉了事。」〔註59〕從這裏可以看出在 1880 年代中日兩國對中西醫的不同態度，儘管此時合信氏的《醫學五種》已在中國出版流通，但在中國士人中並無太大影響。就在十幾年後，更確切說來是日本於 1894 年甲午海戰中擊敗中國，1900 年庚子事變之後，隨著中國上下選擇向日本學習西學後，獲得知識上的突破的西方醫學開始對仍以《黃帝內經》、《傷寒雜病論》等各種古典醫經爲本的中醫界形成挑戰。而丁福保亦是此時加入到中譯日書的大軍之中，成爲通過翻譯日本醫學書籍向中國介紹西醫的一員。

有研究，1924 年代表中國醫學界參加日本東京舉辦的遠東熱帶病學會第六次大會，提交論文《中國腳氣病流行史》。此後一直在江蘇各地從事學校醫學衛生教育活動。歷任江蘇省立醫政學院醫學史、疾病史教授，教育部醫學教育委員會編輯，中醫教育專門委員會專任委員兼秘書，江蘇醫學院醫學史教授，衛生部中醫研究院醫史研究室副主任等。

〔註58〕陳邦賢，《中國醫學史》，上海：商務印書館，1937，頁 195。

〔註59〕實藤惠秀著，陳固亭譯，《明治時代中日文化的連繫》，臺北：中華叢書編審委員會，1971，頁 128。

　　日本醫學本源自中國中醫：據日本史書記載，公元 562 年，吳人智聰經由朝鮮半島攜帶藥書、明堂圖來日。此後隨著日本向中國派遣隋、遣唐使的活動，中國醫籍、醫典得以直接大量傳入日本。到宋、金、元、明清時代，中國的醫書仍在不斷輸入至日本，日本醫學因大量吸收了中國醫學的內容，而稱之爲漢方醫。〔註 60〕這種情況一直持續到十八世紀的日本江戶時代，隨著西洋醫學通過荷蘭醫書傳入日本而得到改變。日本兩位醫生杉田玄白（1733～1817）及前野良澤（1723～91）於 1774 年合作翻譯出版了《解體新書》一書，此書來源於德國解剖學著作的荷蘭文譯本，開啓了日本「蘭學」的興起。荷蘭文版本的德國解剖生理，病理學及內科醫學相繼被翻譯成日文出版。〔註 61〕此後日本每年出版的醫學文獻，屬於西醫與漢醫類別的並存，直到 1868 年明治維新開始後日本政府採取全面西化的政策，在醫學方面也要脫亞入歐，取締來源於中醫的漢方醫，全面扶植以德國醫學爲規範的西洋醫學醫事衛生制度。日本著重發展起來的新醫學各學科包括解剖學、生理學、藥物學、病理學、內外科、眼科及婦產科，小兒科，耳鼻咽喉科、齒科、皮膚病科及黴毒科、衛生學、細菌學、精神病科、法醫學、軍醫學（包括軍隊衛生），〔註 62〕在上述領域都出版了眾多著作。

　　這也是丁福保 1909 年至日本考察醫學時所觀察到的日本醫學發展狀況。只是對於日本而言，西方醫學體系的建立是其「現代化」的一部分，服務於富國強兵的目的。〔註 63〕政府主導的公共衛生、按照西醫體制建立起來的醫院和實驗室醫學爲其西醫體制的基礎。對於丁福保個人而言，儘管他身負清政府赴日考察醫學專員身份，但僅爲盛宣懷贊助下的一個名號，而且清政府很快倒臺，他並無建立日本西醫體制的實力。丁福保回國後的身份是醫藥知識的創作者與傳播者，也是一名出版家、書商，對於明治時期日本醫學發展的成果，他是以商業、教育爲標準，選擇性地翻譯介紹進入中國的。

　　在高家龍（Sherman Cochran）對近代中藥商人〔註64〕的研究之中，他認

〔註 60〕小曾戶洋，〈日本漢方醫學形成之軌跡〉，《中國科技史料雜誌》第 33 卷第 1 期，2002 年，頁 80。

〔註 61〕John Z. Bowers, When the twain meet, The rise of western medicine in Japan, Baltimore and London: The Johns Hopkins University Press1980, p.8.

〔註 62〕見富士川游，《日本醫學史》，東京：裳華房，1904，頁 924～952。

〔註 63〕Morris Low edited, Building a modern Japan: science, technology, and medicine in the Meiji era and beyond, New York, NY : Palgrave Macmillan, 2005. p.3.

〔註 64〕這裡的中藥，指的並不只是傳統草木中藥，以及丸散膏丹，還包括中式新藥，

為消費主義文化革命早在二十世紀初期至中葉的近代中國便已經發生過，而且並不是由西方跨國企業帶來的，而是發生在十九世紀末到二十世紀早期的中藥銷售領域裏。中藥商人們運用不同的營銷管理手段，包裝銷售其中藥產品，規避政治動亂格局的風險，實際上超越了同時期的西方跨國企業，完成了在中國乃至東南亞消費文化的傳播與擴散，和商品的同質化與本土化的過程。〔註65〕高家龍引用了歷史學家 Paul Cohen 的理論把中國將西方觀念本土化的過程劃分為精英們引進，再將其合法化這兩個階段。〔註66〕這個合法化的過程，就是對西方觀念進行改變與適用的過程。作者將中藥商人們視為進行這個合法化過程的中介者。他們利用西方的觀念，形象，形式和話語，如廣告，招貼畫，報紙，雜誌，西式建築，連鎖店，娛樂場等，融合中國的傳統觀念對自己的產品進行重新包裝與整合，以更易於讓大眾吸收接受的方式呈現給大眾，創造了新的混合起來的中西形象。〔註67〕中藥商人們銷售的是各類新式中藥，丁福保銷售的是則是各類新式醫書，這些醫書，傳播的並不盡是經其翻譯編寫的日本西醫知識，還包括日本漢醫漢藥知識，以及融合中西醫學思想的健康衛生類醫學科普知識，由此看來，丁福保也扮演著類似中介者的角色。

對於出版家而言，他們往往有兩副面目：「理想的一面和商業的一面；一家出版社的名聲在很大程度上取決於對二者的調和程度。人們之所以能出版書刊，是因為他們相信有人會買它們，或因為他們相信這些書是群眾能理解的，也有認為賣書是為了上述兩種理由。」〔註68〕並且，「任何著作的形式和主題，都在特定的時空之下，與權力的運作模式、社會形態，和個體性的表現賴以組織的方式相關。因此，雖然作者常被認為、也自認為是創造者，但他們實際上是在受到限制的狀態下創作。他們受限於決定作家生存的條件，包括權貴的庇護、贊助，或是市場體制的法則。」〔註69〕丁福保的譯書事業，

即中國國產西藥及中西醫合成藥物。

〔註65〕 Sherman Cochran, Chinese Medicine Men: Consumer Culture in China and southeast Asia, Harvard University Press, 2006, p.4.

〔註66〕 同上，p.11～12.

〔註67〕 同上，p.162.

〔註68〕 Charles Morgan, The house of MacMillan, 1843～1943, The Macmillan Company 1944, p5.轉引自戴仁著，李桐實譯，《上海商務印書館 1897～1949》，北京：商務印書館，2000，頁4。

〔註69〕 Roger Chartier 著，謝柏暉譯，《書籍的秩序：歐洲的讀者、作者與圖書（14～18世紀）》，臺北：聯經出版社，2012，頁 xxiii～xxiv。

背後並沒有權貴的資助，他創辦的醫學書局，也只是一間規模不大、資本微薄的小書局。「丁氏醫學叢書」以及丁福保以後編寫的醫學衛生著作之所以在晚清民國的醫書市場上獲得成功，不止在於其傳播西醫知識，改良中國醫界的理想，更重要的在於其適應了市場體制的法則，滿足讀者大眾的需要，迎合社會大眾對醫藥的期許；在於其很早便開始使用廣告等新式傳媒手段來擴大影響力，通過辦社團，辦函授學校，代售藥品及醫療器械等附屬服務來擴大讀者來源，並與讀者保持緊密的聯繫。

丁福保創辦的醫學書局，在晚清民國時期的上海出版了百餘部醫學書籍。這些醫學書籍中，既有丁福保自己翻譯的，也有請人合著編寫的，內容中占多數的爲日文西醫譯著，也有一部份的中醫中藥著作和中西醫方會通著作。丁福保在晚年的自述中提到過，翻譯出版醫書的事業，使其獲利揚名頗多。可見，丁福保翻譯的醫書，是面向大眾，以大眾的接受爲目的的。那麼，他是以何種方式使西醫知識在中國的傳播爲中國大眾所接受的呢，這是本書要關注的一個問題。

與丁福保同時期的其他西醫譯著出版機構主要有博醫會（China Medical Missionary Association）、商務印書館及中華書局。博醫會於 1905 年成立編譯委員會，1926 年與名詞委員會合併爲出版委員會。1932 年該委員會與中華醫學會合併，所出版的西醫書籍計 60 餘種，多被醫學院採用爲教學用書。商務印書館則於 1902 年建編譯所，開始編纂學校用書和翻譯出版英美法日醫學書籍。中華書局於 1912 年成立，至 1949 年時，出版西醫書籍達百種，大多屬一般醫藥衛生知識。醫書出版對於這些大型出版機構而言，只是他們出版圖書計劃的一小部分，因此採取方式多爲聘請不同身份的譯者翻譯，在內容的體系化，譯著風格的統一化方面都難以與「丁氏醫學叢書」相較；而且針對目標讀者群體主要是醫學院的師生，作爲教材、教輔書使用。據 Bridie Andrews 的判斷，「直到 1920 年代後期，集西方醫學傳教士和受西醫訓練的中國人的最大努力，都不能超越丁氏龐大的醫書出版項目。」〔註 70〕丁福保大量翻譯日本醫書的時間約在晚清至民國初年，恰恰介於早期傳教士翻譯醫書和後期大型出版機構大量翻譯醫書之間。相較於前者，他的譯著體現了中國學者對日本西醫書籍的再理解和引進；而相較於後者，他的譯著反映了社會大眾對西醫書籍的商業需求。

〔註 70〕 Bridie Jane Andrews, "The Making of Modern Chinese Medicine, 1895～1937", Dissertation, The Cambridge University, 1997.p.133.

有關丁福保的研究狀況

在馬伯英、高晞和洪中立所編寫的《中外醫學文化交流史》〔註71〕中曾如此描述丁福保：「如果要研究近代中國向日本借鑒西醫成就，不能不提到丁福保；如果想探討近代中國西醫譯著的影響和演變，也不能不提到丁福保。與其說丁福保的最大成就是《丁氏醫學叢書》所全面反映的日式西醫知識和醫學體系，影響了整整一代人，不如說丁福保先生是開國人翻譯西醫文獻的先河，從而改變西醫文獻的漢譯工作由外國人獨擅的局面，推動西醫文獻的翻譯進程的一位翻譯家。」〔註72〕幾位醫史學者指出了丁福保在晚清時期經由日本醫書獨立翻譯西醫文獻方面的開創性作用。而且這也是現有的醫學史著作及關於丁福保的研究中對他的最多評價：如王吉民、伍連德合著的《中國醫史》，上海市中醫文獻館所編寫的《海派中醫學術流派精粹》〔註73〕以及趙洪鈞的《近代中西醫論爭史》〔註74〕等。

在一些以丁福保為研究主題的文章中，如蕭惠英、王博芬的〈中西醫百年期刊民國間醫事實錄：紀念丁福保創辦中西醫學報 100 週年〉〔註75〕；伊廣謙的〈丁福保生平著作述略〉〔註76〕；盧潤向的〈丁福保傳略〉〔註77〕；高毓秋的〈丁福保年表〉〔註78〕；葉曉青、許立言的〈清末中西醫學研究會〉〔註79〕；陳勝崑的〈看圖說醫：平民醫生——丁福保〉〔註80〕以及〈丁福保與丁氏醫學叢書〉〔註81〕等。它們或是介紹了丁福保的生平（主要是前半生），

〔註71〕馬伯英、高晞、洪中立，《中外醫學文化交流史》，上海：文匯出版社，1993。

〔註72〕馬伯英、高晞、洪中立，《中外醫學文化交流史》，上海：文匯出版社，1993，頁 450～451。

〔註73〕上海市中醫文獻館，《海派中醫學術流派精粹》，上海：上海交通大學出版社，2008。

〔註74〕趙洪鈞，《近代中西醫論爭史》，合肥：安徽科技出版社，1989。

〔註75〕蕭惠英、王博芬，〈中西醫百年期刊民國間醫事實錄：紀念丁福保創辦中西醫學報 100 週年〉，《中國醫藥文化》2010 年第 3 期。

〔註76〕伊廣謙，〈丁福保生平著作述略〉，《江西中醫學院學報》2003 年 3 月第 15 卷第 1 期。

〔註77〕盧潤向，〈丁福保傳略〉，《晉陽學刊》1991 年第 5 期。

〔註78〕高毓秋，〈丁福保年表〉，《中華醫史雜誌》2003 年 7 月第 33 卷第 3 期。

〔註79〕葉曉青、許立言，〈清末中西醫學研究會〉，《中國科技史料》1981 年 2 期。

〔註80〕陳勝崑，〈看圖說醫：平民醫生——丁福保〉，《健康世界》1980 年 12 月，頁 94。

〔註81〕陳勝崑，〈丁福保與丁氏醫學叢書〉，《近代醫學在中國》，臺北：橘井文化事業股份有限公司，1992 年 2 月。

或是介紹他在早期翻譯醫書方面的活動及貢獻，或是評論其早期創辦的中西醫學研究會及發行的《中西醫學報》，多爲關於丁福保的史料的整理和其生平的還原；而對於丁福保的評價，也大多集中於他翻譯大批日本醫學書籍到中國，促進中日醫學交流這類的評述。如牛亞華、馮立昇的〈丁福保與近代中日醫學交流〉〔註82〕；趙璞姍的〈丁福保和他早期編著翻譯的醫書〉〔註83〕；高毓秋、眞柳誠的〈丁福保與中日傳統醫學交流〉〔註84〕；此外，還有對於丁福保某一方面事業、經歷的專題介紹，如王祖承，〈我國早年精神醫學的開拓者之一 —— 丁福保〉〔註85〕；袁華，〈丁福保與出版事業〉〔註86〕；季鴻崑，〈丁福保和中國近代營養衛生科學〉〔註87〕；江慶柏，〈丁福保的藏書觀念及藏書實踐〉〔註88〕；以及何廣棪，〈吳敬恒與丁福保之學術情誼〉〔註89〕等，這些研究大多是對已有史料的重新整理。縱觀現有的對丁福保的個人研究，它們大多是將丁福保的事業分割開來進行論述，僅僅關注於其早期翻譯的日本醫書，幾乎完全忽略了他在民國中後期的活動，也未區分他所翻譯醫書及發表醫學知識文章內容上融合中西醫學、養生、佛學思想的多樣性，不失爲一個遺憾。這爲完整深入地研究丁福保這個人物及他的活動留下空間。

　　雖然學術界對於丁福保這個人物，向無研究專著出現，但在醫療社會文化史領域內，有兩位學者在其關於中國近代醫史，衛生與肺癆病的研究中都曾對丁福保有過較爲深入的討論。一位是英國學者吳章（Bridie Jane Andrews），她在其於 1996 年完成的博士論文〈現代中醫的形成 1895～1937〉（"The making of Modern Chinese medicine，1895～1937"）中，認爲「如果我

〔註82〕牛亞華，馮立昇，〈丁福保與近代中日醫學交流〉，《中國科技史料》第 25 卷，第 4 期 2004。

〔註83〕趙璞姍，〈丁福保和他早期編著翻譯的醫書〉，《中西醫結合雜誌》1990 年第 10 卷第 4 卷。

〔註84〕高毓秋、眞柳誠，〈丁福保與中日傳統醫學交流〉，《中華醫史雜誌》1992 年第 22 卷第 3 期。

〔註85〕王祖承，〈我國早年精神醫學的開拓者之一 —— 丁福保〉，《上海精神醫學》2001 年第 13 卷第 3 期。

〔註86〕袁華，〈丁福保與出版事業〉，《江蘇圖書館學報》1990 年第 5 期。

〔註87〕季鴻崑，〈丁福保和中國近代營養衛生科學〉，《揚州大學烹飪學報》2008 年第 2 期。

〔註88〕江慶柏，〈丁福保的藏書觀念及藏書實踐〉，《圖書館學研究》2000 年第 2 期。

〔註89〕何廣棪，〈吳敬恒與丁福保之學術情誼〉，《新亞學報》2007 年 1 月，第 25 期。

們要理解西醫在中國確立起來的過程的話，對丁氏的一生和影響力的審視是十分必要的。」〔註90〕因此她在論文的第三章，「成功的任務？西醫醫療職業在中國的建立」中，有一節專門討論丁福保的生平及其翻譯醫書的事業，以他爲早期中國西醫學生的代表，分析其所擁有的中國學識與西方科學的關係。在這一節裏，吳章主要回顧了丁福保的前半生的經歷，包括他的出生、求學、赴日考察醫學，回國組織中西醫學研究會，以及「丁氏醫學叢書」的出版及它獲得的成功。最後，她認爲丁福保的事業是一個範例，可以用來說明一個曾在自強運動支持的機構中學習西方科學，並在這類機構中任職過的學者，是怎樣成爲在民國初立的十幾年中傳播西方醫藥知識的主要人物的。另一方面，儘管丁福保順應了科舉制度的廢除和現代教育系統的引進，但他代表的仍是一個完全的意在提倡中國文化價值的中國文人精英階層。丁福保對中國一代人的影響是，他第一次將西醫的原則和治療方法方面的知識推廣到大衆可理解可接受的程度，而這項向中國介紹西醫知識的任務的成功，則是深深植根於其中國文化的底蘊之中的。〔註91〕Bridie Andrews 是英國學界中研究中國醫療文化史的前驅。她的博士論文，亦對丁福保進行了學術上的開拓性討論，指出了丁福保在晚清民國初年，對推進西醫知識的大量傳播所起到的重要作用，特別是提出了丁福保所具有的中國學識與其傳播西醫知識之間的關係，頗具啓發性。但囿於篇幅和資料所限，作者並沒有在文中做出更深入的討論，也沒有對丁福保的著作及文章進行內容上的分析。〔註92〕

Bridie Andrews 另有一文，〈肺結核與細菌論在中國的吸收，1895～1937〉，〔註93〕要旨在於討論十九世紀西方實驗醫學的產物——細菌論是怎樣進入二十世紀早期的中國的，其中提及丁福保。文中認爲細菌論致病論在中國社會的不同人群都存在著不同的認知，如丁福保在翻譯日本肺癆病書籍

〔註90〕Bridie Jane Andrews, "The Making of Modern Chinese Medicine, 1895～1937", Dissertation, The Cambridge University, 1997.

〔註91〕Bridie Jane Andrews, "The Making of Modern Chinese Medicine, 1895～1937", Dissertation, The Cambridge University, 1997.p.133.

〔註92〕Bridie Andrews 在研究丁福保的這一章節中，所用的資料大部分來源於丁福保所著《疇隱居士自定年譜》，以及趙洪鈞的《近代中西醫論爭史》的二手研究，丁福保的衆多著作及文章則隱而不見，不失爲一個遺憾。

〔註93〕Bridie Jane Andrews,"Tuberculosis and the Assimilation of Germ Theory in China, 1895～1937" Journal of the history of medicine and allied sciences, 1997, Vol.52（1），pp.114～57.

時，在解釋病因時使用的幾乎都是西方概念和日本醫學術語，如菌，細菌等，他本人治療肺病的實踐也是西醫式的做法。而丁福保的學生，如顧鳴盛，就有意地將中國關於癆蟲的流行概念與結核菌論等同。另一位中醫張錫純則堅持用中醫的眼光來看疾病病理與療法，並使西醫的觀點在他的中醫體系中也能得到理解。最後作者認爲，「在中國，現代醫藥並不完全等同於西方醫藥，將現代性的某些標準應用於中醫是可能的。就細菌論而言，從中醫的角度來吸收肺結核的西醫病因也是可能的。」〔註94〕也許是出於所使用材料的限制，Bridie Andrews 在此文中所描述的丁福保對肺癆病的認知與實踐並不完全，更忽略了其對此症前後態度的變化。丁福保作爲以商業爲目的的出版家，有很強的讀者意識。對於社會上長久存在的對肺癆病一症的觀念，他並非完全迴避。如其在審定書名時，使用的依然是肺癆病、癆蟲這樣的舊醫名，在書中在認可西醫細菌致病說及治療方法的同時也會引用中醫典籍。而其對肺癆病的認知與實踐，前期以吸收日本西醫病理及療法爲主，旨在宣傳新的醫學知識，後期則與他的保健衛生法結合，提倡以精神作用力來治療肺結核，超出於中西醫學思想之外。

在〈衛生爲何不是保衛生命：民國時期另類的衛生、自我和疾病〉〔註95〕這篇文章中，臺灣學者雷祥麟以丁福保、陳果夫、晶雲臺等人關於「衛生」的論述爲個案，分析了「衛生」一詞在民國時期的中國所包含和反映的不同含義。他認爲，「衛生」作爲中國古有詞彙，在作爲英文詞（hygiene）的翻譯重新進入中國之後，到 1930 年代出現了兩種不同的論述。一種爲倡導建立國家醫政機構和防治傳染病的「公共衛生」，即 1870 年日本長與專齋翻譯時的原意，也是 1930 年代公共衛生學者陳方之所提倡的；另一種論述則是產生於它與中國原有的「衛生」觀念理念產生交會的一個混種，雷祥麟將其稱之爲「另類的衛生」。而丁福保則是雷祥麟用來分析此類衛生的個案之一。雷祥麟以丁福保的早期著作，1902 年出版的《衛生學答問》以及 1908 年出版的《衛生指南》爲主要材料，分析丁福保的「中國式的衛生之道」，並將其概括爲三要點，分別爲「微生物」、「治心」、和「治未病」。微生物一說是對西方細菌

〔註94〕 Bridie Jane Andrews,"Tuberculosis and the Assimilation of Germ Theory in China, 1895～1937" Journal of the history of medicine and allied sciences, 1997, Vol.52（1），p.150.

〔註95〕 雷祥麟，〈衛生爲何不是保衛生命？ —— 民國時期另類的衛生、自我和疾病〉，《臺灣社會研究》2004 年 6 月第 54 期。頁 415～454。

學知識的回應，並以此批判中醫解剖知識的謬誤，而治心和治未病則又從另一面肯定中國古代的衛生教義。他認為，「丁福保的衛生既不屬於中國也不屬於西方，而是一個新的混種，」這種混種，包含了對思想、情感、慾望的調理，大量的傳統人生哲理、老莊思想、功夫修養也被吸納進去。〔註96〕雷祥麟對丁福保中國式的衛生的分析可謂精闢，但是丁福保的衛生學內容包容甚廣，前後出版的著作達二三十種，更有諸多此類文章發表，其中的變化超出了他文中所提及的《衛生學問答》及《衛生指南》所揭示的三個要點，基於篇幅所限，雷祥麟的文中並沒有對此展開討論及說明，包括他提及的中醫、養生、佛學等元素是如何融入進丁福保的衛生思想之中的。這將是本書第四章的討論重點。

此外，在雷祥麟的另一篇文章〈習慣個人：肺結核病的界定與其在民國中國的處理之道〉中，在討論民國時期中國社會對於肺結核一症的論述時提及丁福保。文中認為，1930 年代的中國對於肺結核病，存在著與西方和日本不同的看法與論述：即並不將其視作由工業化，社會貧困導致的，需要政府公共事業來解決的社會疾病，而是一種關係到個人衛生習慣，如吐痰、共食和共臥以及傳統大家庭問題的疾病。並在對肺結核病的看法和處理方法的大量論述中，塑造出中國人對個人身體的現代性的關注。丁福保與其子丁惠康作為 1930 年代防癆運動的重要參與者，也被列入作者考察範圍。作者認為他們是一個特別的例外，因為他們建立了肺病療養院，丁惠康並有發表關於建立社會健康保險來預防肺結核病的擴散的文章。〔註97〕

綜上所述，目前關於丁福保的研究，勾勒出來的首先是一個在晚清及民國初年翻譯大量日本西醫書籍的中國文人形象，而其擁有的深厚中學基礎是他的醫書出版事業獲得成功的重要原因。他還是清末醫學團體中西醫學研究會的創辦人，發行了介紹西醫衛生知識的《中西醫學報》。其次是丁福保首先翻譯了大量西方肺結核書籍到中國，介紹了肺結核的細菌致病理論，在 1930 年代建立起肺病療養院，參與到社會防癆運動中；他對衛生也有一套自己的看法，融合了其對中醫、養生及佛學的觀點，是一種中國式的另類衛生。不

〔註96〕 雷祥麟，〈衛生為何不是保衛生命：民國時期另類的衛生、自我與疾病〉，《臺灣社會研究》2004 年 6 月第 54 期。頁 429。

〔註97〕 Sean Hsiang-Lin Lei, "Habituating Individuality: The Framing of Tuberculosis and Its Material Solutions in Republican China", Bulletin of Historical Medicine, 2010, 84, p.248～279.

過，仍有許多具體的問題有待解答。如幾乎所有的研究都只關注於其前半生，即 1915 年之前的經歷，對於其後半生的醫學活動則是一片空白。這與 1915 年以後丁福保的譯書興趣有所轉移，出版日本醫書的數量大大降低有關。但即使是這樣，丁福保的名字仍然作爲保健衛生專家活躍在民國時期的大小報刊之中。他出版醫書，發表醫學衛生知識文章的活動一直持續到 1940 年代，只是到了後期，其傳播醫學知識活動的內容和形式又應時代之變發生了變化。因此本書希望能拉大時間跨度，對以往學術界所忽視的丁福保後半生的醫學知識傳播活動也做出進一步的討論。

其次，即使是在探討丁氏前期的翻譯醫書的活動方面，Bridie Andrews 和雷祥麟所使用的材料都很單一，而蕭惠英、高毓秋、眞柳誠等人的研究則側重在史料的整理以及對著作的內容分類，塑造出來的丁福保的形象比較平面。本書希望在前人研究的基礎上，對丁福保著作的受眾面，即哪些群體在閱讀丁氏的著作，又爲什麼需要閱讀他寫的這些醫學知識做出進一步的分析，並且盡量還原丁福保平生的社會交友網絡，評價他在海上中西醫界的地位。

最後，對於近代中國在邁入現代社會之時所發生的眾多有趣變化，即中國的現代性問題，學術界已經從政治國家、經濟商業、性別文化等各方面作出了許多精彩論述〔註 98〕。儘管對於現代性的定義解釋多樣，未有定論，但影響因素無疑包括了「自由與民主國家的興起，以及具有支配優勢的世俗化、民族主義、資本主義、工業化、城市化、消費心態與科學主義等」〔註 99〕。近年來有關中國現代性的討論越來越多，並且認爲現代性並不以西方文明爲

〔註98〕 如 Margherita Zanasi, Saving the Nation: Economic Modernity in Republican China（Chicago: University of Chicago Press, 2006）；John Fitzgerald 的《喚醒中國：國民革命時期的政治，文化與階層》（Awakening China : politics, culture, and class in the Nationalist Revolution，Stanford: Stanford University Press, 1996），馮克，《現代中國的種族話語》（Frank Dikötter, The discourse of race in the Modern China, Stanford: Stanford University Press, 1992 ），以及以城市史的角度來討論中國現代性問題的論文集，《重建中國城市：現代性與國家認同，1900～1950》（Joseph W. Esherick edited, Remaking the Chinese city: modernity and national identity, 1900～1950, Honolulu: University of Hawaii Press,2000），巫仁恕等主編，《從城市看中國的現代性》，臺北：中央研究院近代史研究所，2010 等。

〔註99〕 巫仁恕等主編，《從城市看中國的現代性》，臺北：中央研究院近代史研究所，2010，頁 3。

標杆，而是有著很多不同層次、更複雜而多樣的現代性（multiple-modernity）。在近代中國醫療文化史研究領域中也是如此。如梁其姿在〈醫療史與中國「現代性」問題〉一文中就指出，十九世紀以來中醫通過學習西方醫學與科學，建立新的醫學知識體系及醫療衛生制度是現代性的體現；另一方面，對現代性的解釋還應該涉及西方以外文化如何消化、轉換西方知識與制度。〔註100〕而本土精英們在翻譯的過程中，通過創作混合形式的醫學，在本國的傳統中為西方醫學系統找到支持的基礎，對由殖民者帶來的健康和疾病概念進行使用與重建也是殖民醫學史領域內許多學者研究的重點。〔註101〕

　　Ruth Rogaski 在《衛生的現代性》一書中，討論了「衛生」在中國現代性形成過程中的關鍵性作用。概括來說，便是由十九世紀之前的包含各種養生之道的「保衛生命」，變為包含有國家權力、對進步的科學標準，身體的清潔以及種族的健康含義在內的「衛生的現代性」。〔註102〕Rogaski 認為，衛生是定義現代性的一個重要因素，不僅僅在個人問題上，同時也在於城市環境建設以及對國家整體的想像上。〔註103〕本書透過檢視一個晚清與民國時期上海知名的醫生出版家的傳播醫學知識活動，嘗試從具體層面上來探索醫學、宗教與現代性在初入二十世紀的中國所呈現出的種種議題。在1915年以前，丁福保作為翻譯介紹日本西醫知識到中國的著述出版家，向人眾傳播中西醫學知識，他所翻譯出版的中西醫書，幾乎壟斷了當時的醫書市場。而1915年之後，他成為佛教居士，作為結合佛學的養生家向大眾傳播醫療衛生的普及知識。儒生出身又接受過短期新學教育的丁福保，是借用中國的傳統概念來重建西方的概念的醫學知識的製造者。他所傳播的通俗醫學知識，也隨著他所接受的外在信息的不同而不斷發生改變。這些信息，既來自歐美日本的東西洋醫學衛生觀念，也來自中醫、道教、佛學養生以及儒家修身之學。這種有關醫學及衛生的通俗知識，是如何與時代的潮流相結合的，這是本書研究的

〔註100〕梁其姿，《面對疾病：傳統中國社會的醫療觀念與組織》，北京：中國人民大學出版社 2012，頁 110～111。

〔註101〕Ruth Rogaski, Hygienic modernity: Meanings of health and disease in treaty-port China, University of California press,2004, pp.7-8.

〔註102〕Ruth Rogaski, Hygienic modernity: Meanings of health and disease in treaty-port China, University of California press,2004, p.1.

〔註103〕Ruth Rogaski, Hygienic modernity: Meanings of health and disease in treaty-port China, University of California press,2004, p.2.

重點，也是理解近代中國混雜的現代性的關鍵。

三、研究要旨與章節架構

    從 1908 年丁福保單身一人來到上海，開始行醫刊書的事業，到 1940 年代他將自己所創辦的醫學書局結束經營，盤給他人。在這三十幾年中，丁福保也由名不見經傳的小醫生，變爲滬上知名出版家，著述家。丁福保作爲在晚清民初的西醫書籍市場上出版最多書籍的出版商，到民國時期，仍然在報紙期刊中發表大量關於中西醫學衛生知識的著述，被時人譽爲「中國醫學界之先進」，「西醫界的老前輩」，影響力毋庸置疑。

    儘管丁福保的人生經歷豐富，但本書研究要旨不在於爲丁福保的人生立傳，而在於研究他在晚清及民國時期在上海傳播西醫知識及各種醫學普及知識的作用和影響。在現代傳播理論中，美國學者拉斯威爾（Harold Lasswell）於 1948 年提出 5W 的簡易傳播理論，爲傳播理論的經典。這 5W 指的是，誰（傳播者 Who），說什麼（訊息 Says what），通過什麼管道（媒介 in which channel），給誰（受眾 to whom），取得什麼效果（效果 with what effect）。〔註104〕因此對於傳播的研究不外乎傳播者研究，傳播內容研究，媒介研究，受眾研究以及效果研究。受此影響，本書涉及到的重要問題包括，第一，作爲西醫知識的製造者和傳播者，丁福保是如何通過翻譯和出版的手段，將日本西醫知識化爲中國的文本，適應讀者的需要。即他向國內介紹的是哪些西醫知識，他出版的書籍的讀者受眾是誰，他們爲何需要這些知識？這些書籍是如何取得成功的，影響力又持續了多久？第二，作爲先習中醫，再接受西醫的一名醫生，丁福保是如何對待中西醫在系統觀及方法論上的衝突，在近代中西醫激烈論爭中又是如何選擇他的道路的？身爲醫學團體中西醫學研究會的發起人，他與滬上中西醫的關係又如何？第三，丁氏對那個時代的一些流行疾病，如肺結核等有沒有什麼特別看法？對身體和衛生的看法又有何不同？緣何產生？這些都是本書關注的問題。

    本書的主題爲丁福保是如何利用政治，商業及人際、社團網絡的影響力，向大眾傳播現代醫學知識的，這個過程不止反映了晚清到民國時期的西醫知

〔註 104〕Harold Lasswell, "The Structure and Function of Communication in Society", in Lyman Bryson（ed.）, The Communication of ideas, New York: Institute for Religious and Social Studies, 1948. p37.

識體系經由學自日本到學自歐美的變化，也反映了晚清到民國時期社會向現代轉型之時的制度、知識文化體系的變化，以及丁福保的醫學知識與他對自身認識，人生哲學的關係。在致力於將醫學知識普及化的過程中，丁福保傳播醫學知識的途徑主要爲書籍、大眾期刊雜誌，報紙和演說，對象既包括希望學習西醫西藥知識的中醫和醫學學生，也面對未曾接受過醫學專業訓練的家庭與大眾，顯示出實用性和商業性的特點，反映了當時社會對醫藥的具體訴求。

　　與此對應，全文的章節安排大致以丁福保傳播醫學知識的活動爲主線，共有六章，除導論與結論部分外，共分四章。第二章的內容是探討科舉生員出身的丁福保走上行醫出版之路的經過與原因。因此，丁福保自少年到青年的求學求職之路都在回溯範圍之內。值得注意的是，清末新政改革以及由此帶來的社會政治、經濟、文化的變化爲丁福保走向譯書出版之路帶來的機遇與資源。丁福保從參加科舉考試的生員到擔任京師大學堂算學及生理學教習，從到上海開始行醫刊書事業以及作爲清政府考察日本醫學專員赴日的經歷都與晚清時期政治制度變革及知識系統的變化，如廢科舉，辦學堂，興西學，政府鼓勵譯書，並支持上海發展成爲譯書之中心息息相關。本章另一重點在於從商業、教育、實用三個角度分析在清季出版發行的「丁氏醫學叢書」的成功之處。第三章針對人，探討丁福保的社會交友網絡對其傳播醫學知識的幫助。丁福保在滬上交友廣闊，晚年已是海上名耆，他的社會交往，可分爲醫界人士、受業門生與社會名流三個層面，這三個層面的往來都有助於擴大丁福保在醫學文化上的影響力，也對丁福保個人醫學衛生思想的形成有所影響。

　　第四章名爲「衛生普及」與「科學中醫」：丁福保在民國時期的醫學活動，意在和第二章晚清時候丁福保傳播西醫知識的內容相比較，探討進入民國時期，時代變化給丁福保傳播醫學知識帶來的新特點。如他出任各類大眾期刊雜誌的主編或特約著述，新作也大部分先行發表於期刊雜誌中，寫作內容上也越來越側重家庭衛生、健康飲食等醫學科普知識。民國時期，丁福保是海上著名的健康老人，有自己一套健康養生方法。本章將有一節分析他的這套方法的形成歷史和原因。另一節則以丁福保於 1939 年擔任主編的期刊《國藥新聲》爲對象，探討在中西醫論爭激烈之際，丁福保對「中醫科學化」的看法。第五章爲丁福保對「時代病」的時代認識與他的醫學世界。這裏的「時

代病」，指的是近代中國非常常見的病症，也是丁福保在其著作文章中最爲關注的一類病症，即肺癆（肺結核）。從丁福保關於肺癆病的大量著述中可以發現中西兩種醫學思想的踫撞與融合，也可看出其由早期的銳意新學到後來的對科學西醫的力量有所反思的態度的變化。最後由丁福保治療肺癆病的理論與實踐引出對其中西醫學造詣的探討，並指出他形成如此複雜的醫藥觀、身體觀、疾病觀的原因。

第二章 從科舉生員到吸收新學的出版家：丁福保與「丁氏醫學叢書」

　　從十九世紀中葉開始，面對日益嚴重的內外危機，清政府開始採取了一系列的變革措施，向西方學習，變法圖強。從洋務運動到維新運動到最後的新政，這些自上而下的改革，涉及到政治、軍事、經濟、文化、教育的方方面面，也影響了整個中國社會的走向。在西學東漸的大背景下，處在其中的個人，也面臨著求學及事業道路的轉變。在求學方面，新式學堂取代傳統書院、私塾開始成為士人接受教育的選擇，西學逐漸取代經文八股，成為教育的主要內容。

　　隨著社會對西學的關注，譯書成為傳播西學的重要媒介而日益受到重視。張之洞等人在 1901 年上奏的《變法三疏》中，提出要「令各省訪求譯刻，譯多者准請獎；……請明諭各省舉貢生員，如有能譯出外國有用之書者，呈由京外大臣奏聞，從優獎以實官，或獎以從優虛銜發交各省刊行。」〔註 1〕在新政時期，隨著中央政府的大力提倡，譯書的機構從外國教會、政府擴大到民間社會，譯書的內容題材也不斷擴大，譯本的來源從多取諸於西文發展到多取諸於東文。從甲午到民元，中譯日書在中國圖書市場上的發行數量激增，相較於其他語言的譯書，所佔比例是壓倒性的。據統計，1895 年以前三百餘年間，「日

〔註 1〕〈覆議新政有關翻譯諸奏疏〉，張靜廬，《中國近代出版史料二編》，北京：中華書局，1957，頁 29～30。

譯中書有 129 種，而中譯日書只得 12 種。」但「從 1896 至 1911 年十五年間，中譯日書躍增至 958 種。」「以 1902 年至 1904 年爲例，譯自英文者共 89 種，佔全國譯書總數 16%，德文書 24 種佔 4%，法文書 17 種佔 3%，而譯自日文多達 321 種，佔 60%。」〔註2〕大批學生赴日留學，官員士人等赴日考察，國內也興起多所教授日文的東文學堂，這些都爲大量中譯日書的出現創造了條件。而上海則因爲政治、經濟、文化教育等方面的優勢，成爲中國譯業最爲發達的城市。即使是京師大學堂管學大臣張百熙也認爲在上海發展譯業有優勢：「上海就近招集譯才，所費不多，而成功甚易，南中紙張工匠，比京師大減，擬即將東文一項在上海隨譯隨印，可省經費之半。」〔註3〕

處於這一時代的丁福保本人的求學求職之路，亦和這個社會新的教育文化的取向相連。本章意在討論科舉生員出身的丁福保是怎樣一步步吸收新學，最後棄京師而奔海上，走上編譯出版醫書之路的。前半部分以回顧丁氏前半生生平爲主，討論他成長到求學的環境對其人生道路選擇的影響；後半部分則從晚清民初的讀者市場出發，分析「丁氏醫學叢書」的成功之處。

第一節　從科舉生員到京師大學堂新學講師

丁福保家族祖籍江蘇常州，自元末遷入以山水詩書聞名的江南小城無錫。對於無錫，清代的《無錫縣志》中的序言這樣寫道：「無錫縣爲常州屬邑，其地介於蘇常兩郡之間，爲南北要衝。境內無大山長谷險阻，而運河自京口建瓴而下，邑中諸溪受而注之於太湖，太湖繞邑西南，川流錯遞相灌輸，雖爲澤國，厥壤稱上腴。其人士多秀傑，能文章，尚節義，名公鉅卿後先接軫。」〔註4〕在優越的地理環境、經濟環境孕育下，無錫的人文氣息亦十分濃厚，有「錫俗尚詩」之說。明清以來無錫也與江南的其他地方一樣，出現了許多以詩書、文學、科舉聞名的世家大族，如顧氏、秦氏、華氏等，這些大家族都十分重視家族子弟的教育，創辦書院私塾，印刷出版書籍，因此推動了無錫

〔註2〕譚汝謙，《中國譯日本書綜合目錄》，香港：中文大學出版社，1980，頁 55、57、63。

〔註3〕《東華錄續錄》卷一六九，頁 30，轉引自譚汝謙，《中國譯日本書綜合目錄》，香港：中文大學出版社，1980，頁 56。

〔註4〕秦緗業等纂，《中國地方志集成·江蘇府縣輯24·光緒無錫金匱縣志》，南京：江蘇古籍出版社，1991，頁 5。

文化的繁盛。

　　丁福保的先祖自元末遷往無錫後，又於明代洪武年間遷至南城之外南塘，因此其家族被稱爲無錫南塘丁氏，是商業起家的書香門第。至清代乾隆年間，丁氏家族中人多中舉人，外派至浙江、江西、安徽、廣東、廣西等地爲地方知府、知州，這段時期被丁福保稱爲其家族的「全盛時期」。後漸漸衰微，以科舉顯名者愈少。到丁福保的祖父文炳，任職於浙江海鹽縣縣衙，爲一隸屬於七品知縣的小文官，因在太平軍戰亂中死難，被清廷給予正五品雲騎尉世職，入祀昭忠祠。丁福保的父親潔庵，襲雲騎尉，但一直未考取科舉功名，只靠業童子師自給。在科舉至上的傳統社會裏，有沒有考取功名對一個家族來說至關重要。到 1874 年丁福保出生之際，丁家因科舉仕途不利，可以說已漸漸式微，成爲一小戶人家。丁福保有一年長其八歲的兄長名寶書，至 1893 年時考取恩科副貢。清末民國時期，丁氏南塘家族出現的名人，除了丁福保、丁寶書兩兄弟享譽於文化領域外，還有丁錦〔註 5〕（1879～1958），在軍政界頗有建樹。

　　有清一代，考據文字藝術之盛，幾集有史以來之大成。而無錫，又是一個學術文化氛圍相當濃厚的地方。丁福保少年時也像平常世家子弟一樣，幼入家塾，跟從其父兄習經史子集文學，後入書院，習考據詞章之學。丁福保就讀的江陰南菁書院，成立於 1882 年，由江蘇學政黃體芳〔註 6〕（1832～1899）倡議，時任兩江總督的左宗棠（1812～1885）捐集公款二萬兩白銀建成，爲江南一帶的著名學府。黃體芳深受當時經世致用的教育思潮影響，倡導傳統經學，要求師生「實事求是」，學術上採取調和宋漢、兼採中西的態度，並非專以科舉應試的八股文爲教育目的。學院選全省「案首」（縣試、府試、院試第一名）及學業優良者，經考試或推薦入學。學習內容分「經學」和「古學」兩大專業，「經學」包括文字，音韻和訓詁在內的「小學」，而「古

〔註 5〕丁錦，字慕韓，號乾齋，江蘇無錫人。1904 年考入保定北洋將弁學堂，1910 年任雲南軍事參議，加入同盟會。辛亥革命後赴日本帝國陸軍大學留學，回國後執教保定軍官學堂。歷任陸軍上校、陸軍部參事、少將、參戰軍旅長、航空署署長，授陸軍中將。1949 年後留在大陸，被聘任爲農林部顧問。

〔註 6〕黃體芳，字漱蘭，浙江瑞安人。同治二年（1863）進士，選庶起士，散館授編修，頻上書言時政得失，光緒七年（1881），遷內閣學士，督江蘇學政，創辦江陰南菁書院。喜以詩歌自娛，詩多唱酬、紀遊，或寓時慨。晚年至南京主講書院，列名康有爲所辦之強學會。

學」則指除經學之外的所有學問，包括天文地理、算學、佛學、文學、史學、考據學，校勘學等等，學習期限由課生自己決定。書院藏書樓書籍豐富，供課生自修。南菁書院還設有南菁書局，出版了清代經學大師王先謙〔註7〕（1842～1917）主編的《皇清經解續編》1430卷，專著209部，左宗棠還諮會各省書局，每逢出書，必請發送一部給南菁。〔註8〕就傳統詩文教育和清代樸學教育而言，南菁書院可謂是江南的學術重鎮，聚集了江南一帶的才子學人。時與丁福保同學者除其兄長丁寶書之外，還有日後成為國民黨政治人物的吳稚暉〔註9〕（1865～1953）、鈕永建〔註10〕（1870～1965）、汪榮寶〔註11〕（1878～1933）等，文化界名士如上海文明書局的創辦人俞復，廉泉，「因是子靜坐法」創始人養生家蔣維喬〔註12〕（1873～1958），上海交大創始人，經學大師唐文治〔註13〕（1865～1954）等。在南菁書院所接受到的中國傳統

〔註7〕 王先謙，字益吾，湖南長沙人。同治四年（1865）進士，選翰林院庶起士，歷任國史館編修，翰林院侍讀，國子監祭酒，江蘇學政，編有《乾隆朝東華續錄》一百二十卷，在南菁書院刊成《皇朝經解續編》一千四百三十卷，刻《南菁書院叢書》數十種，百四十四卷，編輯刊印眾多古書文獻，1895至1904年主講嶽麓書院。

〔註8〕 鄒石溪，〈丁福保先生在南菁書院〉，《無錫史志 —— 百科全書式的學者丁福保》，2009年第5期，頁13～14。

〔註9〕 吳稚暉，名敬恒。江蘇武進人，國民黨元老之一，為丁福保多年知交。少時入江陰南菁書院，1891年應鄉試中舉。後任職上海南洋公學。1901年留學日本東京高等師範，回國後在《蘇報》發表反清文章，被清政府通緝，逃往倫敦，1905年加入孫中山的同盟會。

〔註10〕 鈕永建，字惕生，上海松江人，國民黨元老之一。1889年中秀才之後入南菁書院，1893年中舉，後入學湖北武備學堂。1900年留學日本入東京陸軍士官學校，1905年加入同盟會。1911年回國參加革命活動。1927年任江蘇省政府委員兼省政府主席等職，1930年後歷任國民政府考試院副院長，國民政府委員，國民黨中央監察委員會委員，總統府資政等，1949年後赴臺灣。

〔註11〕 汪榮寶，字衰甫，又字太玄，江蘇吳縣人，民國外交官。幼入南菁書院，1897年拔貢。1903年留學日本早稻田大學，回國後任京師大學堂譯學館教習。民國後任國民政府官員，擔任外交事務，從1922至1931年任國民政府駐日公使。後任陸海空軍副司令部行營參議、外交委員會委員長。

〔註12〕 蔣維喬，字竹莊，號因是子，江蘇武進人。1893年中秀才，1895年起入江陰南菁書院治學。1902年到上海參加蔡元培組織的中國教育會和愛國學社，後在商務印書館編譯所工作，編輯小學國文、歷史教科書，風靡一時。民國後歷任教育部秘書長，協助蔡元培制定新的教育制度章程，江蘇省教育廳廳長，上海東華大學教授等。信佛，自創呼吸靜坐養生法，著有《因是子靜坐法》、《中國佛教史》等。

〔註13〕 唐文治，字穎候，號蔚芝，江蘇太倉人。1883年舉人，1886年入讀江陰南菁

經學、古學文化的薰陶以及與書院學友的交往對丁福保日後的學術修養影響頗大。

出身讀書世家的丁福保，雖十四五歲便能「通治漢魏六朝數百家之文」〔註14〕，十五歲時便應選入南菁書院，但不喜作時文小楷的他在清末的科舉考試上並不似其師長一般如意。丁福保先後於 1888 年和 1898 年兩次應選入南菁書院治學，第一次入學是為了應考，第二次卻是在決定放棄科考之後。他先是師從院長王先謙攻讀經史，並應童子試、縣試、府試、院試，皆名列第十六，在二十三歲時候補無錫縣學生員。1897 年丁福保赴南京參加秋試，不中之後決定不再復考，而是開始接觸算學，求職業之發展。〔註15〕他先是拜見有同鄉之誼的近代著名數學家華蘅芳〔註16〕（1833～1902），然後再入南菁書院拜師於華蘅芳的弟弟華世芳攻讀算學。從丁福保兩次入學的不同科目，顯示了清末科舉制度的衰落以及新學的發展。

在清末的洋務自強運動中，算學被普遍認為與機械、武器製造、開礦等民用、軍用技術有關，為西學科學的基礎，因此受到重視。沈葆楨〔註17〕（1824～1879）在上疏中請重視算學一科，而非八股制藝，「誠以外國權輿萬事之方，胥根乎算學。」〔註18〕馮桂芬（1809～1874）在《採西學議》中

書院。1892 年進士，官至署理農工部尚書。曾兩度出使，到日、英、法、美等國考察。1907 年至 1920 年任上海高等實業學堂（即後來的上海工業專門學校，今上海交大及西安交大前身）監督（校長）。後在無錫任無錫國學專修館館長，教授古文，寫作《國文陰陽柔大義》八卷。

〔註14〕 吳稚暉，《寒厓詩集序》，選自丁福保，《疇隱居士自訂年譜》，《清代民國藏書家年譜》第六冊，北京：國家圖書館，1999，頁 300。

〔註15〕 據丁氏自敘中稱，「文學不足以治生，乃改習算學。」丁福保，〈壽世健康論〉，《康樂世界》，頁 16。

〔註16〕 華蘅芳，字若汀，江蘇金匱（今併無錫）人。精通中國古代算學及西方近代數學。1861 至 1868 年入曾國藩幕府。1865 年參與籌建江南製造總局，與徐壽（1818～1884）共同主持製造局翻譯館工作。與英人合譯數學、地質書籍。1876 年參與創辦格致書院，主講數學，執教十餘年。後在天津武備學堂、湖北武昌兩湖學院等處任教習。除教授數學，翻譯編寫書籍外，也參與實際軍火機械研製工作。1896 年在江南製造總局工藝學堂任數學教習，1898 年回鄉在無錫竣實學堂任教。

〔註17〕 沈葆楨，字幼丹，福建侯官（今福州）人。晚清洋務重臣。1847 年進士，歷任九江知府、江西巡撫，1866 年任福建船政大臣，主辦福建船政局，建立福建船政學堂，裝備福建水師。1874 年赴臺辦理海防，1875 年任兩江總督兼南洋通商大臣。

〔註18〕 沈葆楨，〈覆奏洋務事宜疏〉，饒玉成《皇朝經世文續編》/卷八十三 兵政十四

稱，「一切西學皆從算學出。西人十歲外無人不學算，今欲採西學，自不可不學算，或師西人，或師內地人之知算者俱可。」〔註19〕1898年的《申報》上有一條示考算學的通告上指，「算學一道，爲當今要務，各省大吏，竭力振興，期成有用之學。」〔註20〕此時爲各省要員重視的算學，已不是中國傳統算學，而是西方數學。近代中國算學（數學）的發展，到清末經歷了逐漸西方化的過程，中國數學家逐漸接受和消化了西方數學知識。〔註21〕丁福保的算學知識，一方面來自自己大量的閱讀中西數學典籍，一方面來自精通中西數學的近代數學家華蘅芳、華世芳的指導。從丁氏後來編寫的算學講義，如《歷代算學書目提要》、《蒙學筆算教科書》、《譯學館初等代數學講義》來看，丁福保在學習算學，教授算學的這個過程中，必定對中西學的會通已有一定的感觸。正如其師華蘅芳所言，「善學算者不存先入之見，亦不存中西之見，故其學無止境亦無限量。」〔註22〕

海防上，清同治十二年（1872）刊，光緒八年（1882）補刻續編，江右饒氏雙峰書屋刊本。

〔註19〕馮桂芬，〈採西學議〉，葛士濬《皇朝經世文續編》/卷一百二十 洋務二十培才/上海：廣百宋齋校印，光緒17年（1891）。

〔註20〕《申報》1898年1月4日，第8881號。

〔註21〕中國傳統數學源遠流長，出現許多經典著作如《九章算術》、《四元玉鑒》、《數學九章》等，但因不受官方的鼓勵而日漸衰退。到十六、十七世紀歐洲數學隨著一批精通天文算學的耶穌會士，如利瑪竇（Matteo Ricci，1552～1610）、鄧玉函（Johann Terrenz, 1576～1630）及湯若望（Jean Adam Schall von Bell, 1592～1668）等人的傳教來到中國宮廷，他們與中國士人合作翻譯編寫出不少西方天文數學著作。如利瑪竇與徐光啓合作翻譯了歐几里得的《幾何原本》，到清代一些學者則進一步消化和理解這些知識，如康熙時期的梅文鼎（1633～1721），著有天文算學著作20餘種，康熙帝設的算學館編纂了53卷的《數理精蘊》，乾嘉時期1810年出版了46卷的《疇人傳》，書中不僅記載了中國歷史上的天文數學家，也有歐洲天文數學家及在華傳播天文數學知識的傳教士。到清末中國數學家李善蘭（1810～1882）在1850年與英國倫敦會傳教士偉烈亞力（Alexander Wylie, 1815～1887）合譯《代數學》和《代微積拾級》，介紹西方符號代數學和微積分學。華蘅芳與傅蘭雅合譯《代數術》、《微積溯源》、《三角數理》等西方數學初級著作，漢譯數學著作、數學普及著作、講義都十分豐富，西方數學最終取代了中國的傳統數學。見田淼，《中國數學的西化歷程》，濟南：山東教育出版社，2005。丁福保學算學出身，中西算學的交融歷程想必對其早期如何看待中西醫學的交融也有一定影響。

〔註22〕華蘅芳，〈論觀書之法〉，麥仲華，《皇朝經世文新編》/卷二十上·學術，上海：大同譯書局刊〔出版年不詳〕

丁福保一邊攻讀算學，一邊在無錫新辦的第一所新學學堂，竣實學堂教授算學。但因自感精力疲倦，心神驚悸，手足無力，被診為心肺俱有病而廣涉中西醫書，並編寫了《衛生學問答》一書。該書以問答形式從微生物、飲食、起居、體操、治心這五個方面綜合中外養生之理法，講述保養身體的基本方法，並介紹簡單的人體解剖醫病知識。據序言介紹，至 1901 年前它便至少經歷了三次刻印：首刻於山西武備學堂，再刻於無錫竣實學堂，三刻於蘇州中西小學堂。〔註 23〕之後又交由其兄長丁寶書和南菁書院同學俞復及廉泉創辦的文明書局出版，流傳甚廣，不僅在大批新式學堂學生之中廣受歡迎，也被盛宣懷收入其所刻《衛生叢書》〔註 24〕之中，在士紳官員圈中流傳。

1901 年，蘇州東吳大學堂在美國基督教監理會（今衛理公會）和當地鄉紳士人的支持下正式成立開學上課。東吳大學堂是在十九世紀後期監理會在蘇州所辦之宮巷書院（Kung Hang School，又稱宮巷中西書院）的基礎上建立的。由傳教士林樂知〔註 25〕（Young John Allen, 1836～1907）任校董會會長，孫樂文〔註 26〕（David Laurence Anderson, 1850～1911）為首任校長，創辦之初規模不大，只開中學班，學生不足百人，修課中英文並重。丁福保於大學堂開辦的首年辭去教職前往就讀，成為第一批學生，但不久便因病輟學，經介紹往上海學醫養病於與華氏兄弟頗有淵源，華蘅芳的表弟趙元益處。

趙元益亦為傳統文人出身接觸西學的代表，可算是丁福保的前輩。他家世居江蘇清陽（今江蘇崑山附近），因幼年喪父而跟隨母親住在外祖父華沛恩家，與其表兄弟華蘅芳、世芳一起長大。無錫華氏乃明清以來「江南無錫望族之最」〔註 27〕，官宦世家，書香門第，藏書豐富。趙元益與華氏兄弟一樣，接受傳統經史教育，於 1888 年江南鄉試中中舉。華氏兄弟之父精通醫術，家中藏醫書甚豐，趙元益又因母親為庸醫所誤至身死而發奮學醫，「信

〔註 23〕　丁福保，《衛生學問答》，上海：文明書局，1906，頁 3。

〔註 24〕　《衛生叢書》刻於清宣統年間，是盛宣懷有感於晚年疾病纏身，選新舊養生家之言集合而成。分內外二編。內編為內法，曰心身強健之秘訣，曰衛生學問答。

〔註 25〕　林樂知，美國監理會來華傳教士，在傳教同時亦開展文化教育事業，曾主持《萬國公報》，在上海創立中西書院及中西女塾。

〔註 26〕　孫樂文，美國監理會來華傳教士。1882 年來華初在上海傳教，後調往蘇州。在蘇州創辦中西書院，東吳大學堂。

〔註 27〕　吳仁安，《明清江南著姓望族史》，上海：上海人民出版社，2009，頁 120。

張仲景之法，為人治病有奇」，〔註28〕兼習算學。1867 年，趙元益應時在江南製造局翻譯館工作的華蘅芳之邀，與英人傅蘭雅合作翻譯西書，共事二十餘年，譯成算學、醫學諸書。如《數學理》、《測繪海圖》、《儒門醫學》、《西藥大成》、《法律醫學》、《保全生命論》等，還曾於 1890 年以醫官身份隨薛福成〔註29〕（1838～1894）出使英法意比各國，在德國期間還曾前往科赫實驗室參觀學習。〔註30〕此時的上海正在逐漸成為新學傳播的中心，在上海的見聞大大擴展了丁福保的西學視野。跟隨趙元益學醫養病的日子使他接觸到大量的歐美西醫書籍，之後丁福保進入江南製造局工藝學堂學習化學，為他接受西醫的基礎理論打下基礎。

清末時期新式學堂的興起，引發對新式教科書的巨大需求。盛宣懷在上海創辦的南洋公學特別設立譯書院翻譯東西文書籍，嚴復〔註 31〕（1854～1921）所譯《原富》第一版便是由該館出版的。出於對明治維新後日本新學書籍的重視，盛宣懷於 1901 年又特別增設東文學堂，作為南洋公學的附屬。由譯書院總理張元濟〔註 32〕（1866～1959）兼任主任，譯書院翻譯日人細田謙藏〔註33〕、翻譯兵書顧問稻村新六〔註34〕為教師，擬「考選成才專門之士，

〔註28〕 華世芳，〈表兄趙靜涵小傳〉，王揚宗編，《近代科學在中國的傳播（下）》，濟南：山東教育出版社，2003，頁 462。

〔註29〕 薛福成，字叔耘，號庸庵，江蘇無錫人。1867 年鄉試副貢生，曾入曾國藩、李鴻章幕府，辦理洋務。1889 至 1893 年任駐英法使臣，兼駐比意使臣，編有《出使日記》。

〔註30〕 見趙璞珊，〈趙元益和他的筆述醫書〉，《中國科技史料》第 12 卷（1991）第 1 期，頁 69。

〔註31〕 嚴復，福建侯官（今福州）人。福州船政學堂畢業，後被選派入英國格林尼治海軍大學。畢業回國後任福建船政學堂、北洋水師學堂教習。甲午戰爭後倡西學，支持維新變法，翻譯《天演論》、《原富》、《羣學肄言》等西方政治經濟學名著，風靡一時。

〔註32〕 張元濟，號菊生，浙江海鹽人。1892 年進士，授庶起士，後任刑部主事，總署章京。甲午戰後倡導維新，戊戌政變時被革職，1898 年任上海南洋公學譯書院總理，至 1902 年辭職。1901 年起長期主持商務印書館，設立大規模編譯所及涵芬樓藏書，為著名出版家。

〔註33〕 細田謙藏，生卒年不詳，日本漢文學家，由日本駐滬總領事小田切推薦給盛宣懷任日語翻譯，翻譯出各種日本軍政兵書，如《日本陸軍學校章程彙編》、《日本兵書九種》、《日本軍政要略》等，後任日本大東文化學院休學旅行團團長。

〔註34〕 稻村新六，生卒年不詳，日本陸軍大尉，由日本駐滬總領事小田切推薦給盛宣懷任翻譯兵書顧問。參訂書籍有《戰術學》、《日本陸軍學校》等。

專習東文，講授高等普通科學，以備譯才。」〔註35〕此時的中國社會，選擇進入新式學堂求學者已甚多，東文學堂錄取名額爲 40 人，但投考者已達 600 餘人。丁福保考入該學堂習日文，日夜苦讀，在此期間編寫了學習日文的《東文典問答》。

　　東文學堂擬兩年爲一期，但只開辦半年便因經費緊張而停辦，丁福保繼續在上海爲其兄長好友丁寶書、廉泉、俞復等人所創辦的文明書局編寫蒙學讀本。1902 年末，文明書局廣告所列書目，計有丁福保所編書本爲《心算》、《筆算》、《衛生》及《生理》各一本，譯補之《生理衛生》一本。〔註 36〕他還將所撰寫的《衛生學問答》、及《東文典問答》兩書呈交學務大臣，存案以保護版權，得到時任吏部尙書兼京師大學堂管學事務大臣張百熙的讚賞：「該生好學深思，於疇人家言，致功最篤。此外各種科學，亦均銳意研求，確有心得，洵爲讀書勵志之士。」〔註37〕張百熙的讚賞加上時任清政府刑部主事，任京師大學堂提調的李希聖〔註38〕（1864～1905）的大力推薦，1903 年，丁福保被聘爲京師大學堂譯學館〔註 39〕生理學及算學教習，在北京充當教習兩年。儘管京師大學堂爲官方最高學府，給教員薪酬頗高（月薪爲 120 兩），丁福保也獲得主管官員的看重，但他卻認爲，「匏繫都門」非其所好，而毅然決定辭去譯學館職務，回到無錫參與到師友趙元益、董康〔註40〕（1867～1947）等人組織的譯書公會的活動中，開始編譯書籍之路。〔註41〕

〔註35〕 光緒二十八年（1902）前工部侍郎盛宣懷奏陳南洋公學歷年辦理情形摺，《政藝叢書》，朱有瓛主編。《中國近代學制史料》第一輯，（下冊），上海：華東師範大學出版社，1986，頁 522。

〔註36〕 李桂林等編，《中國近代教育史資料彙編・普通教育》，上海：上海教育出版社，1995，頁 170。

〔註37〕 丁福保，《疇隱居士自訂年譜》，《清代民國藏書家年譜》第六冊，北京：國家圖書館，1999，頁 317。

〔註38〕 李希聖，字亦園，湖南湘潭人。1892 年進士，授刑部主事。甲午戰爭之後提倡維新變法，任京師大學堂提調，治訓詁，精經史考據，工於詩文。

〔註39〕 義和團之變後，京師大學堂於 1902 年恢復開辦，1903 年京師同文館被分爲兩部分，譯學館和醫學實業館併入大學堂。

〔註40〕 董康，字授經，江蘇武進人。少時入南菁書院，1889 年中舉人，1891 年進士，授刑部主事。1897 年與趙元益等共創譯書公社，翻譯東西洋實用書籍。戊戌政變後入京復職，義和團時留守北京維持治安，晉升員外郎，郎中。1902 年調任法律館纂修，派赴日本調查司法。民國後歷任大理院院長，司法總長，財長總長，北京大學教授等職。

〔註41〕 見丁福保，《疇隱居士自訂年譜》，《清代民國藏書家年譜》第六冊，北京：國

　　傳統文人出身的丁福保，最終棄科舉而走向業醫和翻譯出版醫書的事業之路，除個人興趣與際遇變化之外，很大程度上也是受到晚清政治文化從實學到西學變化格局的影響。在自強運動和晚清新政的政治變革中，興起的大批新式學堂不僅吸納了大量知識分子，而且為年輕士人提供了非科舉之外的入世之路。丁福保求學的道路就這樣經歷了從傳統書院到東吳大學堂、江南製造局工藝學堂，南洋公學東文學堂的轉變，學習內容上也由經史文學擴展到算學、醫學、化學及日文。傳統士人的身份加上西學的知識使得他躋身於當時最高學府京師大學堂的教席之中。而大量新式學堂的誕生及由此產生對新學書籍的大量需求，政府對科舉生員從事譯書事業的鼓勵則為丁福保日後選擇從事翻譯醫書出版的事業提供了有利條件。據不完全統計，1902 年新式學堂學生人數約為 6,912 人，到 1909 年增至 1,638,884 人，1912 年更達到 2,933，387 人。〔註 42〕如果加上教會學堂、軍事學堂等其他未申報的公私立學堂學生，總數超過三百萬人。這些學生迫切需要西學知識，成為西學書籍的重要消費市場，改變了之前外國傳教士和官方譯書很少得到民間大規模回應的狀態。

　　從鴉片戰爭之後，之前被中斷了的西學又開始重新進入中國。外國傳教士在中國廣州等地創辦辦的新式學堂，教學科目為外文、算學、地理等，培養了第一批接受西學的知識分子，如容閎（1828～1912）、黃寬（1828～1878）等，但入學者多為貧寒子弟，並非主流士紳階層，因此他們多只有西學知識結構，而未有舊學的學識培養訓練。正如盛宣懷所言，「大抵通曉西文者多懵於經史大義之根柢，致力於中學者率迷於章句呫嗶之迂途。」〔註 43〕到十九世紀末期，特別是甲午戰爭之後，在外強的壓力和開明官紳知識分子的鼓勵下，西學被視為救亡之工具，受到官方重視承認，社會風氣也為之一變。有記載曰「雖頒白之老者亦盡心研究西學，或負笈教會學校，或設改良教育會，或聘私家教員，或讀譯成之西學書籍，頗極一時之盛也。……至光緒二十二年（1896），凡學校之教西學與西文者，無不生徒濟濟，甚而無知少年於西學毫無門徑，亦設帳課徒，利市三倍。」〔註 44〕在西學知識逐漸從邊緣走向中

家圖書館，1999。
〔註 42〕桑兵，《晚清學堂學生與社會變遷》，臺北：稻禾出版社，1991，頁 2。
〔註 43〕盛宣懷，《愚齋存稿》卷二，奏疏二，臺北：文海出版社，1975，頁 80。
〔註 44〕郭秉文，〈中日戰爭之影響於新教育〉，《中國教育制度沿革史》，福州：福建教育出版社，2007，頁 37。

心的過程中，誕生了像丁福保這樣或稱中體西用、或稱中西交雜的讀書人。他們既有深厚的舊學根基，但又在清末的科舉仕途上並不順利，對傳統取仕制度不滿，受生活的壓力而進入新式學堂學習了西方的科學知識。中西學並進的求學經歷也造就了他雖然今後一直向大眾譯介西醫知識，但在深層思想上一直未能與中學脫離。

第二節　1909年南洋大臣醫科特考與赴日考察醫學

譯書公會成立於1897年的上海，是清末維新派所辦的翻譯出版機構，主要負責人為趙元益和董康。該會以集資股份形式湊集合夥人，參與者多為江蘇、浙江兩省一帶的文人。該會「以採譯泰西東切用書籍為宗旨」，「購近時切要之書，延翻譯高手，凡有關政治、學校、律例、天文、輿地、光化、電氣諸學，礦務、商務、農學、軍制者，次第譯成」。〔註45〕由章程看來，譯書公會的組織和分工都比較鬆散，對所選譯的書籍，也沒有明確的讀者對象和篩選標準。從北京教書歸來的丁福保加入其中，「擬刊印醫書而未果」，「只編譯一些教科書及各科學書」〔註46〕。而且這項事業開展得並不順利，一年便虧折近萬元最終停辦。丁福保遂決定獨力出資來上海行醫刊書。

從鴉片戰爭之後上海便被設為通商口岸，此後又在境內開闢英、法租界。租界內有獨立的司法管理系統，商業文化事業發達，成為名副其實的「國中之國」，不僅僅是外國資本家、冒險家的樂園，也成為眾多華人心中的樂土。自清中期以來動盪的社會時局，如太平軍、小刀會等，也促使大批原本住在江浙一帶的人湧入上海，使得上海成為人口集中程度最高的城市之一。1908年，時已三十五歲的丁福保來到上海，住進英租界，開始他的譯書行醫之路。

舊時的上海，病人看中的是醫生的經驗與名氣，做醫生的多是幾代相傳的世家，所謂「醫不三世，不服其藥」。清末民初的上海，名醫雲集，如有十九世業醫，有御醫頭銜曾北上給光緒診治的陳秉鈞〔註47〕（1837～1914），孟

〔註45〕〈上海新立譯書公會章程〉，湯志鈞等編，《中國近代教育史資料彙編：戊戌時期教育》，上海：上海教育出版社，2007，頁192。

〔註46〕丁福保，《疇隱居士自訂年譜》，《清代民國藏書家年譜》第六冊，北京：國家圖書館，1999，頁321。

〔註47〕陳秉鈞，字蓮舫，號樂餘老人，上海青浦人。出身青浦陳氏十九世醫，精於內、外及婦科，曾為兩廣總督張之洞治病，與其幕僚李平書結為莫逆交，後與其在上海創辦醫學團體。1898年被張之洞推舉赴京為光緒帝治病先後五

河醫派傳人費繩甫〔註 48〕（1851～1914）、丁甘仁〔註 49〕（1866～1926）、江灣蔡氏女科名醫蔡小香〔註 50〕（1862～1912）等。雖然丁福保之前曾任過兩年京師大學堂講習，出版過一些衛生學書籍，但未有家學淵源或名師門下的頭銜，初到上海的丁福保，找他診治的病人甚少，他自己也在自定年譜中回憶道，「收入之醫藥費，積數月不及三十元，行醫開始之難如此。」。〔註 51〕因此初至上海的丁福保，工作的精力還是在著述方面，在此期間，還主持盛宣懷在上海設立的東文譯書會，參與其翻譯「日本明治財政叢書」的計劃，以此維持滬上的生活。

　　丁福保真正開始在上海醫界內嶄露頭角還是在其參加兩江總督端方在南京舉行的醫科考試，獲得最優等開業證書並被任命為考察日本醫學專員之後。在傚仿西政的晚清立憲運動中，從 1905 年開始，清廷對於醫藥衛生方面，亦首次成立了主管公共衛生事業的衛生部門，職責中包括對醫生進行考試給予行醫牌照。〔註 52〕民國以前，除宮廷醫學有太醫院的機構進行教學之外，在民間社會，中醫都未成立專門的學校教育體系。個人要學習醫術只能通過自學、家傳及拜師。中醫也因此出身複雜，層次不一，既有江湖郎中類的方醫、鈴醫、草頭醫，也有為讀書人出身的儒醫，世醫。而明清以來的中央政府都沒有實施針對民間醫生的考察機制，醫生品流參差，濫竽充數者不乏其

　　　　次，任御醫值御藥房事，有國手之稱。1921 年陳蓮舫門人將其醫案編輯出版《陳蓮舫醫案密鈔》，丁福保為之作序，評述其「按語之中庸，用藥之淵博，於長沙以下，乃至金元四家、王海藏、張隱庵諸大家之外，別開生面」。

〔註48〕費繩甫，字承祖，江蘇武進孟河人。孟河費氏十二代傳人。中年移居上海，擅治內科雜病，虛勞調理，每日求診者百計。

〔註49〕丁甘仁，名澤周，江蘇武進人。師從孟河醫派馬培之，費伯雄等人，從蘇州後行醫於上海，醫名顯赫。創辦中醫教育，1916 年與夏應堂、謝觀等集資創辦上海中醫專門學校，丁福保被聘為教員，後由其子丁仲英繼續主持 1931 年改名為上海中醫學院。

〔註50〕蔡小香，名鍾駿，江蘇寶山江灣（今屬上海）人。江灣蔡氏儒醫五世傳人，擅於婦科。1904 年與李平書等發起成立上海醫務總會，1907 年與丁福保、何廉臣等創中國醫學會於上海，任會長並出資支持發行《醫學報》。

〔註51〕丁福保，《疇隱居士自訂年譜》，選自《清代民國藏書家年譜》第六冊，北京：國家圖書館，1999，頁 326。

〔註52〕1905 年清廷設巡警部，部下首次設立衛生科，考覈醫學堂之設置，考驗醫生給照，並管理清道、防疫、計劃及審定一切衛生、保健章程，1906 年又將巡警部改為民政部，內設衛生司，衛生司下設保健科、檢疫科與方術科。北京內外城巡警總廳設衛生處。見曹麗娟，〈試論清末衛生行政機構〉，《中華醫史雜誌》2001 年 02 期。

人。到清末社會對中醫的質疑之聲愈烈，如梁啓超（1873～1929）道，「西人醫學，設爲特科，選中學生之高材者學焉。中國醫生乃強半以學帖括不成者爲之，其技之孰良，無待問矣！」〔註53〕在中醫內部也有激烈抨擊自身的腐敗的聲音，如何廉臣〔註54〕（1861～1929）在所辦的《紹興醫藥學報》的《發刊辭》中引用華陽曾科進〔註55〕的論述：「吾國醫界之腐敗也。以不士不農不工不商之廢人，降而學醫」。〔註56〕關於考試醫生，鄭觀應〔註57〕（1842～1921）曾在其風行一時的著作《盛世危言》中的《醫道》一篇，針對庸醫草菅人命的現象，推崇古代周朝以及現今西國嚴格的考醫之法，建議「考諸《周書》，參以西法，自太醫院始，一律詳加考覈。……考驗有成，酌予虛銜，給以執照，方能出而濟世；其無照而私自懸壺，草菅人命者，重懲不貸。」〔註58〕在 1907 年清政府修訂的新刑律中，則首次規定「凡未受公署之許可，以醫爲業者，處以五百元以下罰金。」〔註59〕

　　在這項政策下，除北京京城之外，各地如蘇州、揚州、杭州、吉林、成都等地亦紛紛舉辦了醫學考試，其中最著名的要算 1909 年端方在南京舉辦的南洋大臣醫科考試。端方爲晚清新政出洋考察團五大臣之一，曾走訪歐美各國瞭解西方憲政及社會教育制度，之後被任命爲兩江總督兼南洋大臣，實行地方新政，不僅對地方官員進行資質考試以整頓吏治，也於 1909 年春季首次在江蘇土辦醫生資格考察試。當時的《申報》記錄道：

〔註53〕 梁啓超，《讀西學書法》，黎難秋主編，《中國科學翻譯史料》，合肥：中國科學技術大學出版社，1996，頁 635。

〔註54〕 何廉臣，名炳元，浙江紹興人。家世業醫，後遷居上海三年，在中國醫學會與丁福保同任副會長，主張吸取西醫知識，折中舊醫。清季回到故里紹興創辦紹興醫藥學社，發行《紹興醫藥學報》，後認爲西醫學之未必皆可取，中醫學之未必盡可棄，整理中醫典籍，著述頗豐。（〈何廉臣先生事略〉，何廉臣編，《增訂通俗傷寒論》，福建科學技術出版社，2004，頁 8）

〔註55〕 曾科進，生卒年不詳。曾於 1905 年在上海出版《家庭衛生》，爲丁福保《漢譯臨床醫典》做庁，稱其爲「改良醫學之第一人」。

〔註56〕 李經緯、鄢良編，《西學東漸與中國近代醫學思潮》，武漢：湖北科技出版社，1992，頁 97。

〔註57〕 鄭觀應，字正翔，廣東香山人。清末實業家，曾任上海機器織布局，上海電報局、輪船招商局、漢陽鐵廠總辦。《盛世危言》一書由 1893 年首次刊印，對商、工、農、礦、輪船、鐵路、郵電、貨幣、銀行、財政稅收等均有論述，後多次增訂，重印達 20 餘次，影響頗大。

〔註58〕 鄭觀應，《盛世危言》下，臺北：學術出版社，1965，卷九，頁 22。

〔註59〕 王書城，《中國衛生事業發展》，北京：中醫古籍出版社，2006，頁 101。

江督端制軍以人命至重，庸醫殺人情最可恨，特箚寧學司通飭，將全省醫家凡懸壺行道者皆須分別考驗，如男科、婦科、內科、眼科、喉科，或有眾善兼長，或有專門名家，均先行呈報考驗後，如有一長足錄，即准其懸牌售技。聞將來考驗之法分五等定案，或有臨時規避者即不准其行道。〔註60〕

端方此時所舉辦的考試，可以稱得上是在清政府新政指導下的新措施。考試分科詳密，應試者需先通過經（醫經）、史（醫學史）、策（各科條對）、論（普通醫論）的考察，防止不是醫生為人代考者。方再從「內科、外科、女科、幼科之類」，以及「產科、痘科、眼科、牙科」內任選報一科或數科，「考時以學術為重，不以文藝為先。所出之題，就病症方藥古今人治法不同之處，疑難奇僻之病症，及遊移爭競之學說，每科擇要設為問題數條，能對若干條即判若干分數。」〔註61〕考級規定分為五等，最優等及優等者給予文憑並記名侯給醫學差委；中等以上方可行醫，下等及最下等不准行醫，許學習後再考，不列等者則只有改業以後不准行醫。

丁福保於 1909 年五月赴南京參加此次醫科考試。醫科考試的出題人，據 Bridie Andrews 推測為丁福保學醫之老師趙元益〔註62〕，考題既有臨症，亦有理論，大多與當時中西醫學比較的熱門議題有關。丁福保將題目概括為「論中西脈學之得失；論中西藥學之異同；論古人之用麻醉藥；論愛克斯光線之功用，論中西鍼法，論鼠疫病因療法以及論說文恩字以證知覺屬腦之說。」〔註63〕這幾道題目，對於已經譯述過大量西醫西藥書籍，並遍覽過中醫典籍的丁福保而言，並非難題。

此次考試，為新政中風雨飄搖的清政府對醫界的首次規範，範圍只限於江南省城內，對清末中醫界的影響殊難評估。當時國內各大醫學刊物，如廣東的《醫學衛生報》、浙江的《紹興醫藥學報》以及上海的《醫學報》都對此十分關注。應考者據稱亦有近千人，但出於對考試的方法、試題的看法互異，評論多正負意見參半。有人把此項考試比擬為醫學科舉；有人認為遺漏了針

〔註60〕《申報》1908 年 5 月 30 日。
〔註61〕陳邦賢，《中國醫學史》，上海：商務印書館，1937，頁 217。
〔註62〕Bridie Jane Andrews, The making of Modern Chinese medicine, 1895～1937, Dissertation, the University of Cambridge1996, p.123.
〔註63〕丁福保，《疇隱居士自訂年譜》，《清代民國藏書家年譜》第六冊，北京：國家圖書館，1999，頁 326。

灸經絡一科；有人認爲對於暫無西醫知識訓練學校的地方醫生而言，此項考試並不公平，易引發醫生不滿。〔註 64〕此項考試的前提是應試中醫都必須通國文也引來不少質疑，如浙江名醫何廉臣即指出中醫以臨床經驗爲貴，政府一刀切的考試方法帶來的結果是喜懼皆半：

> 考試期間最可惜者，竟有臨症甚多，實驗精深，或手術純熟而不通國文者，因其不通國文之故而名落孫山。政府因而停止其營業，吾可痛之事孰有過於此哉。其間最易悖者，其國文不過粗通，其學術僅知大要，其經驗亦甚稀罕，而其人善於運動竟得博一高等文憑者。〔註 65〕

由於清政府對於考試中醫並無具體政策，各地往往自行其是，各種爭議在所難免。但對丁福保個人而言，這卻是其人生事業上的一大轉機。他參加此次醫學考試，獲得內科醫師最優等開業證書，爲其帶來業醫的資格認證。此後，在盛宣懷政治和財力的支持下，丁福保得以被任命爲考察日本醫學專員赴日。將丁福保視爲門生的盛宣懷並特意爲此修書給兩江總督端方，「丁生福保赴寧考驗歸來，……渠擬東遊研求醫藥，弟原有聘東醫爲教習之意，丁生頗肯留心，可乘便往商青山、北里。悉可自備資斧，但求臺端給一諮箚以壯行色。」〔註 66〕

　　端方很快便發放給丁福保官方諮文，命其考察「凡日本各科醫學，及明治初年改革醫學之次第，與日人所錄用之漢藥，以及一切醫學堂醫院之規制課程」，〔註 67〕而盛宣懷因時任中國紅十字會會長，欲在上海試辦醫學堂醫院，〔註 68〕江蘇省內建養育院，亦爲丁福保發放諮文給駐日胡公使請其協助，並捐助日幣千元，作爲購買日本醫書及川資之用。

〔註 64〕陳睿心田通稟，〈支提學憲考試醫生批〉，《紹興醫藥學報》1908 年十一月初一出版，第六期。

〔註 65〕何廉臣，《讀江督考試醫生章程牌示及問題感言》，《紹興醫藥學報》第三號，1908 年 5 月三十日，頁 11。

〔註 66〕北京大學歷史系近代史教研室，《盛宣懷未刊信稿》，《致端制臺再啓》1909 年四月初五，北京：中國史學社，1960，頁 168。

〔註 67〕丁福保，《疇隱居士自訂年譜》，《清代民國藏書家年譜》第六冊，北京：國家圖書館，1999，頁 326。

〔註 68〕盛宣懷，《愚齋存稿，卷一》〈奏爲酌擬中國紅十字會試辦章程請〉，1909 年十二月。臺北：文海出版社，1975，頁 395。

在官方身份的支持下，丁福保一個月時間內迅速參觀了明治維新之後，日本仿照西方醫學制度成立的著名醫院如帝國醫科大學附屬醫院，青山病院、帝國腦病院、胃腸病院；醫科大學如帝國醫科大學，千葉醫學校；研究所如北里柴三郎〔註 69〕（1856～1931）任所長的傳染病研究所；養育院如小石川養育院、東京養育院、岡山孤兒院以及帝國圖書館等處。拜訪了日本著名醫學家青山胤通〔註 70〕（1859～1917）博士，寫下詳細的《往遊日本記》，帶回大批日本新舊醫書及藥品。但由於當時清政府政局動盪，丁福保回國後不久就是辛亥革命的爆發，他的考察結果，顯然已經沒有政府力量來實行。如前所述，十九世紀是西方科學醫學飛躍的時代，以大學、實驗室和研究所為基礎的研究制度已經形成，向西方學習的日本也迅速發展了這一套西醫研究制度，並在新醫學上取得了顯著的成績。而對於中國來說，雖然近代西醫開始進入中國的時間與日本差不多，但發展速度卻遠遠不及日本，清末中國醫界裏雖然出現了一些讀過西醫書籍，倡導中西會通派的醫家，如中醫唐宗海（1863～1918）在讀過合信（Benjamin Hobson，1816～1873）五種新醫著作而做出《中西醫書會通五種》，但多是出自個人對醫籍的理解闡發，對西醫學背後的科學研究精神與制度，還知之不詳。

丁福保在此次參觀中，不止第一次近距離接觸觀察十九世紀西方醫學發展的成果，如細菌檢查、人體解剖、血清、痘苗製造，愛克斯光線，更重要的是意識到這些成果背後的以醫院、醫科大學、研究所為主體的所謂科學的實驗研究機制。在小石川療養院的鏡檢室，「有醫長光田健輔君，適在研究細菌，見余至，即檢出癩病，百斯篤，肺結核各種細菌，配置鏡頭以供同人參觀，良久始去。」，〔註 71〕在帝國醫科大學的病理學教室的標本室裏看到各種骨骼人體器官標本，「見玻璃櫥中陳列骨學標本，共計二百餘具，壁間偏置木

〔註 69〕 北里柴三郎，日本醫學家、細菌學家。1883 年獲得東京大學醫學院醫學博士學位後，前往德國柏林的科赫實驗室，研究細菌學，在此期間與同僚一起成功研製出破傷風病菌的純粹培養以及免疫血清療法。1891 年回國建立傳染病研究所，1894 年在香港發現鼠疫桿菌，1914 年建立北里研究所，培養醫學者，被稱為日本細菌學之父。

〔註 70〕 青山胤通，日本醫生、醫學博士，精於內科。東京大學醫學部畢業後往德國留學，回國後歷任東京帝國大學附屬醫院院長，醫科大學學醫學教授、校長，傳染病研究所所長等。1894 年與北里一起往香港從事鼠疫的研究。

〔註 71〕 丁福保，《往遊日本記》，選自《清代民國藏書家年譜》第六冊，北京：國家圖書館，1999，頁 593。

架，有日人全身骨骼百五十具，小兒骨骼四十餘具，蝦夷種人頭骨及全身骨骼百六十具……每具懸一牌以表其名。」〔註72〕除骨骼標本外，展出供學習的還有胎兒及初生標本，人體模型，韌帶學標本，筋學標本，內臟學標本，五官器學標本，脈管學標本，神經學標本，解剖學標本等。又在病理解剖室看到日本醫士工作的情形，「室內先有醫士數人，共觀病時診斷書，書皆德文，旋見二醫士各執小刀，先剖男屍，即於胸前割一正中線，然後用箝箝開肋骨，將心肺肝胃橫斷膜等悉數取出，各醫士互相觀察，均執筆記述甚詳。」〔註73〕這對丁福保是一個極大的衝擊，促使本已是改良醫學團體中一份子的他更加意識到中國國內中醫與之差距，回國後大力宣傳新醫學。

1910年六月，在端方的積極籌備下，中國歷史上首個商品博覽會南洋勸業會在南京舉行，參賽物品彙集中外，數量達百萬件。丁福保受到清廷官員推薦，將其編譯的數十本醫學譯著以及自製中式丸散送至參賽，獲得超等獎，〔註74〕由此丁福保及其譯述擴大知名度。這些都是與晚清新政中的兩大要員盛宣懷和端方在醫學方面的新舉措密不可分的。

甲午戰爭之後，大批中國官紳士人前往日本考察遊歷，以政治、軍事、農業、工業經濟及財政教育方面至多，〔註75〕對於醫學機構如此集中的訪問參觀，丁福保還是首位，因此廣為當時的各大報紙所關注。如當時的《申報》曾對此報導道，「南洋考取最優等醫士丁福保，優等醫士俞鼎勳，奉前江督端午帥，派赴日本為考察醫學專員……聞此次在日本考察極為詳細，著有日記一大冊，內有帝國醫科大學，青山腦病院，胃腸病院，順天堂醫院，傳染病研究所登各種章程。凡各醫學堂醫院辦法及建築法言之甚詳，足為吾國取法。又聞購買醫書至七八百元之多，為醫界從來未有之盛舉，未始非吾國醫學改

〔註72〕丁福保，《往遊日本記》，選自《清代民國藏書家年譜》第六冊，北京：國家圖書館，1999，頁601。

〔註73〕丁福保，《往遊日本記》，選自《清代民國藏書家年譜》第六冊，北京：國家圖書館，1999，頁601。

〔註74〕〈名醫之著作得獎〉、〈丁氏醫書得超等獎勵〉、〈南京通信〉，《中西醫學報》，1910年十一月第八期，頁5。

〔註75〕如劉學詢，《遊歷日本考查商務日記》。（1898年記）姚錫光，《東瀛學校舉概》。（1898年記）羅振玉，《扶桑兩月記》。（1901～1902年記）方燕年，《瀛洲觀學記》。（1902～1903年記）張謇，《癸卯東遊日記》。（1903年記）劉瑞璘，《東遊考政錄》。（1905年記）載澤，《考察政治日記》。（1905～1906年記）盛宣懷，《愚齋東遊日記》。（1908年記）等。

良之起點也。」，〔註76〕此新聞又分別在同時期的《醫學報》、《醫學衛生報》
和《紹興醫藥學報》上轉載。丁福保的《考察日本醫學記》也在《醫學報》
上連載刊出。此次日本之行所帶回的大批最新日本醫書，成爲他在上海成立
的醫學書局的基礎，而清政府赴日考察醫學專員的身份，報刊的大力報導宣
傳，也讓他在上海醫界聲名一振，對擴大他出版的「丁氏醫學叢書」的銷售
網絡，至關重要。抓住機遇，丁福保成爲晚清社會變革的受益者。

第三節　商業、教育與實用的綜合——「丁氏醫學叢書」的發行考慮

　　1907 年的《醫學報》上刊登了一篇題爲〈論宜獎勵譯書〉的文章，作者
提及當時醫書市場上存在的西醫譯書的情況及銷售狀況：

> 西醫雖精，然非識和德文，入醫學校則不能知其源流，得其精
> 蘊。故思其次而求之於譯書，則又不完不備，且爲數十年前之舊籍。
> 而中醫之書則汗牛充棟……考從前所譯之醫書，以製造局之體例爲
> 最佳，惜其書已舊，如近譯之婦科，則又與《婦科精蘊圖說》複。
> 至產科等書，又不合中醫之用，其缺點也。次則粵東醫院之所譯，
> 其種類頗多，然多蕪雜之病，甚有一藥而前後異名者。此外所譯如
> 德貞氏之《全體通考》，柯爲良之《全體闡微》，均爲佳本，然皆十
> 餘年前之書。比年以來，譯業頗盛，然醫書則絕少。雖譯和文書較
> 易西文，而和醫書則竟無譯者。惟生理學等書籍，學堂之課程而傳
> 焉。〔註77〕

　　按文中所述，當時的中醫如果想要瞭解西醫知識的話，可以看到的中譯
西醫書籍都爲十幾年前的舊作，如江南製造局，廣東博濟醫院所出版的醫書，
以及傳教士德貞等解剖學譯作，數量少而內容陳舊不完備，不合中醫的實際
需要。儘管當時中譯日書事業興盛，但日文醫書譯者卻很少，圖書市場上比
較多的是應新式學堂需要的生理衛生教科書。

　　爲什麼西醫書籍如此匱乏？作者將其歸因於「購者甚少」，「醫書出版之
後，其銷路復滯，不但無利，且難免於折閱焉。上海格致書室經售之新書，

〔註76〕〈考察日本醫學專員回滬〉，《申報》1909 年 6 月 28 日。
〔註77〕《醫學報》第七十三期，光緒三十三年（1907）七月朔日第七十四期，頁 1。

以醫書之銷數爲最少。即如從前製造局所譯，聽人翻印，而從無翻印及醫書者。其銷數之少從可知矣。」〔註78〕綜合上面兩段材料所指出的信息是，1907年之時，中國的中醫已經開始對西醫知識感興趣，並希望瞭解西醫知識，但需要的是可以合他們所用的西醫知識，否則只能銷路寥寥。

　　然而丁福保的譯書出版量大並獲利豐厚，顯然不屬於「銷路復滯」的情況。從 1908 年丁福保決定自行來上海行醫刊書開始，到 1942 年他決定將自己創辦的醫學書局盤給他人，在這三十幾年時間裏，這間位於英租界，規模不大的醫學書局共出版了數百部醫學書籍和數十部國學、佛學、古泉學書籍。丁福保是靠翻譯出版醫學書籍起家的，但在 1915 年之後，他的主要精力便放在佛學與文字學典籍的編輯出版上。大規模的醫學書籍的翻譯主要集中於1909 年至 1914 年，特別是他剛從日本考察醫學回來的 1910 年與 1911 年，這兩年他翻譯的醫學書籍數目便達到 48 種，此後每年編輯再版的醫學書籍也保持在 10 本上下的數目。〔註79〕1912 年，丁福保將已出版的數十本醫學書籍定名爲「丁氏醫學叢書」〔註80〕。之所以將其命名爲「叢書」，是因爲它們在範圍上和廣度上都遠遠超過了之前的西醫譯著，自成系統。既有解剖、生理、衛生、病理學、診斷學等基礎知識，也有內科、外科、婦科、兒科等臨床醫學，還有藥物學及處方學等；既介紹當時西醫發展的最新成果，如《德國醫學叢書》（1909）、《赤痢新論》（1910）、《梅毒六〇六療法》（1910）、《新萬國藥方》（1914）、《免疫學一夕談》（1911）等，其中，《赤痢新論》的作者便是赤痢菌的發現者，志賀潔〔註81〕（1870～1957）；也有介紹日本漢方醫學的中西醫學匯通類著作，如《中西醫方會通》（1910）、《醫界之鐵錐》（1911），《漢藥法典》（1916）等，其中大部份書籍都重印 3、4 版以上，多的甚至達 30 餘版。如《衛生學答問》（1900），這部丁福保最早編輯的衛生學書籍，到 1906年便增訂到第 11 版，到 1911 年增訂到 19 版再版；再如記錄日本漢醫治療方

〔註78〕《醫學報》第七十三期，光緒三十三年（1907）七月朔日第七十四期，頁 1。

〔註79〕據丁福保自訂年譜統計，1909 年出版醫書凡十種；1910 年凡二十五種，1911年凡二十三種，1912 年凡七種，1913 年凡八種，1914 年凡十一種。

〔註80〕這些書籍，大部分署名爲丁譯，也有一部分爲丁與他人合譯或是丁福保之好友或學生的譯作。

〔註81〕志賀潔，日本醫學者、細菌學者。畢業於東京帝國大學醫學部，後進入北里柴三郎任所長的傳染病研究所工作，於 1897 年發現赤痢菌，因此該菌也叫做志賀菌。1901 年赴德國留學師從著名細菌學家、化學家埃里希（Paul Ehrlich,1854～1915）獲醫學博士學位回國。與北里一起創建北里研究所。

劑的《漢法醫典》，到 1934 年增訂至 30 版；用中國、日本、英美學說分析中藥藥性的《化學新本草》（1909），到 1934 年亦增訂到 30 版，此外還有生育護理類書籍，如《育兒談》（1908）、《妊婦診察法》（1909），也多次再版。丁福保所譯的醫學書籍，還應選參展，走出國門，在清末的南洋勸業會，民國時期的德國都郎萬國賽會及羅馬萬國衛生賽會都獲得最優等獎勵，得到民國政府內務部的獎證，在商業和品質聲譽上都取得了成功。

丁福保編譯的「丁氏醫學叢書」之所以獲得如此大的成功，一方面是得益於中日甲午戰爭（1894～1895）之後到民國初年中譯日書在中國圖書市場上的熱銷之際，以及上海在政治、經濟、人力、財力等各種因素的優勢下，成為全國翻譯出版文化重心的大環境。它們率先填補了清末民元競爭並不激烈的西醫書籍市場；另一方面，更重要的原因在於丁氏勤力的翻譯，精心的安排和宣傳，使其迎合了晚清民國時期包括中醫、學生、知識分子乃至普通市民在內的大眾讀者對於新的醫學知識的閱讀需要。丁福保的譯著從選材、著述文筆到發行，都以商業實用為標準，綜合了教育目的。既有最新西醫各科知識的內容，也有中西醫藥會通類以及中醫文獻整理類的內容，專業性與通俗性並蓄，並注意利用報紙媒體的廣告宣傳作用，這些都為其吸引到包括中醫、新學學生、傳統文人在內的大批讀者。

「丁氏醫學叢書」的譯書來源

「丁氏醫學叢書」的原本來自於日本明治維新之後出版的新醫學書籍，大部分都為日本西醫醫學士的著作。既有日本醫院醫學堂所使用的教材，醫學博士著作，也有社會流行的醫學知識宣傳手冊。在圖書的外觀風格以及編纂體例上丁福保都倣仿了日本醫書的編排方式。但譯著的種類卻頗為複雜，既有直譯作品，更多的是加入丁氏自己觀點的編譯著作，以及彙集多本著作而成一種的重新組合編寫，可以算得上是日譯西醫的重新包裝。

日本自明治維新以來，每年出版的各類西醫文獻數量都在數十部以上，〔註82〕到 1909 年丁福保訪問日本時，他所能看到的醫書可謂浩如煙海。丁福保在他的《丁氏醫學叢書總序》中這樣寫道：

> 近世東西各國醫學之發達，如萬馬之騰驤，如百川之薈萃，磅礴浩瀚，駸駸乎隨大西洋之潮流，渡黃海岸注入東亞大陸，俾不才

〔註82〕中野操，《皇國醫事大年表》，東京：株式會社南江堂，1942。

肆其雄心，窮其目力，運廣長之舌，大陳設而吸飲焉，豈非愉快事
哉？然吾人雖如千手觀音，向醫學各科目悉張齊神臂，無一刹那頃
之已時，而各學科光怪陸離之新理新法，一若對萬花鏡之回轉循環，
使人應接不暇。雖日寫五千言，積以數年之久，仍不足盡譯其長，
以供醫林之參考。〔註83〕

　　丁氏所言即使是如千手觀音，仍包容不下醫學各科；即使是日寫五千言，
數年亦寫不盡近世東西醫學之發展，指的便是日本自明治維新以來直到二十
世紀初年，在醫學各學科，如解剖學、生理學、藥物學、病理學、內外科、
眼科及婦產科，小兒科，耳鼻咽喉科、齒科、皮膚病科及黴毒科、衛生學、
細菌學、精神病科、法醫學、軍醫學（包括軍隊衛生）取得的進展。丁福保
以此為基礎，從中選取進行翻譯編寫出版而成的「丁氏醫學叢書」，分類卻與
此相異：他將所能搜集到的日本西醫書籍或直接翻譯，或彙集編譯，或修改
書名，增補內容，重新組合為包括醫學門徑書類、基礎醫學書類、生理衛生
書類、內科學書類、肺癆病書類、傳染病學書類、外科學書類、花柳病學書
類、皮膚病學書類、病理學及診斷學書類、細菌學書類、法醫學書類、看護
學書類、婦人科及產科學書類、兒科學書類、藥物學及處方學書類、中西醫
中醫書匯通書類、青年書類及參考書類在內的十七大類，上百部醫學書籍，
以配合不同讀者群體的閱讀需求。

　　除了在類別上的重新分類之外，丁福保安排每一年出版的醫書的內容也
經過精心設計，考慮到商業市場上的需求。如他在 1909 年之前出版的多是生
理衛生教科書類、藥物學類以及與家庭生活相關的醫藥書籍；1909 年至 1915
年是丁福保出版醫書的高峰期，原因是他從日本考察醫學帶回大量日本最新
醫書，並一一分類編譯出版。每一年出版的醫書，雖內容不同，但都兼顧到
醫學各科，以適用於不同讀者群體，並且還會顧及到當時社會的應時的特別
需要。如 1910 年東三省發生鼠疫，死亡人數在六萬人以上，1910 年底至 1911
年丁福保的出版書目內便有多部關於預防傳染病的書籍，計有《新撰急性傳
染病之講義》、《傳染病之警告》、《預防傳染病之大研究》。再以丁氏 1910 年
出版的醫書為例，就可分為教科書類（《新撰病理學講義》《新撰急性傳染病
講義》）、實用醫學知識類（《家庭新醫學講本》、《分娩生理篇》、《生殖譚》）、

〔註83〕　丁福保，〈丁氏醫學叢書總序〉，《醫書提要》，上海：醫學書局（出版年份不
　　　　詳），頁 4。

流行病類（《赤痢新論》、《神經衰弱之大研究》、《腳氣病之原因及治法》）以及中西醫學會通類（《中西醫方會通》），此後每年都有大致的安排考慮。丁福保之所以如此安排內容，是建立在其對中國醫書讀者市場的瞭解基礎之上的，也是綜合了他關於商業、教育與實用各方面的考慮因素。〔註84〕

「丁氏醫學叢書」與中醫補習教育

與在現代成為一名醫生要經過至少五年的正規醫學院學習，加上一年的醫院實習，之間和以後都還要進行無數種的專業考試和培訓不同的是，在一百多年前的中國，要成為一名醫生很簡單，拜師於某醫生門下，看過醫書的儒生，藥鋪學徒，甚至只翻過幾本醫藥學入門書籍都可以自稱自己是醫生。帶來的問題便是醫生水平參差，良莠不齊。因此當十九世紀，獲得知識上突破的西方生物醫學隨著西方強大的殖民擴張力量進入中國之時，對中國醫界形成挑戰。

儘管在疾病的治療方面，十九世紀的西醫並未高出中醫很多。但在生理病理知識方面，依託現代化學、生物學科知識的西醫卻遠勝於中醫的古典認知。在面對十九世紀以來社會流行傳染病如霍亂、鼠疫、猩紅熱、白喉等的控制和預防問題，中醫亦處劣勢。時有稍瞭解西醫的中醫感歎西醫之先進，「彼當賓扶的里之大發也，用注射法以抗之，虎列剌之流行也，用殺菌法以除之，彌屬於未形，防患於未然，醫治之法，勝於我國萬萬。」〔註85〕事實上面對 1910 年肆虐東北的肺鼠疫，負責防疫的便為畢業於英國劍橋大學的醫學博士伍連德（1876～1960）帶領的西醫隊伍。而此次疫情，也被認為是加快了中國對西醫的接受的關鍵性事件，建立起了西醫高於中醫的認識。如雷祥麟在其研究中所言，「此次鼠疫以接近百分之百的死亡率，有力地否定了中醫在任何治療方式以及在顯示其控制疫情方面的能力。」〔註86〕

在這種壓力下，清末的中醫界已經開始組織社團，如北京的梁家園醫學

〔註84〕日本明治維新以來出版了大量西醫文獻著作，丁福保在 1915 年以前出版的日本西醫書籍都是源自於此。但日本出版醫書中關於軍隊衛生，殖民地衛生、眼科、齒科等五官科以及外科手術的內容在「丁氏醫學叢書」中並不多見。

〔註85〕梅詠仙，〈中國醫學急宜整頓論〉，《醫學報》第 122 期，1910 年九月中旬。

〔註86〕Sean Hsiang-Lin Lei, "Sovereignty and the Microscope: Constituting Notifiable Infectious Disease and Containing the Manchurian Plague （1910～11）", in Angela Ki Che Leung and Charlotte Furth edited, Health and hygiene in Chinese East Asia : policies and publics in the long twentieth century, Durham: Duke University Press,p.73,p98.

研究會，上海的中國醫學會，浙江的紹興醫學講習社，廣州的醫學求益社，都以講習新醫學，吸收新的醫學知識作為會社重要安排之一。1910 年，從日本考察新醫學歸來的丁福保亦在上海組織中西醫學研究會，並以該會為依託，辦起了函授新醫學講習社以及醫學選科講習社，都為函授，對報名者不限資格資歷，期滿進行通信考試，合格者給予證書，指定講義都為丁氏所編譯的醫書。其中，函授新醫學講習社歷時一年，共分十二期。每期講義分別為生理解剖學及醫學總論、病理學、藥物學及處方學、診斷學、內科學、外科學、皮膚病學、花柳病學、傳染病學、肺癆病學、兒科學及細菌學及產科。〔註87〕

　　由丁福保所設計的函授新醫學社的教授科目並非完全按照日本西醫學科分類而設，而是與他編譯的醫書以及他認為中醫應接受的補習教育相配合。而醫學選科講習社則以已有一定的醫學基礎知識，即閱讀過丁氏所編譯《醫學指南》、《新內經》（1909）、《內科學一夕談》這類入門書籍者為對象，為其提供肺癆病學、花柳病學、皮膚病學、內科學、病理學、藥物學及法醫學的專科學習，社員可任選一科或數科進行學習。函授新醫學講習社學費每期僅收一元，社員要付的只是購買講義，即丁氏所編醫書的費用。丁氏所譯書稿定價不高，最貴的亦不過一兩元，一年購買講義加上學費費用不會超過五十元。而去西醫學校學習西醫，一來路途遙遠，只在大城市才有；二來費用高昂，一學期學費在三四十元以上，需要讀三至四年。函授新醫學的意義在於跨越地域阻礙，為未有機會接受醫學社團等機構講授新醫學的地方的醫生學習西醫知識。而這種速成的遠程教育法，入學門檻低，相較留學、求學的途徑，自有其經濟和效率方面的優勢：丁福保在招生簡章中還特別注明，對於「苦學之人，費用減半」。〔註88〕家境貧困，畢業於江蘇省簡字師範，後來成為醫史學家陳邦賢，便是得益於丁福保的醫書成為第一屆函授新醫學講習所的學生。他在寫給丁福保的信函中道出需要函授醫學的原因如下：

　　　　十年來每有暇咸涉獵醫書，兼研究普通生理衛生等學。敝校生
　　理衛生講義即係先生所編。每歎內難經諸書，謬誤者多，嘗思專修

〔註87〕見丁福保，〈函授新醫學簡章〉，《中西醫學報》1910 年四月第 1 期，頁 18～19。
〔註88〕〈函授新醫學講習社廣告〉，《中西醫學報》，1910 年 5 月第二期，頁 1。

西醫，奈無門可入。及至去歲，佳著行世，遂喜羅購讀數種，細玩之餘，獲淺實非益鮮。……今歲設醫學講習所，賢亦欣躍欲往，惜家道寒，素口能言而身不能行，志有餘而力不能逮，幾有望洋之歎焉。〔註89〕

丁氏的函授新醫學講習社作爲上海唯一的函授醫學社至少堅持了五年，到1916年的《中西醫學報》上還可見其刊登的招生廣告，而之後直到1920年代才有中醫惲鐵樵〔註90〕（1878～1935）再辦函授中醫教育。

除了這些比較系統的新醫學醫書用於函授醫學教育的講義之外，丁福保還爲一般中醫編纂了一些如《醫學補習科講義》、《南洋醫科考試問題答案》的書籍，意在使他們接受新醫知識。對於傳統的中醫理論，丁福保是持批判的態度的，認爲古書誤人，中醫需要全面接受包括解剖學、生理學、衛生學、病理學、藥物學以及物理化學知識：1908年，他在出版的《醫學補習科講義》序言中道，

吾國醫學四千年來，謬種流傳，以訖今日，不能生人而適以殺人；肺五葉而醫者以爲六葉，肝五葉而醫者以爲七葉，肺居中而醫者以爲居右，肝居右而醫者以爲居左。……宜講解剖學。……心爲發血之區，而醫者以爲君主，不知神明而出於腦也；……宜講生理學。……鴉片爲傷身之物，而醫者之吸鴉片，十人有七八也；……宜講衛生學。石膏無清熱鎮燥之性，亦無發吐攻瀉之力，只能作器，不堪入藥，而醫者以爲能治中風及傷寒、發狂、牙痛等種種疾病；……宜講藥物學。……瘟疫與瘧疾，由於微生物，而醫者以爲神鬼爲屬也……宜講病理學內科學。；心屬火，肝屬木，脾屬土，肺屬金，腎屬水，以五臟強配五行，凡稍知物理學者皆能知其謬也。赤入心，青入肝，黃入脾，白入肺，黑入腎，以五臟強配五色，凡稍知化學者皆能知其謬也。〔註91〕

這是早年的丁福保對中醫學公開發表的最爲激烈的批判。此時的他深受

〔註89〕〈陳也愚來書〉，《中西醫學報》1910年4月15日第一期，頁19。

〔註90〕惲鐵樵，名樹鈺，江蘇武進人。1906年畢業於南洋公學，長於古文，初爲商務印書館《小說月報》主編，後棄文從醫，1920年開始在上海行醫，編纂中醫藥書籍二十餘種，函授講義二十種。於1925、1928、1933舉辦三次中醫函授，學生近千人。

〔註91〕丁福保，《醫學補習科講義》緒言，上海：文明書局，1908，頁1～2。

西醫生理衛生書籍的影響，接受了西醫的解剖生理學，病理學等知識，不止反對中醫的臟腑學，也否定了從《內經》傳承下來的中醫的理論基礎：五行學說，力主中醫要全面吸收西醫知識，進行從理論到藥物方面的完全革新。但在引進日本近代西醫各科文獻的同時，丁福保所編譯的醫書目錄中，還有相當一部分的日本漢醫著作，他將其命名為中西醫會通類書籍，這是丁氏從中國實際的讀者市場考慮而特別增加的。

　　日本明治維新後採取的是全面扶持以德國醫學為規範的西洋醫學，廢除漢醫的政策，日本漢醫由此轉入衰弱階段：漢方醫書及雜誌出版日漸減少，明治 11 年（1878）至 20 年（1887）出版書籍 15 五部，21 年（1888）至 30 年（1897）出版書籍 4 部，31 年（1898）至 40 年（1907）出版書籍驟降為 0 部。〔註92〕1909 年丁福保赴日考察醫學時拜訪醫學博士青山胤通時曾特意問及日本漢藥研究情況，得到的答案是「研究之漢藥，皆散見於各報，實無專門之書」。〔註93〕雖然西醫學取代漢醫學成為近代日本醫學的主流體系，但對原本屬於漢醫學的本草用藥研究並未就此消失，日本西醫用化學方法分析研究中藥，由此形成一門新的科學：生藥學。〔註94〕中醫出身的丁氏，曾涉獵各種中醫中藥典籍，為中西醫會通起見，也為圖書市場的考慮，敏銳地尋找到這些研究，並將此視為「中西醫會通之道」，專門針對中醫市場。這些書籍計有《化學實驗新本草》（1909）、《中外醫通》（1909）、《中西醫方會通》（1910）、《醫界之鐵椎》（1911）、《漢藥實驗譚》（1914）、《漢法醫典》（1916）等，多以日本西醫研究漢醫漢藥著作為原本，事實上也迎合了中醫的需要，大多數都銷量驚人。如被稱為「中醫之秘訣」的《漢法醫典》，內容是日本漢醫治療方劑，到 1934 年增訂至 30 版；用中國、日本、英美學說分析中藥藥性的《化學新本草》〔註95〕，到 1934 年亦增訂到 30 版。這些書籍的暢銷，

〔註92〕　表一，明治維新以來 110 年漢方醫書及雜誌出版的消長，廖育群，《遠眺皇漢醫學》，臺北：東大圖書公司，2007，頁 47。

〔註93〕　丁福保，《往遊日本記》，選自《清代民國藏書家年譜》第六冊，北京：國家圖書館 1999，頁 455。

〔註94〕　劉士永，《武士刀與柳葉刀──日本西洋醫學的形成與擴散》，臺北：國立臺灣大學出版中心，2012，頁 69。

〔註95〕　此種用化學性質給中藥分類的中藥書籍為丁福保所創。「余以西藥之勢力日益擴張，倘一旦盡用西藥，則吾國之藥物，幾全廢棄。每歲漏卮之大，何可限量。擬將本草所載各藥用化學驗其性質，別為新本草一書，於是在醫學界創一學派」（丁福保，〈一夕話〉，《南洋醫科考試問題答案》，上海：文明書局，

出於中西醫會通的嘗試是吸引那些想瞭解西醫知識的中醫的購買原因之一，但更重要的是書籍的實質內容中有實用的中藥藥方；而且針對西醫、中醫病名病症、對應的處方用量等解釋都十分清晰，彰顯了中藥對西醫病症的有效性，《化學實驗新本草》還介紹一些新發現的中藥藥性，因此銷量倍增。

　　日本漢醫著作在中國市場上的熱銷曾經引起一些反對中醫者的諷刺，如1936年魯迅對中譯日著《皇漢醫學》的出版評論道，「我們皇漢人實在是有些怪脾氣的：外國人論及我們缺點的不欲聞，說好處的就相信，講科學的不大提，有幾個說神見鬼的便紹介。這也正是同例。」〔註96〕丁福保是晚清時大力抨擊中醫界的腐敗，提倡醫界改良中的一份子，但他仍然選擇不少漢醫書籍翻譯出版，原因並不單單在於要迎合中醫市場的需求，也與其對中醫的看法有關。丁福保認為中醫應吸收西醫各學科知識，但中藥卻實有其價值：「吾國近時之中醫程度太淺，中西醫學之精奧一無所知，……西醫之術尚未發達至完全之域，中國之藥及藥方亦有突過西人之處。中西各有短長不可偏廢，如將中藥盡力研究，必有最新之發明，可以代西藥之用，可以治西醫所不能治之病。……」〔註97〕出於經濟的考慮，中藥較西藥易取，價廉，種類豐富，因此「病之可以中藥治之則以中藥治之」。〔註98〕正是出於此種考慮，丁福保選擇出版的《化學實驗新本草》、《中外醫通》、《中西醫方會通》、《漢藥實驗談》以及《漢法醫典》等著作都為比較實用的漢藥經驗良方。但與傳統中醫藥書籍不同的是，丁福保一方面採用了日本近代漢藥著作的編排方式，按照西藥分類法，如以麻醉劑、興奮劑、解熱清涼劑、強壯劑等來給中藥分類（見《化學實驗新本草》）。按照西醫疾病分類法如以呼吸器病、消化器病、神經系病、傳染病、全身病、皮膚病等來編排書籍目錄，下列中外藥方，中藥佔主體（見《中西醫方會通》）；另一方面，他也對日本醫書進行內容上的增補，以便更合適於中國醫生的使用。如《漢法醫典》一書，原著為日本醫學士野津猛男訪問漢醫井上香彥，得其50餘年經驗良方所編寫的醫典，使用的是如胃加答兒、腸窒扶斯之類的日本病名，各病名之下，不載症候，對於不諳日

　　　　1909，頁2。）

〔註96〕魯迅，〈皇漢醫學〉，《魯迅全集》第三卷，北京：人民文學出版社，1981，頁140。

〔註97〕丁福保，《醫界之鐵椎》緒言，上海：醫學書局1911，頁2。

〔註98〕丁福保，《醫界之鐵椎》緒言，上海：醫學書局1911，頁2～3。

醫病名的中國醫生而言，閱讀起來難度頗大。丁福保有鑒於此，在各種日本病名之下詳加案語，解釋病症及中醫名稱，如胃加多兒一症，丁福保案其症狀爲，「一不思食，口渴噁心，嘔吐，二嘈雜譺氣，三胃部有厭重膨滿之感，四胃痛，舌上厚苔，五往作下痢」，〔註99〕此外，他對煎藥的分量以及服藥的次數也都另加中式用量的說明，確保此書對於習醫業醫者的工具參考書作用。事實證明，丁福保所編譯的此類方書在中醫市場中頗受歡迎。大抵西醫長於學理外科，中醫長於治療的認知十分根深柢固，丁福保翻譯編輯的對症方劑醫書恰恰符合了大眾的心理，中醫的需要，風行一時自是當然。除了前已提過的到 1930 年代增訂 30 餘版的《化學實驗新本草》和《漢法醫典》之外，其他如《中外醫通》、《中西醫方會通》等亦一直不斷再版到 1930 年代。

「丁氏醫學叢書」與醫藥知識的普及

丁福保出版醫書的目的在於普及醫學知識，因此他所編書籍的目標讀者絕不僅僅是那些已有一定醫學知識素養，意欲從醫的人，而是擴展到青年學生及普通市民家庭。除了選擇性的出版日本醫書中較適合個人家庭使用的婦產科及衛生科類書籍外，他還通過重新編輯日本醫書內容的方式編輯出版更適用於中國市場的新書。

從十九世紀下半葉開始，兼授中學、西學的新式學堂漸漸取代了教授經史子集的傳統書院。到二十世紀初，中國新式學堂學生的數目已突破百萬計，成爲一股重要的社會力量。據 1909 年的「學堂數目統計表」，全國總計學堂數 59,896 所，職員數 95,820 人，教員數 89,362 人，學生數達到 1,626,720 人，這個數字還不包括未申報的公私立學堂，軍事學堂及教會學堂。其中江蘇地區有學堂數 1,357 所，職員數 1,905 人，教員數 4,336 人，學生數 44,708 人。〔註100〕除上海作爲最早開埠的通商口岸，教會學校、中國官方及私人學堂林立外，江浙一帶的中小城鎮辦學亦十分興盛。以丁福保的家鄉無錫爲例，1903年其城內有學堂 7 所，學生各 50～60 人，所屬堰橋一鎮也有小學 7 所。〔註101〕據當時海關的統計，1892～1901 年，估計有人口 20,905,000 的江蘇省，

〔註99〕　丁福保，《漢法醫典》，上海：醫學書局 1934 年 30 版，頁 3。
〔註100〕　〈宣統元年教育統計年表〉，轉引自桑兵，《晚清學堂學生與社會變遷》，臺北：稻禾出版社，1991，頁 158。
〔註101〕　《考察無錫學堂記》，《彙報》第 568 號，轉引自桑兵，《晚清學堂學生與社會變遷》，臺北：稻禾出版社，1991，頁 67。

男子中估計粗識文字者爲 60%，女子估計爲 10～30%。〔註102〕這也是一個巨大的文化消費群體，針對這個群體，丁福保一方面翻譯和編輯了不少可以用作各類蒙學、小學、中學堂學生讀本的衛生學類書籍，如《蒙學衛生教科書》（1903）、《衛生學問答》、《生理衛生教科書》（1909）、《實驗衛生學講本》（1909）、《二十世紀新內經》（1909），《學校健康之保護》（1911）等，可充當他們的教科書或課外讀物；另一方面，還翻譯出版了不少適合於家庭使用的看護、生育以及基本食物、藥品類書籍，如《育兒談》、《看護學》（1909）、《竹氏產婆學》（1908）、《妊娠生理篇》（1910）、《家庭新醫學講本》（1910）、《食物新本草》（1913 年再版），《家庭新本草》（1929 年再版）等，以迎合大眾日常生活中的需要。

對於日本新醫學著作，已經有一定中西醫基礎的丁福保在翻譯的過程中，或採取對日本醫書增加中醫病名，藥名及用量進行對照的方式，或調整目錄章節的安排的形式，或以「譯者案」增補譯者看法的形式，增減原著內容，以適應中國市場。以《家庭新醫學講本》爲例，丁福保在日本醫學士系左近原著的基礎上，於每種病名之下，添注中國的舊病名，以及教會醫院中的舊譯名，並且將書中所引 50 餘種藥品稱爲「家庭必備最和平之良藥」，將其裝備定爲「家庭衛生藥庫」隨書出售。再如被丁福保稱爲「醫家必讀之書，教員學生必讀之書，可爲高等小學堂中學堂生理衛生學最新課本」的《二十世紀新內經》，是丁福保根據數本日本醫藥衛生書籍中所載知識所編寫。他將關於疾病、飲食、運動、睡眠、精神修養等西方病理衛生知識套入至「縮短人壽之條件」與「延長人壽之條件」兩個類別中，彙集爲《新素問》，而細胞組織，骨骼解剖等西方解剖生理學知識則彙集成爲《新靈樞》。以中醫框架對應西醫知識。而對於《近世內科全書》這部日本原著文字達到 27 萬餘字的巨著，丁福保則只選取了其中在中國最爲普遍的疾病進行翻譯出版。

另一方面，丁福保還將自己出版書籍的序言部份集結成冊，涵蓋醫學各科大略，命名爲《醫學指南》；或挑選部份書籍的內容，取其普通病症和常用藥品等重新編寫命名爲《醫學綱要》、《普通醫學新智識》，《公民醫學必讀》等，作爲醫學門徑類讀物。這些醫學入門書籍文筆淺顯，篇幅精鍊，定價低

〔註102〕〈海關十年報告之二〉，張仲禮，《上海近代社會經濟發展概況：1882～1931》。上海：上海社會科學出版社，1985，頁 96。

廉，多在洋五角以下，作爲國民必讀醫學衛生書籍，吸引廣大市民和學生購買。此外，丁福保也十分重視廣告宣傳的作用，他不止常常在上海各大小報紙如《申報》、《神州日報》上廣登新書廣告，還將自己所出版的書的提要彙集成冊，命名《醫書提要》，讀者可以前往醫學書局免費領取或來函免費索取，一方面用於普及醫學知識，一方面亦有廣告宣傳的效用，發行量頗大，至 1916 年便重印至十八版。

小　結

　　丁福保一手創立的醫學書局，刊行的各類圖書包括醫學、文學、道藏、佛學、小學、古錢等類，數量總計達三百多種，其中數量最多的是醫學書籍，有一百三、四十種。但丁氏本人對國學的興趣要高於醫學，出版醫書所得收益中的很大一部份都用來購書藏書，並不計成本的編寫出版了《說文解字詁林》這樣的鉅著。因爲譯介西醫知識的突出成就，丁氏在當時便被稱爲「中國醫學改良的第一偉人」，[註 103]他自己在出診時也以西醫爲名。但對於有深厚舊學基礎，曾廣閱中醫經籍，並拜中醫爲師學習醫術的丁福保而言，實際上他的中醫修養是要高於西醫修養的，所以他編譯的那些中西醫書籍才能在傳統的中國市場裏流行。1909 年丁福保在編寫的《歷代名醫列傳》一書中爲其師趙元益做傳，有這麼一段話：

> 夫醫之爲道，自古以來知之者少，精之者又少、……無惑乎其道若存若亡，陵夷至今，有江河日下之勢也、……西國之醫固秩然有序……用以施之於病，則靡不效。設天假之年，他日者使得盡搜彼國醫書之良者，與君朝夕肆力於此，簡其精者要者，博而大者譯而刊刻之，以壽吾國民，則吾國民之抱病無方者庶其有賴爾。……吾國醫方得西國之醫理而益可證明之，溝通中西之學說，醫道庶幾其中興也。[註 104]

　　這是趙元益對丁福保的教導，相信也是丁福保日後決定從事翻譯出版事業的重要原因：即面對近代以來日漸衰退的中醫發展，以開明的態度對待西

〔註 103〕原句爲「論我國改良醫學者，丁君爲第一偉人」。曾科進，《漢譯臨牀醫典序》，上海：醫學書局，1913，頁 1。
〔註 104〕丁福保，《歷代名醫列傳》，上海：文明書局，1909，頁 87。

醫，接受西醫，用西醫醫理佐證中國有效的藥方，以促中西醫的溝通。正因
爲如此，丁氏在日後仍然對中藥抱有極高的研究熱情。

丁福保以翻譯出版日本醫書起家，經他編譯出版後的醫書，大多在市場
上十分暢銷，幾經再版，從中獲得的名利可想而知，但他自己多年之後回顧
時候卻有日新月異，昨日黃花之歎。如他在 1940 年代接受記者採訪時被問及
清末時候翻譯的那些日本醫書時候說到：「現在醫學神速進步，那些年代已久
的書籍，只能作爲智識的讀物，於實用上實在已有了更顯著之改進。」〔註 105〕
但這些所謂「智識的讀物」在清末民初的中國卻風行一時。清末新政時代的
政治經濟文化變革，爲丁福保從傳統文人走向業醫和編譯出版醫書，提供了
一個大環境。針對中醫、家庭、學生及普通市民醫學用書的不同特點，丁福
保對日譯西醫進行了重新包裝和調整，以迎合中國市場的讀者需要。與中醫
典籍大都成書於古代，使用文言，醫學知識的傳播比較小眾不同的是，丁福
保成立的醫學書局，出版發行醫書抱的是「灌輸新學說，謀醫學之普及」的
目的，體現了近代醫學知識傳播的大眾化，普遍化趨勢。這些書籍中的一部
分西醫西藥著作作爲其在上海開設函授新醫學課程相關的教材；一部分中醫
書籍及中西醫匯通書籍則針對中醫市場；一部分普通衛生健康藥品書籍定價
低廉，文筆粗淺，面對的則是一般市民家庭及青年學生。他編譯的書籍投入
到當時西醫書籍相對頗少的中國市場之後，獲得了極大的成功，當然，佔據
先機，率先佔領清末民初的大眾醫學書籍市場是其成功的一個重要方面，而
丁氏多層次的社會往來，亦大大輔助了他的事業。

〔註 105〕楊棟，〈丁氏訪問記〉，選自《清代民國藏書家年譜》第六冊，北京：國家圖
書館，1999，頁 585。

第三章　海上知名度的建立：丁福保的社會交友網絡

　　1942 年七月，上海第一大報紙《申報》開始接連數日連期登載一項關於賀壽的新聞，這則新聞的公祝對象便是丁福保。丁氏的七十大壽爲什麼會成爲一件社會新聞呢？《申報》上由丁氏多年知交唐文治、蔣竹莊、佛教界友人聶雲臺〔註1〕（1880～1953），商人慈善家徐乾麟〔註2〕（1863～1951）、有「海上聞人三老」之稱的商界大亨聞蘭亭〔註3〕（1870～1948）、袁履登〔註4〕

〔註1〕聶雲臺，名其傑，湖南衡陽人，生於長沙，曾國藩之外孫，先在上海從商，創辦大華紗廠，後皈依佛教。1943 年撰寫佛教小冊《保富法》，勸人疏財施義，同爲佛教居士的丁福保爲之作序，還有醫學著作《溫熱標準捷效附篇》，1943年由丁福保創辦的醫學書局出版。

〔註2〕徐乾麟，名懋，浙江餘姚（今寧波）人。上海洋行買辦經理，發起浙紹會所，七邑旅滬同鄉會等同鄉組織。熱衷慈善公益事業，發起過中國救濟婦孺總會，萬國賑濟會，中國濟生會，中華慈善團全國聯合會，閘北電廠，閘北救火會等社會組織。曾任上海總商會特別會董。

〔註3〕聞蘭亭，字漢章，江蘇武定人，生於江蘇泰州，海上工商業領袖。早年經營紗業，獲利頗豐，開辦紗業銀行，1920 年在上海組織證券物品交易所，歷任上海總商會董事，紗業公會會長，交易所聯合會會長等職。上海淪陷後曾在汪僞政府內任職。熱心公益事業，爲中國紅十字會會長。廣收門生，多處掛名董事，爲海上聞人。中年信佛，號白蓮居士，爲上海佛教居士林骨幹。

〔註4〕袁履登，字禮敦，浙江寧波人。上海聖約翰大學畢業。1913 年到上海後任商務印書館襄理，德商科發藥房、美商茂昌洋行買辦。1920 年任上海寧紹輪船公司總經理，上海總商會副會長。後任工部局華籍顧問，掛名多處董事，與林康侯、聞蘭亭合稱「海上三老」。抗日戰爭期間上海淪陷後，任僞上海市商會理事長、僞上海保甲自警團籌備委員會會長、汪僞政權米糧統制委員會主任委員。

（1879～1954）、林康侯〔註5〕（1881～1949）等二十餘位滬上名流署名的〈壽丁福保先生〉寫道，「丁福保先生耆年碩德，舉世供仰，年來致力培植學子，造福幼童，尤足爲後輩師法。先生一生從不做壽，茲唐蔚芝（文治）先生等以先生古稀之年實不能無所紀念，爲發起公祝，蓋所以體先生濟世壽人之意。」〔註6〕因爲丁福保不願做壽，不擺壽宴，各親友祝壽之人賀儀轉爲現金作爲《申報》助學金及上海福幼院經費，由《申報》代收並在報刊上公開登出，參加公祝者獲贈丁福保所著新書《怎樣創造我的健康生活》。活動共持續九天，參與的數百人中，既有丁福保的遍佈醫界、佛學界、商界、政界和文化界的各界好友，也有他的學生，以及普通讀者。其中知名人士有聶雲臺，出版家張元濟（1867～1959），留日西醫余岩（1879～1954），留美西醫顏福慶〔註7〕（1882～1970），中醫陳存仁〔註8〕（1908～1990），京劇大家梅蘭芳（1894～1971），新亞製藥廠創辦人企業家許冠群〔註9〕（1899～1972）等。壽儀金額從一千元到一元不等，最後共籌得資金三萬八千四百四十九元八分，全部捐贈給社會公益事業。

〔註5〕 林康侯，上海人。秀才出身，早年在南洋公學附小任總教，後從商，先後出任上海銀行公會秘書長，上海總商會主席委員，國民政府財政部常務次長等職，掛名多個理事、董事職務，作爲中國紅十字會常務理事曾開展多項賑災救濟工作。1943 年在汪僞政府内任職。

〔註6〕 《申報》1942 年 7 月 26 日第一張第一版。

〔註7〕 顏福慶（1882～1970），上海人。1904 年畢業於聖約翰大學醫學院。1906 年赴美國耶魯大學醫學院留學，1909 年獲醫學博士學位。回國後，在湖南長沙雅禮醫院，醫學堂工作。1915 年赴上海參加中國博醫會會議後與伍連德等人發起中華醫學會，任會長。1916 年赴美國哈佛大學進修公共衛生學。致力於醫學教育。先後任湖南湘雅醫學院院長，北京協和醫學院副院長，國立中央大學醫學院院長。1933 年任預防肺癆病協會會長，1935 年受丁福保之邀，任其主辦虹橋療養院院長。

〔註8〕 陳存仁，上海人。畢業於上海中醫專門學校，1929 年自設診所，在中醫界抗議廢止中醫案活動中，被推舉爲五代表之一赴南京請願。勤於寫作，1928 年創辦《康健報》，1935 年主編《中國藥學大辭典》，1937 年整理日本漢醫著作，出版《皇漢醫學叢書》，與政界、醫界、文化界人士都有交遊，1949 年後赴香港行醫。在《星島日報》上寫作專欄津津有味譚，推廣中藥藥膳。

〔註9〕 許冠群，江蘇武進人。1936 年和日本千葉醫科大學藥科畢業生趙汝調在上海開設新亞化學製藥公司，從日本引進設施，研製生產國產西藥。在注重引進日本設備技術，開發新藥同時，也注意吸引人才和社會投資，宣傳廣告，新亞藥廠在抗戰時期亦得到很大發展。1939 年丁福保被聘爲藥廠開辦刊物《國藥新聲》主編。

到晚年時候，丁福保已儼然爲上海灘一知名老人。從晚清到民國，文人出身的他長居上海行醫，著述刊書，並參與公益慈善事業，在醫學圈，文學圈，佛學圈，泉幣學圈都交往廣闊。作爲海上名耆，丁福保的聲望是由他豐富的譯述而來，還是因爲他的聲望人們才去關注他的譯述的？這似乎是個因果循環的問題。但可以肯定的是，丁福保在上海多層次的社會交往擴大了他的社會聲譽，從而也擴大了他的著述的知名度。而這些與他交往的人物，如醫界人士、受業門生以及社會商界名流，以及他參與活動過的重要社會團體、學會，如中國醫學會、中西醫學研究會、中西醫藥研究社、上海進德會、慎食衛生會、上海世界佛教居士林等既有助於其擴大文化影響力，開拓書籍的銷售網絡，對其傳播醫學知識的活動起了一定的幫助作用，也影響了他的醫學觀及身體觀。

第一節 中西醫之間——丁福保與他的醫界同儕

作爲在清末的中醫界宣傳西醫知識，並發起改良醫學運動的代表，丁福保與上海中西醫界都有往來，在上海醫界中扮演了中西醫之間的角色，但主要的交往圈和影響力在中醫界。丁氏早年師從中醫張聿青、趙元益習中西醫學，因精通日文而從日本醫學書籍、雜誌報章中獲得大量西醫知識。1908 年初至上海的他很快加入留日習醫歸來的汪惕予〔註 10〕（1869～1941）開辦的自新醫院擔任監院，掛名爲西醫開診，同時也參與到上海規模最大的醫學會組織，中醫周雪樵〔註11〕（？～1910）、蔡小香組織的中國醫學會的活動之中。以醫學會之刊物《醫學報》爲平臺，刊發文章，介紹自己翻譯的西醫書籍，並且積極參與醫學會的課社活動及醫學講習所活動，向課藝優勝者贈送自己

〔註10〕 汪惕予，字自新，安徽績溪人。先習中醫，1899 年入日本筱崎醫校學習，1903年回國在上海行醫。1904 年自籌資金，獲伍廷芳、端方等人支持贊助創辦自新醫科學院並附醫院，發行《醫學世界》。1908 年添設醫學補習學校，到 1911年亦翻譯發行了 10 餘種西醫醫書、教科書。還曾創辦女子產科學校，爲 1913年全國醫界聯合會會長。
〔註11〕 周雪樵，名維翰，江蘇常州人。貢生出身，初業教讀後改業醫。通西學，刊有《西史綱目》、《時事芻言》散見各報等。1903 年左右至上海行醫。1904 年創《醫學報》，自任主筆。組織醫學研究會。1906 年與上海士紳李平書、中醫蔡小香等發起上海醫務總會。1907 年被聘爲山西醫學館教務長赴山西，1910年因胃癌病逝。

所譯新書，擔任醫學講習所授課講師，這擴大了丁氏醫書在中醫界的知名度。
1909 年底丁福保因醫學觀點的分歧以及個人恩怨衝突原因從醫學會離開，在
1910 年四月，集合會員百餘人另立更加彰顯西醫地位的中西醫學研究會，發
行《中西醫學報》，全力介紹日本西醫知識，並舉辦醫會課社活動，開辦函授
新醫學講習所。雖無西醫學校畢業證書文憑的丁福保，憑藉其在清末民元的
上海首先翻譯出版了大量的西醫書籍所累積起來的地位和名望，掛牌為西醫
開業，應診亦使用的是西醫的聽診檢驗手段。他與西醫界中的俞鳳賓、侯光
迪等交情甚篤，並於 1915 年成為中國第一個西醫學術團體——「中華醫學
會」的首批二十五名發起人之一。〔註 12〕其後丁福保還有發起主要由中醫參
與的，旨在用科學方法研究中西醫藥的中西醫藥研究社。

　　丁福保與中醫界的關係，經歷了從合作到分裂再回到合作的轉變過程，
這背後顯示的既是其對中西醫態度及個人認知上的轉變，也反映了近代中醫
界在西醫越來越犀利的挑戰下的不同應對以及由此產生的衝突與矛盾。「清末
的中國醫界並無明顯的中西醫界限，中醫人士和西醫人士尚未形成對立的兩
派……表現在國人發起的醫學團體有西醫人士參加，國人創辦的醫學報刊一
般不冠中西字樣。」〔註 13〕但這種情況在 1910 年左右開始轉變，丁福保於這
年創辦「中西醫學研究會」，顯示出中國醫界中西醫力量的增大以及由對中西
醫不同看法帶來的醫界分裂。

從合作到分裂：丁福保與清末中國醫學會

　　自戊戌運動，庚子事變之後，西學東漸，中國社會開始出現各種近代社團
組織，從政界到商界到教育文化界紛紛組織社團，以新的組織和宣傳方式維護
該階層的利益，擴大其影響力。西醫學術團體在中國出現的時間較早，在 1838
年廣州便出現了由西方來華傳教士醫師創辦的「中國醫學傳道會」（The Medical
Missionary Society in China）。1886 年美國傳教醫師在上海成立了中華醫學傳
教會（中國博醫會 Chinese Medical Missionary Association），是個純粹的學術
團體，創辦會刊，翻譯出版醫學書籍，但中國醫師並沒有入會之資格。而在

〔註 12〕其他會員分別是伍連德、顏福慶、刁信德、俞鳳賓，許世芳、古恩康、陳天
　　　　寵、高天養、蕭智傑、唐乃安、康成、陳頌文、李永和、C·S·Lee、梁重良、
　　　　鍾拱辰、黃瓊仙、石美玉、陶漱石、曹麗雲。主要以留學歐美西醫為主，丁
　　　　福保雖為發起人，但極少參加活動。
〔註 13〕李經緯，張志斌：《中醫思想史》，長沙：湖南教育出版社，2006，頁 667。

中醫界，直到二十世紀初年才出現模仿西醫學會組織形式的團體組織。它們的出現，一方面大大深化了中醫從事者的聯繫層面，改變了中醫界之前主要通過同鄉，師徒等個人關係，維持小範圍聯繫的局面；另一方面，將中醫界的活動由私人的，小團體性質的轉變爲公共的帶有自我宣傳性質的活動。從光緒二十九年至宣統三年（1903～1911 年），中國的醫學會從無到有，漸漸遍佈全國。其中，上海是最先成立醫學會組織的地方，成立數量也最多，北京、浙江，江蘇，廣東等地，也成立了大小不一的中醫學術團體，試舉幾例如下：

地點	名　稱	創　辦　人	時間
北京	梁家園醫學研究會	惲毓鼎〔註14〕（1863～1917）	1910
上海	醫學會	士紳李平書發起，與中醫陳蓮舫、余伯陶〔註 15〕（1868～1922）等人共同組織	1903
	醫學研究會	中醫周雪樵	1904
	上海醫務總會	李平書與陳蓮舫，周雪樵。蔡小香等。有人介紹交洋三元方可入會。	1906
	中國醫學會	周雪樵、蔡小香、丁福保、何廉臣、王問樵等醫界人士	1906
	醫學世界社	丁福保、顧鳴盛〔註16〕（1877～？）	1908
	中西醫學研究會	丁福保	1910
浙江	紹興醫學講習社	杜煒孫〔註17〕（1873～1933）	1904

〔註14〕惲毓鼎，江蘇常州人。光緒進士，授翰林院侍講，國史院協修，纂修等職。對醫學感興趣，1910 年在北京創辦醫學會，並列名於丁福保所辦中西醫學研究會會員名冊之中。著有《惲毓鼎澄齋日記》。

〔註15〕余伯陶，字德壎，號素庵，江蘇嘉定人。近代名醫，師從曹滄洲。1900 年遷居上海，先後組建上海醫務總會，神州醫藥總會，主編《神州醫藥學報》，1918 年創辦神州醫藥學校。

〔註16〕顧鳴盛，字叔惠，江蘇無錫人。於 1908 年與丁福保發起醫學世界社，與上海自新醫院及附設醫學校、講習所關係甚密。顧鳴盛與丁福保同任主要編述者。後加入中國醫學會，被丁福保推薦爲《醫學報》主編。醫學會分裂後加入中西醫學研究會。有著作《中西合纂外科、婦科、幼科大全》、亦編譯《防疫須知》、《長生不老之秘訣》、《勿藥醫病法》等。

〔註17〕杜煒孫。字秋帆，號亞泉，浙江會稽人。秀才出身後轉學科學。1900 年往上海發行科學雜誌《亞泉雜誌》，1903 年回到紹興，舉辦紹興醫學講習社。後應張元濟之邀，負責商務印書館理科書及自然科學書籍編輯出版工作。於 1911至 1919 年主編《東方雜誌》。提倡科學的他曾在《中西醫學報》發表數篇生

	紹郡醫藥學研究社	何廉臣、裘吉生〔註18〕（1873～1947）	1908
	紹興醫學會	何廉臣	1910
廣東	醫學求益社	黎棣初〔註19〕（1872～1938）、羅熙如〔註20〕（1860～1927）	1906

上海成立的第一個近代意義上的醫學團體是在 1903 年，由士紳李平書〔註21〕（1854～1927）聯合幾名中醫如周雪樵、陳蓮舫、余伯陶等成立的，這也是全國出現的第一個中醫團體。1904 年，周雪樵又成立了一個醫學研究會，並發行《醫學報》，在 1905 和 1906 年經過兩次改組後，組成全國性組織，中國醫學會。起初成立的醫學團體，參與活動者都甚少，人數只在幾十人左右。直到 1907 年周雪樵所創辦的醫學會經過第二次改組為中國醫學會，參與者才開始增多，會員遍佈全國各地，到 1909 年達到兩百餘人之多。1908 年，初至上海的丁福保曾在愛文義路（今南京東路）上的自新醫院任過短期的監院，並以自新醫院為基地，在院長汪惕予支持下，聯合同鄉顧鳴盛，出版了刊物《醫學世界》，同時也以贊助員身份加入到當時主要為蔡小香之弟子王問樵〔註22〕管理的中國醫學會中。初入醫會的丁福保與王問樵關係良

理衛生知識文章，丁福保的一些著述，如《鼠疫談》等也在《東方雜誌》上發表。

〔註18〕 裘吉生，浙江紹興人。早年曾加入同盟會，亦研究醫學。1906 年與何廉臣發起紹興醫藥研究社，任副社長。1908 年發行《紹興醫藥學報》，辛亥革命後返回紹興行醫，組織神州醫藥會紹興分會。1923 年遷居杭州，發行《三三醫報》。1929 年赴南京請願，抗議廢止中醫案。編有多部中醫經典，如《珍本醫學集成》等。

〔註19〕 黎棣初，廣東南海人，監生出身的中醫世家。1906 年發起組織的醫學求益社是第一個近代醫學學術團體。舉辦聯課討論中醫經典及西醫問題。

〔註20〕 羅熙如，廣東南海人，貢生出身的中醫，歷任廣東崇正善堂，澳門鏡湖醫院醫師。

〔註21〕 李平書，江蘇蘇州人，近代上海士紳聞人。亦有鍾鈺之名。以優貢入仕，1883年前後，任職《字林滬報》，遊歷新加坡，署理廣東陸豐等縣知縣缺。1900年入張之洞幕府，入職江南機器製造局，中國通商銀行，輪船招商局及江蘇鐵路公司等處。1903～1911 年間，在上海主持創立醫學會、籌辦中西女子醫學堂，南市上海醫院，華成保險公司等社會活動。1905 年任上海城廟內外總工程師總董，上海地方自治活動。

〔註22〕 王問樵，生卒年不詳。上海名醫蔡小香的門生。1906 年於中國醫學會內任副會長，並主編《醫學報》。1910 年後改為醫學公會，發行《醫學公報》。1912年與中醫余伯陶、丁甘仁等發起神州醫藥學會，任總幹事。

好，從後期他們關係破裂之後發的公文中可見一斑：「丁福保以書生而好東醫，譯書頗多，文筆條暢，王楨（問樵）初欲引爲醫報撰述，丁福保讀書多年初問世，得一同志引爲知己……」〔註23〕在王問樵主編《醫學報》之時，丁福保便以此爲平臺，刊登文章以及售書廣告，還與王氏合作校閱醫士俞伯銘關於肺癆病的文章。〔註24〕1909年憑藉南洋大臣醫科考試最優等成績和赴日考察醫學的經歷，丁福保在上海醫界的聲名爲之一振，他的譯書在上海醫圈中也傳播開來。希望在醫界內開展革新活動的丁福保在1909年年底的醫學會第二次醫學大會上被選爲副會長，但從此卻也意味著他與王問樵的矛盾開始公開化。這一矛盾，表面上看來是丁福保和王問樵之間爲爭奪醫學會的學術刊物《醫學報》的編輯領導權以及醫學會的主導權而展開的個人權力的衝突，〔註25〕但實際上在醫學會中支持二者的都大有人在，這表明其背後反映的是西醫知識越來越深入傳入中國之後給中國醫界內部帶來的震盪和分裂。兩派爭論的焦點在於面對西醫的挑戰，該如何改良傳統醫學。

二十世紀初年，面對思想界、知識界的巨大變革，在上海這樣一個開放較早的通商口岸，中醫界大都認識到西方醫學的長處，對傳統醫學的腐敗現狀，應當進行改良已成共識，但對如何改良，如何對待中西醫的問題卻因個人的立場觀點的不同而產生爭議。整個二十世紀的中國的各個領域，在從傳統邁向現代之際，似乎都充斥著這個問題，即革新者的熱情和力量與代表古老習俗、傳統和民族優越感的社會壓力的抗衡，尤其是在中國舊有醫學已有深厚基礎的中醫界，這種對抗顯得更爲激烈。

〔註23〕〈專件醫生丁福保名譽之光復，上海縣爲詳覆事奉〉，《中西醫學報》1911年八月第五期。

〔註24〕俞伯銘，〈肺癆病學〉，《醫學報》1908年五月望日第87期，頁1。

〔註25〕從1905年至1909年，中醫界只有唯一的一份中文報紙《醫學報》，《醫學報》的主編爲醫學會的創辦者周雪樵。1907年周氏赴山西醫學館講學，將醫學會及《醫學報》的編輯工作交託給好友蔡小香，而蔡小香因自身醫事繁忙，又將其交託給弟子門生王問樵。《醫學報》發行以來，經費困難，1909年王氏以身體不適爲由向蔡小香要求另覓《醫學報》之主編。此時身爲醫學會重要成員的丁福保和何廉臣向會長蔡小香推薦顧鳴盛，顧氏爲丁福保的同鄉，之前曾與丁福保一起辦過短期的《醫學世界》，彼時正在丁福保寓所內與其一起翻譯醫書。爲減輕王氏的編輯重擔，蔡小香應許顧氏暫負責《醫學報》之編輯工作，但這一決定卻在醫學會內掀起大波。因爲此次《醫學報》編輯人事的改變，代表的不僅僅是個人權力的變更，也是《醫學報》乃至整個中國醫學會以後發展方向的變革。

　　醫學會起初爲中醫周雪樵個人創辦，在聯合蔡小香、王問樵等人經過
1905 年及 1906 年兩次改組後，規模有所擴大，定名爲中國醫學會。會員擴
展至二百餘人，遍及十餘省縣，並有名醫陳蓮舫、丁甘仁，社會名流李平書、
黃楚九等任贊助員，在制度上也有所調整，變得更爲嚴密。如在各埠任命調
查員，負責調查當地醫學會情形及會員情況，每年舉辦定期會員大會，投票
選舉會長、副會長及評議員。中國醫學會發起人周雪樵，雖爲貢生出身，但
對西學亦頗有見地。他初成立醫學研究會時，擬定其宗旨爲「改良醫學，博
採東西國醫理，發明新理新治法，取集思廣益之效」。會員研究區域包括「凡
衛生學、生理學、全體學、病理學、診斷學，方藥學及一切格致、物理、汽
化、動植物學之有關醫學者」〔註26〕，不以中西醫爲界，對西醫採取了一種
包容的態度。因此《醫學報》自創立以來，並無中西醫之界限，會員中的很
多中醫都對西醫知識有所涉獵，亦有少量的西醫，且一直呼籲改良醫學。

　　但在清末的醫界，對於改良醫學應以中醫爲重，抑或東西醫爲重，即如
何評價認識舊有醫學與西醫之間的關係卻存在著分歧。從《醫學報》上刊登
的各地新成立的醫學團體所訂立的宗旨中可略見一斑：1905 年代表正統中醫
藥界的上海醫務總會成立緣起爲「中醫之凌夷腐敗而亟宜整頓，外醫之風檣
陣馬而急宜抵制也」〔註27〕。江寧醫學研究會章程定其宗旨爲「期於融洽中
西，發明新理，互換知識，保存國粹」。〔註 28〕北京醫學研究會的宗旨則較
爲保守，爲「探索古書義理而歸本於實驗。」〔註29〕紹郡醫藥學研究社簡章
設宗旨是「研究中西及日本醫藥科學，以交換智識，輸入新理，闡發吾國之
固有之新藥學」。〔註 30〕

　　在爲中醫提供論爭平臺的同時，《醫學報》上亦登載西醫汪惕予創辦自
新醫院的章程，「輸新學改舊學，以謀吾國醫界之進步」，〔註31〕及附設醫科
大學的招生簡章。大體上看，中醫西醫並無明確界限，尚能共登醫報，融洽
相處。但到 1908 年至 1909 年，隨著獲得西醫知識渠道的擴展，醫學會規模
的日益擴大，社員的日益增多，他們對中西醫認識及中醫界改良方向的爭辯

〔註26〕《醫學報》1905 年十一月望日第 36 期，頁 7。
〔註27〕《醫學報》1906 年六月望日第 50 期，頁 2。
〔註28〕〈江寧醫學研究會章程〉，《醫學報》1908 年八月朔日第 92 期，頁 1。
〔註29〕〈醫學研究會同志約〉，《醫學報》1908 年七月朔日第 90 期，頁 1。
〔註30〕〈紹郡醫藥學研究社簡章〉，《醫學報》1908 年五月望日第 87 期，頁 6。
〔註31〕《醫學報》 1908 年二月朔日第 80 期，頁 2。

已愈演愈烈。1908 年的《醫學報》上有人將其歸爲兩類，不出「崇古」及「維新」兩派，雖有些絕對化，但卻也反映了當時醫界面對西醫的兩種截然不同的心理：

> 崇古者，志在保存。凡古人一言一行，莫不珠憐玉惜，唯恐其不存。意謂吾儕中國人也，中國自有醫法且開化早於諸邦。雖近世較西醫稍有遜色，乃不善學醫者之過，非中醫之過也。苟有人爲從此博採羣書嚴明去取，確定法程，以之教天下，後世之學者，自能闡微發奧，翻陳出新足以強衛萬機而庶眾必奚捨我固有之學去彼夷法爲。然而維新之士則返是，蓋其主義在破壞，務使推倒數千年之舊物。凡古人之所著述，視之爲陳腐葛藤，惟恐其或存，必使永消瓦解而後已。〔註32〕

　　從 1908 年開始，初入醫會的丁福保在《醫學報》上刊登文章頗多，既有介紹自己的西醫譯著的，如〈丁氏醫學叢書總序〉、〈二十世紀新內經序〉、〈題竹氏產婆學〉、〈喉痧講義序〉等，也有向中醫介紹普通的解剖生理學知識、中西醫會通知識的如〈新醫學入門〉，〈南洋醫科試藝〉等，在中醫界聲望漸漸提高。在其發表的文章中，不乏稱讚西醫知識的先進，抨擊中醫的落後之詞。如其在〈丁氏醫學叢書總序〉中言，「……吾之肺病適成，遂求醫學於本經，素問，靈樞，難經以及漢之張長沙，晉之葛稚川，唐之孫思邈，金元之四大家，如是者又數年，而肺病日益加劇。……遂求解剖學生理衛生學以及醫學，藥物學於東西洋之典籍，而專注其意於肺癆，約年餘而病果瘳。」指出中國古典醫籍都無法提供治療肺癆的醫方，而西洋醫學則有療效。在〈二十世紀新內經序〉一文中，則指出古醫書包括《內經》在內，在人體解剖，生理學上的種種謬誤，「如肺五葉而爲六葉，肝五葉而爲七葉則誤其形狀，脾左而爲右，肝右而爲左則誤其位置。心運血而爲神明之主，腎主溺而爲藏精之府則誤其功用。」也批評了中醫病理的解釋太過玄理化，「曰某病應太白星，某病應熒惑星曰己亥之歲，君火昇天，子午之歲，太陰昇天，丑未之歲，少陽昇天，讖諱之說，舛訛龐駁則又不可索解者矣。」〔註33〕丁福保的《新內經》以西方生理解剖學挑戰傳統中醫臟腑說，這也引起了當時醫界的回應。

〔註32〕宗月洞天，〈振興醫學當除中西之見〉，《醫學報》1909 年一月朔日第 101 期，頁 4。

〔註33〕丁福保，《二十世紀新內經》，上海：醫學書局，1926 年再版，頁 1。

有人表示認同，與西醫相較，中醫差距頗大，在醫治之法上急需整頓，「以泰東西各國觀之，而恍然悟矣。彼當賓扶的里之大發也，用注射法以抗之，虎列剌之流行也，用殺菌法以除之，彌禍於未形，防患於未然，醫治之法勝於我國萬萬。」〔註34〕但有人亦頗不以爲然，如有社員在《醫學報》上發表文章〈辨丁福保新內經序〉，並不贊同丁氏薄中醫而重西醫的言論。試引用一段他對丁福保所謂「西醫論臟腑位置優於中醫學說」的反駁：

> 且肝右脾左非起之西醫之說。吾國《淮南子》已曾言之，王清任《醫林改錯》言曾用人剖驗，見肝係後著脊，前連胃，是其係實居脊間之正中。然西醫謂肝無能事，只是以回血生膽汁，入腸化物而已，不知肝之合筋也，肝之藏魂也。彼但知筋著於骨節間而不知筋實與肝通，凡肉之網膜，兩頭皆運於筋。肝之氣即從內隔膜發之於外，故瘈瘲抽掣諸病，皆肝主之。況肝之所藏者爲魂，魂者陽之精，氣之靈也。究魂之根原則生於坎水之一陽。推魂之功用，則發爲乾金之元氣，晝則魂遊於目而爲視，夜則魂歸於肝而爲寐且爲夢。西人知覺與華人同，爲問彼夜之所夢，是出何部，則必廢然不知，蓋魂豈剖割所能採取而夢豈器具所能測量哉！此西醫論肝不及中醫之精微也。〔註35〕

他先指出，古書中可以找出西醫解剖生理學類似的論斷，再說明西醫解剖生理雖精，但無法解釋陰陽氣化道理，因而西醫不及中醫，並認爲中醫近代以來的衰敗，在於不學無術的庸醫，而非整個中醫學術體系的問題。像這篇文章的作者這樣謹守陰陽五行、臟腑理論學說，從而對西醫學說表示質疑的中醫，在清末的中國醫界，並不在少數。

1909 年十一月，中國醫學會召開第二次全體成員大會，熟悉西醫的丁福保被選爲副會長，丁氏並推薦與他相熟的顧鳴盛爲主任，主持《醫學報》。剛剛從日本考察醫學回國的丁氏，對日本醫會組織形式較熟悉，提出要仿傚日本醫學會形式組織中國醫學會，改定會章及報章。這引起了另一副會長，《醫學報》原主編王問樵和其他成員的不滿。從那次大會之後，《醫學報》出現了兩個版本，一個版本依舊由王問樵主編，一個版本則爲在丁福保授意下的顧鳴盛所編，並得到醫學會另一副會長何廉臣的支持。而王問樵在其所編輯的

〔註34〕梅詠仙，〈中國醫學急宜整頓論〉，《醫學報》1909 年九月中旬第 122 期。
〔註35〕吳翹雲，〈辨丁福保新內經序〉，《醫學報》1909 年三月朔日第 105 期，頁 2。

《醫學報》（後來改名爲《醫學公報》）上還支持各地社員們發表了不少攻訐丁福保及何廉臣的文字。如《醫學公報》上刊錄南京調查員報告指責「丁氏激動鬼蜮，不准南京會員再與其通函聯繫」。錄香港調查員函指責「丁氏邪說，破壞醫學會章程」〔註36〕。到第二年即1910年，王問樵聯合醫學會各地評議員濮鳳笙〔註37〕、唐乃安〔註38〕、黎天祐〔註39〕、嚴富春〔註40〕、林先耕〔註41〕等發布公告，概不承認丁氏所辦之《醫學報》爲代表醫學會之刊物，大有杯葛丁氏之意。醫學會的這個糾紛，因支持丁、王兩派者各有人在而鬧得沸沸揚揚，最終一直鬧到上海道尹處，以一紙行政命令將兩種報紙分開，王問樵主編爲《醫學公報》，丁福保主辦的爲《中西醫學報》，才告一段落。

這場風波由丁福保在大會上意圖以日本醫會組織形式改革中國醫學會及醫學會發行的報刊《醫學報》所引發，但爭論的重點卻不在此，而是中國醫學會及《醫學報》的領導權及以後的發展方向。爲此，丁福保與王問樵各執一詞，在報章上互相攻擊，甚至不惜訴諸公堂，由個人之衝突演化爲團體之衝突，從中反映出隨著西醫知識的深入傳播，中醫內部產生的兩種改良理念之間的交鋒。從王問樵所主編的《醫學報》所刊登的〈各埠會員意見書〉及來函看來，1909年冬的第二次會員大會之後，一直譯介日醫書籍，一心嚮往仿傚日本，改良中國醫學的丁福保並未得到醫學會大多數成員的支持，甚至被抨擊爲「盡譯新說，摧折踐踏我祖國醫粹的西醫」〔註42〕，「假公濟私，獨

〔註36〕〈請看何廉臣與丁福保朋比爲奸之實據〉，《醫學公報》1910年三月十五日第131期，頁7。

〔註37〕濮鳳笙，江蘇江寧（南京）人。中醫。生卒年不詳。何廉臣曾評價他素以喉科名，品學兼優，人頗誠實。選自曹洪欣主編，《溫病大成第五部下》，頁1432。

〔註38〕唐乃安（？～1929），中國早年西醫。北洋醫學堂畢業生，獲得庚子賠款留德，回國後任北洋海軍醫官，後在滬開業，1915年與丁福保同爲中華醫學會發起人。1920年任中英藥房總經理。

〔註39〕黎天祐，字庇留，廣東順德人。生卒年不詳。嶺南傷寒名醫，著有《傷寒論崇正篇八部》（1926）。

〔註40〕嚴富春，字國政，江蘇揚州人。後加入中西醫學研究會，在《中西醫學報》上發表文章《論中西醫學宜求其匯通》（1913年三月第八期），是《中西醫學報》的推廣員。

〔註41〕林先耕（約1870～？），名大燮，號先耕，仙耕。江蘇元和人。附生出身的醫士。曾創辦吳中醫學公社，戒煙會，後任軍醫，改良醫學派，後成爲中西醫學研究會會員，發表文章多篇，並且是中西醫學報的義務編輯員。

〔註42〕〈公函照錄〉，《醫學公報》1909年12月中旬，頁2。

斷獨行，目中無人之輩」。〔註43〕王問樵在《醫學公報》上發起的中國醫學會新一年度的春季題課，其中一題爲「肆詆中醫之腐敗其濫觴不在東西而在甘爲東西奴隸之醫說，」很顯然爲針對丁福保抨擊中醫古籍而推崇西醫知識之舉。

衝突：兩種改良醫學的理念的交鋒

從王氏和丁氏各自主編的《醫學報》中可以發現在改良醫學的目標上，二者並無實質衝突，但出於對中西醫理解和認識的不同，兩者對中西醫的評價上形成分歧，以至於影響到如何改良醫學的大問題。王問樵亦意識到西醫進入中國之後給中醫帶來的挑戰：承認「今（中醫）無其術，實驗既少，紕繆必多」，〔註44〕他也並非是完全拒絕西醫知識，維護《內經》的崇古保守派。在發生衝突的醫學大會之後不久，1910 年的正月，王氏在爲其主編的《醫學公報》撰寫發刊辭中說道：

> 今日者，一新舊過渡之時代，亦一新舊關之時代也，第過渡本於自然交關出於強，……故有志之士欲勇往直前之手段不有循序漸進之觀念以爲之。……方今東西國之醫學，日出其新奇以相炫耀，吾華醫對之非無暗合也。……入手之方針就東西醫籍中至淺至顯易知易行者，以與祖國醫粹相提並論，反覆詳明，缺者補之，謬者正之，存畛域之見者化除之……久之則中外兩途渾忘其界限，此中國古今來過渡之陳跡爲印證也。試以全體學言之，人身臟腑骨節經絡，《靈素》所言類多荒謬，然《醫林改錯》王勛臣已能著之，記憶屬腦，汪訒菴已能言之矣。試以生理學言之，空氣之長養細菌之流毒，靈素未見明文，然日光之射風疾可瘳穢惡之劑不宜入口，徐靈胎已能知之矣。……〔註45〕

從這裏看來，王問樵也意識並承認中醫在解剖生理學上不及西醫，但他對西醫的瞭解也僅僅是通過幾本西醫書籍，因此才有將中西醫書籍互相比較，以求部分西醫理論可以爲中醫所用的改良中醫之道。這種在醫學改良上

〔註43〕〈各埠會員贊成書〉，《醫學公報》，1909 年 12 月中旬，頁 6。
〔註44〕〈肆詆中醫之腐敗其濫觴不在東西而在甘爲東西醫奴隸之醫說〉，《醫學公報》1910 年五月初一第 135 期，頁 5。
〔註45〕王問樵，〈醫學公報發刊辭〉，《醫學公報》1910 年正月十五第 127 期，頁 7～8。

應中體西用的觀點反映了很多中醫的看法。如有會員王士翹曾寫作〈開辦醫校首宜保存國粹說〉一文，在表明他對中西醫的看法之時，也透露出當時醫界內對於中西醫學孰優孰劣，觀點互異，鬥爭的激烈：

> 自神農著《本經》，黃帝作《內經》，聖聖相承，綿延不絕，以迄於今者，垂四千餘年。其間名賢碩哲，代不乏人，類皆闡發精蘊，為醫道之干城。乃不謂今之維新者，流涉獵東西醫法，輒豔羨不置，痛詆中醫之一無足用，高談雄辯，目空一切，充其量直欲將炎黃以來四千餘年之舊籍盡火其書而後快……夫中醫至今腐敗已達極點，其受人吐罵也亦宜。古醫書而一筆抹倒斯真妄人之所為，……雖然古醫書之承訛襲謬處，亦復不少，第謬訛者不過十之二三，其不謬訛者，恒得十之七八。……彼僅知外醫之法既新且奇而不知古中醫之法有神於外醫者；雖理化解剖諸學為近今中醫之缺點，然試觀剖腹滌腸，洞見癥結，如古之華元化扁鵲其人者，以視今之外醫，恐亦有過之無不及、惟宋元而後，醫學日替良法失傳，卒至每況愈下……總之外醫優於治外，絀於治內，中醫全憑理想，其弊失之空，外醫全憑實驗，其弊失之泥。〔註46〕

從王問樵到王士翹到醫學公會的參與者們，他們對於如何改良中醫的目標都十分明確，即以中醫為體，西醫為客，中醫近代以來的衰弱，非本身學術理論體系的問題，而是後學不振，庸醫過多。在醫學公會〈各省議員公佈意見書〉中明言，「本會命名中國，本係保存國粹，以啟後學之先路也。每期報章注重中醫論說七，西法三，以符中國醫學會之宗旨，」〔註47〕而醫學公報上刊登的《本社同人公啟》則表明，「報中論說，一以保守主義，務求實踐，力戒空談，發明原來之國粹，標示後學之準繩，罔敢標新立異而甘為軒岐罪人也。」〔註48〕從1908年便開始在《醫學報》上頻頻發文，宣傳西醫知識優於中醫的丁福保無疑成為眾矢之的。

於此相對應的是，丁福保在同期的《醫學報》上亦發表了〈論中西醫學宜求其會通〉一文。在這篇文章裏，丁福保迴避了自己之前對中醫陰陽五行

〔註46〕王士翹，〈開辦醫校首宜保存國粹說〉，《醫學報》1909年二月望日第102期，頁4。

〔註47〕〈各省議員公佈意見書〉，《醫學公報》，1909年十二月中旬，頁3。

〔註48〕〈本社同人公啟〉，《醫學公報》 1910年正月十五第127期，頁1。

五運六氣理論的攻擊，而是列舉了大量的中醫書籍的內容來與西醫學說對照，取相合者來說明中西醫的相通之處，將自己定位爲「力求中西之會通」者。此時的丁福保，並未直接否定中醫的理論體系，相反，他徵引眾多中醫典籍，從病名、病方，療法三個方面來找尋中醫可以與近世西醫相對應的地方，即其所謂的「中西醫的會通」。從病名來看，日本病名腸窒扶斯者，即博醫會譯名小腸壞熱症，可對應中醫病名，傷寒論中的溫病；發疹窒扶斯者，即《金匱》所謂的陽毒，《外臺》中所謂的斑爛隱疹；虎列剌者，乃《萬病回春》中所謂的濕霍亂、《瘟疫論》中的瓜瓤瘟、《醫林改錯》所謂的瘟毒痢；肺結核者即《金匱》所言之虛勞，《巢氏病源》所謂之肺勞及骨蒸，又有風勞，勞損，勞瘵，傳屍等名。此外還有糖尿病對消渴，歇私的里對臟躁症等。在療法方面，則有鬱血療法〔註 49〕對應古時的角法，即拔火罐；灌腸術即仲景導屎之法，甚至西人製藥之法，也可以在中醫及道教文獻中找到可對應之處。〔註 50〕丁福保此時所提出的種種中西醫學會通各處，無論是從中西醫理來看，都有勉強之意，但卻最易爲當時的中醫界所接受。但這並非丁福保的真實想法。

直在三十年後丁福保主編刊物《國藥新聲》中，他才大膽披露自己的中西醫會通之道實質是：「個科學說，宜以西醫爲主。處方用藥，宜以中藥爲主。」〔註 51〕但在 1910 年代的大部份中醫，即使是有心向學西方新醫學的中醫看來，中醫理論爲中醫之基礎而不可放棄。丁福保最終選擇這樣一份說辭，意在消除當時中醫對他的成見，也因爲丁福保的身份不僅僅是一名醫生和清末醫學改良運動的發起者，而是身爲一家主要出版日本西醫譯著的醫學書局的創辦人，以向中醫及大眾推銷他所編譯的醫學書籍爲業。因此此後他也都盡量避免抨擊中醫理論之詞，而是致力於翻譯醫書及開辦函授醫學講習所的事業之中，以期讓中醫瞭解並能夠接受更多更廣的西醫知識。他在翻譯出版日本西醫書籍的同時，亦編寫出版了一些中醫書籍，和相當數量的中西醫會通

〔註 49〕鬱血療法，1908 年由 Bier 教授發明，主要應用於手及前臂的小手術，或是骨折的固定。方法是將患者上方縛以橡皮管或橡皮帶，以致末梢部發生鬱血，以加強撲滅細菌的作用。日本當時有多部關於鬱血療法的書籍，認爲可用於治療炎症和腫物等。

〔註 50〕丁福保，〈論中西醫學宜求其會通〉，《醫學報》1910 年正月上旬第 1 期，頁 10～12。

〔註 51〕丁福保，〈論國醫何故要科學化〉，《國藥新聲》1940 年十月第 18 期，頁 1～2。

書籍，大部分是日本漢醫著作如《中外醫通》（1909）、《中西醫方會通》（1910）《醫界之鐵錐》、（1911）、《漢藥實驗談》（1914）等，並且積極參與中醫界的活動，這些都在向中醫界表明他對中醫的認同，所以許多在醫學會分裂時期支持王問樵的人，如林大爕、嚴富春等，日後亦加入到丁福保的中西醫學研究會之中。

　　當時與丁福保結成統一戰線的何廉臣，爲中醫世家出身，認爲「過渡時代，治國醫者挾其經驗之成績以傲西醫，治西醫者挾其學理之新穎以斥國醫，若有不可並立之勢。豈知中西醫學各有短長，吾人於此正宜擇善而從之，不善而改，何必強分國際界限，以爲必不可以匯通也哉？」他對丁氏的看法是：「吾友丁君仲祐，邃於中西醫學，治病多奇效，又深信西醫學說之可據。數年間譯撰新醫書三十餘種，更深信外國醫方可以參用而補我之缺也。」〔註52〕更認爲，編寫《中西醫方會通》的丁氏，才是保存國粹之人。而在清末的中國醫界中，像何廉臣這樣意識到中醫的困境，並對西醫持這樣開放容納態度的中醫爲數並不多，直到民國二、三十年代的中西醫匯通派如惲鐵樵、陸淵雷等人，他們對中西醫的觀點與丁氏的才有相合之處。清末民初的中醫界，雖然已經有了應對現有中醫進行改良的意識，在改良醫學的內容上，究竟是以中醫學內容爲主亦或是以西醫學內容爲主，又該吸收西醫學的哪些內容，如何吸收西醫學知識，還存在著一些混亂，而這種混亂，最終導致了醫學會的分裂。

　　與丁福保有師生同郡之誼的盛宣懷爲平息丁福保所捲入的這次風波出力不少，在他的幫助下，丁福保得以與上海名紳李平書相談，並得到其支持。最終在〈上海縣覆上海道文〉中，丁福保獲得官方之肯定，得以恢復其在醫界之名譽：「查王禎原係蔡小香之徒，因師生意見不合，遂至分道揚鑣，各樹一幟。丁福保以書生而好東西醫譯書頗多，文筆流暢，王禎初欲引爲醫報撰述。丁福保讀書多年，初出問世，得一同志以爲知己，而兩人品類原自不同……以上爲醫學會之源委即此案之原因也。」〔註53〕這份批文除在丁福保支持下的《中西醫學報》上刊登外，還廣登於《申報》及《大公報》等大報上。在醫學會風波暫告平息之後，丁福保於 1910 年四月，集合會員數百人，正式成

〔註52〕何廉臣，《中西醫方會通序》，上海：醫學書局，1910，頁 2。
〔註53〕〈專件醫生丁福保名譽之光復，上海縣爲詳覆事奉〉，《中西醫學報》1911 年八月第五期，頁 6。

立中西醫學研究會。曾有醫學會社員嘲諷丁氏，「丁君既欲報式會章改仿日本，何妨自樹一幟，不必與本會反對，一俟成立後會員孰多，報章孰廣行半年或一年以決成敗。所謂生存競爭，天演淘汰者。」〔註54〕丁福保其後另起爐灶組織的中西醫學研究會，定宗旨爲「研究中西醫藥學，交換智識，振興醫學」，發行《中西醫學報》，一直堅持到 1930 年代。〔註55〕而與此相對應的是，醫學公會在成立後不到半年便因經費緊絀而停止活動。〔註56〕兩會此後截然不同的發展命運，雖與主事者的個人經營能力有關，也可看出固守傳統的中醫知識在近代社會大眾之中的日漸衰微。

從「中西醫學研究會」到「中西醫藥研究社」：宣傳西醫知識與發掘中醫價值

從中西醫學研究會的創辦過程，可以反映出丁福保對醫學改良方向的一些設想。它的宗旨被訂爲「研究中西醫藥學，交換智識，振興醫學」。事務爲「編輯醫學書籍、編譯中西醫學報及辦理圖書儀器藥物陳列所」。〔註57〕不設立會長，以發起人，即丁福保本人擔任會中一切事務。會員和參與活動者多爲對西醫知識感興趣的中醫、文人、以及西醫學校的學生、西醫。其中一部分來自於中國醫學會會員，大多是對西醫感興趣的中醫及傳統文人，如清末醫家，與丁福保一樣考取最優等醫士資格的袁焯〔註58〕（1881～1941），紹興醫學會會長何廉臣等，他們在醫學會的衝突事件中支持丁福保；另一部分爲與丁氏有往來，對中醫態度包容的中國西醫，如美國醫學博士俞鳳賓〔註59〕

〔註54〕〈各省議員公佈意見書〉，《醫學公報》1910 年十二月中旬，頁 4。

〔註55〕《中西醫學報》在醫界的活躍期在丁福保擔任主編的 1910 至 1918 年，1918 年 8 月至 1926 年 12 月休刊，1927 年 1 月重新開刊由丁福保之子丁惠康任主編，並一度改名爲《德華醫學雜誌》，1928 年停刊，1929 年至 1930 年再次開刊，由丁福保弟子沈乾一主編，改回原名《中西醫學報》。

〔註56〕民國成立後上海中醫界余伯陶等發起神州醫藥總會，發行《神州醫藥學報》，以研究中醫爲主旨，相信不少前醫學公會會員也參與其中，但不居領導地位。

〔註57〕〈中西醫學研究會簡章〉，《中西醫學報》1910 年四月十五日第 1 期，頁 6～7。

〔註58〕袁焯，字桂生，江蘇揚州人，後遷居丹徒（鎮江）。世醫出身，又鑽研中西醫籍。1910 年創辦《醫學扶輪報》，又與陳邦賢開辦鎮江自新醫學堂，都曾在《中西醫學報》上刊登廣告，爲《中西醫學報》義務編輯員。1915 年著有《叢桂草堂醫案》。

〔註59〕俞鳳賓，名慶恩，江蘇太倉人。1907 年畢業於上海聖約翰書院醫科獲得醫學

（1884～1930），畢業於北洋醫學堂的侯光迪〔註60〕等。此外還有各類西醫醫學校的學生，計有廣東博濟醫學校畢業生，如梁培基〔註61〕（1875～1747），陳垣〔註62〕（1880～1971），以及來自杭州廣濟醫院學校，中日醫學校，日本京都醫科大學，日本愛知醫科專門學校的眾多醫學生，另外還有大量的醫院醫員，軍醫，以及傳統貢生、附生等。上海日醫吉益東洞〔註63〕、青木藤五郎〔註64〕亦列名會員之中。雖然會員之中不乏僅僅是掛名者，但從中亦可看出丁福保所創辦的中西醫學研究會在江蘇浙江廣東一帶的影響力。中西醫學研究會發行刊物《中西醫學報》，每月一期，一方面作為丁福保傳播西醫知識

博士學位，任郵傳部高等實業學堂醫員。後留學美國賓夕法尼亞大學專修熱帶病學及公共衛生學，獲公共衛生學博士學位。1915 年回國，在上海開業行醫。兼任南洋大學校醫、聖約翰大學醫學部教授、衛生部中央衛生委員會委員。早年加入中國博醫會、中國醫學會，為中華醫學會和全國醫師聯合會創建者之一，並任中華醫學會上海分會第三屆會長，與中醫界關係亦甚密，主張「去舊醫之短，採西醫之長」。為丁福保之好友，在《中西醫學報》發表衛生文章多篇。

〔註60〕侯光迪，字逸如，生卒年不詳，江蘇無錫人。畢業於北洋醫學校，後被丁福保推薦給盛宣懷，任職中國紅十字會醫士，後在上海開業行醫。是《中西醫學報》義務編輯員，與中醫關係良好的西醫。

〔註61〕梁培基，原名梁緘，字慎餘，廣東順德人，生於廣州。1897 年畢業於博濟醫學校，留校當助理教師，兼任廣州夏葛女子醫科學校教師，並掛牌行醫。後開設梁培基製藥廠，生產專治瘧疾的「發冷丸」，開廣州製藥業中西藥結合之之河，行銷華南及東南亞，成為富商，並創建汽水廠、民眾煙草公司等多間企業。曾發起創立光華醫社，任社長兼董事長，並參與創辦《醫藥衛生報》。1910～1911 年間在《中西醫學報》上多發文章，並且是該報的義務編輯員。

〔註62〕陳垣，字援庵，廣東新會人。1907 年考入博濟醫學院，嗣與醫學界同人創辦光華醫學院，並當學生。1911 年畢業，留校任助教，研究醫學史。辛亥革命後曾當選國會眾議員，出任中華民國教育部次長。後留居北京，從事歷史研究與教育工作。1910～1911 年間在《中西醫學報》上發表多篇生理解剖及醫史類文章。

〔註63〕吉益東洞，生卒年不詳。日本金澤人，醫學世家出身，1881 年畢業於東京大學醫學部得醫學士學位，歷任高知縣立醫學校校長、秋田縣立醫學校教頭、大阪醫學校教頭等。1886 年在大阪創立吉益醫院，1901 年來上海，開設吉益醫院。曾為《中西醫學報》供稿《臨床實驗記事》，並為丁福保著作《創傷療法》作序。《中西醫學報》1911 年第五期曾刊登其畫像及小傳。

〔註64〕青木藤五郎，生卒年不詳，日本茨澤縣人。1902 年畢業於東京帝國大學醫科部獲得醫學士學位，入該大學附屬病院研究產科婦人科半年，復入青山博士內科部研究內科一年，後赴德、美習醫。1909 年起漫遊英法德澳俄諸國至中國上海開業。丁福保曾為其介紹實習學生。《中西醫學報》1911 年七月第 16 期曾錄其小傳。

的平臺，刊登丁氏翻譯出版的日醫書籍的序言介紹以及函授醫學講習社的招生簡章及廣告，另一方面，則刊登一些通俗西醫衛生知識學說，文筆淺顯易懂，內容面向大眾，如肺病及其他時疫傳染病基本知識及預防辦法，飲食衛生等，此外，還刊登一些醫界新聞。

　　如果說中西醫學研究會是丁福保與國內中西醫聯繫的平臺，那麼除了這個平臺之外，還有眾多紐帶維繫著他與醫界的聯繫。如 1915 年中國西醫成立首個團體組織，中華醫學會，丁福保和伍連德〔註65〕（1878～1960），顏福慶，俞鳳賓等二十餘人一起成爲該會的首批會員。而在 1917 年上海著名中醫丁甘仁創立的上海中醫專門學校開學之時，丁福保亦與一些中醫名家一起被聘爲教員，丁甘仁之子丁仲英稱其爲「名中西醫家也，著述之富，國內一人」。〔註66〕儘管在清末之際，丁福保曾經對中醫的腐敗問題發表過激烈的評論，但在此後的大部份時候，他還是避免介入到愈演愈烈的中西醫的論戰中去，而是致力於大眾衛生醫藥知識的普及與中藥研究的實質工作。在 1930 年代「中醫科學化聲潮」中，丁福保於 1934 年，與包括政界人物褚民誼〔註67〕（1884～1946）在內的幾位著述頗豐的中醫宋大仁〔註68〕（1907～1985）、沈乾一〔註69〕、范

〔註65〕伍連德，字星聯，廣東臺山人。出生於馬來西亞檳榔嶼。劍橋大學醫學博士。1907 年，應直隸總督袁世凱邀聘回國，任天津陸軍醫學堂副校長。1910 年 12 月，被任命爲東三省防鼠疫總醫官到哈爾濱，控制疫情成功，擔任萬國鼠疫研究會議主席，被清廷授以陸軍藍領軍銜及醫學進士。1915 年與顏福慶等發起中華醫學會，主編《中華醫學報》五年。《中西醫學報》上刊登多篇其署名改進中國醫學教育、衛生觀念及預防鼠疫的文章，以及萬國鼠疫研究會的報導。爲陳邦賢《中國醫學史》作序。

〔註66〕《康健報》黃帝紀年四千六百四十年（1932）六月，頁 19。

〔註67〕褚民誼，字重行，浙江吳興人。早年曾赴日本及法國留學，加入同盟會。1920 年與吳稚暉、李石曾在法國創辦里昂中法大學，1924 年在法國斯特拉斯堡大學獲得醫學博士學位，回國後曾從事教育工作，後從政。1928 年後，曾任南京國民政府建設委員會常務委員會主席、教育部大學委員會委員長，1932 年充行政院（院長汪精衛）秘書長，熱衷社會文化體育事業。

〔註68〕宋大仁，廣東中山人，生於澳門。少年時拜學中醫，1915 年至上海入丁甘仁所辦上海中醫專門學校，成績優異。在中醫界頗有聲譽時候亦學習西醫，1933 年曾赴日本學習消化器病專科，1934 年發起中西醫藥研究社，1937 年在上海設立胃腸病院，撰寫醫史學術論文多篇，著《中國法醫典籍版本考》等。

〔註69〕沈乾一，生卒年不詳，江蘇武進人。丁福保之弟子，1929 年起任《中西醫學報》主編。曾出版著述多部，對醫學、目錄學都頗有研究。譯著《漢藥神效方》（1929）《肺癆病學》（1930）著作（中醫淺說）（1931），目錄學著作《叢書書目彙編》（1929 等）。

行準〔註70〕（1906～1998）、葉勁秋〔註71〕（1900～1955）等聯名發起中西醫藥研究社，並在 1935 年的正式成立大會上被推舉爲常務理事。這個機構希望通過一方面介紹歐西新醫學說，另一方面以科學的整理方法研究中國以往的醫學經驗，如中醫數千年來之文獻，本草及驗方等，來發揚中醫的科學部份。發行的刊物《中西醫藥》曾發起關於中醫科學化的學術討論，調查國內的醫學校、醫學刊物。

　　從清末到民國年間，丁福保對中西醫的態度，並沒有太大變化。他一直是西醫的支持者，通過報刊，書籍的形式向大眾傳播西醫知識，也一直不相信中醫陰陽五行氣化的理論學說；但對於中藥，他卻有一個由起初質疑到越來越相信中藥的藥性與價值，只是需要科學的解釋的變化。因此他才會在1930 年代發起中西醫藥研究社，1940 年代主編期刊《國藥新聲》。1935 年三月湖北中醫蔣玉伯〔註72〕（1891～1965）著有《中國藥物學集成》一書，丁福保特意爲之作序，從中可看出，其對中醫中藥所抱有的複雜感情：

　　　　我國醫學之晦暗，由來久矣。往時士夫大抵以爲小道不加重
　　視，即有一二通儒，亦不過以其餘力，稍事涉獵，習之既久，抒其
　　所得，著爲專書。顧往往文字艱澀，詞意隱約，學者不耐深索，致
　　微言奧旨，隣於玄學，此吾國醫學之所由沉晦也。夫醫之所重者，

〔註70〕 范行準，名適，字天磐，浙江省湯溪縣（今屬金華縣）人。1932 年畢業於上海國醫學院。曾任上海國醫評論社、上海中西醫藥研究社總編輯，上海《醫文月刊》社社長。發表多篇醫史文獻，考證類文章及專著。曾在丁福保 1939年所編《國藥新聲》中多發文章。

〔註71〕 葉勁秋，字秋漁，浙江嘉善人。畢業於丁甘仁所辦上海中醫專門學校，後進上海中醫專科學校、鎮江江蘇醫政學院學習。懸壺滬上同時任上海中國醫學院教授。曾在丁福保主編之《國藥新聲》供稿多篇。1949 年後任上海市衛生局中醫編審委員。著有《中醫基礎學》、《傷寒論啓秘》、《仲景學說之分析》、《針灸述要》等書。

〔註72〕 蔣玉伯，字誠瑞，湖北棗陽人。湖北法政學校畢業後自學醫書。1923 年於北京開業。1927 年回武昌行醫。1933 年任湖北國醫專科學校教務主任兼授內科和藥物學。抗戰後棄教從軍從政，始任第五戰區長官司令部軍法官，公餘常給患者診斷病情，開列藥方。1949 年後任湖北中醫學院副院長，對藥物學深有造詣。先後著有《中國藥物學集成》、《內科學講義》、《婦科學講義》、《針灸療法經穴證治備考》、《中醫學術理論闡微》、《辯證論治概述》和《蔣玉伯醫案》等，其中，丁福保等人爲之作序的《中國藥物學集成》分三部份，共444 條，薈萃中西各家之說，有關藥物功效多引錄各家本草，並收採一些實驗成果，以日本資料爲主。

首診斷,次用藥,診斷不明,不可以治病,藥效不明,不可以用藥。彼混跡以謀升斗者,兩者俱失之,幾何不爲人詬病,顧毀舊崇新者,並詆及中國藥物之無用,又豈然哉。藥物之作用於人體,各有其功能,前人積無數實驗,而後定其主治輔佐之效,固未可厚議也。況今科學日盛,復以化學方法分析藥物,提煉化驗,灼知其所含之有效成分,而示人一確信,則我國藥物,自有其眞價值,安能以少數人之不善用而因噎而廢食哉。東陽蔣君玉伯,篤志實學,精研岐黃,寢饋其中凡二十年,……深佩其研究有得,擇言精審,屏除一切穿鑿附會之說,斯誠足爲我國藥物學一新面目,而使學者有準確之認識者矣。余故樂爲之序。〔註73〕

從這裏可以看出的是,1930 年代的丁福保對「科學中醫」的信任與提倡。他反對中醫理論中的玄理化,穿鑿附會之處,但相信中國藥物的功用。十九世紀末至二十世紀四十年代,西醫在治療疾病方面所取得的成就遠比不上其在對疾病的認知上所獲得的突破。丁福保之所以有這樣的態度變化,一方面可以追溯到他的日本考察醫學之行,受到他所帶回的日本研究漢藥著作的影響。明治維新之後的日本,雖然漢醫被廢止,但中藥研究仍受到一定關注,除了漢醫之外,不少西醫學者也用近代醫學和實驗研究方法來研究中藥。丁福保所翻譯的《漢法醫典》〔註74〕、《新本草綱目》〔註75〕等著作都屬於此類著作,他自己也有編譯《化學實驗新本草》(1909)、《中藥淺說》(1930)等著作,是從日本各種藥物學著作中摘譯編寫而成;另一方面則很可能與他的醫藥實踐有關。丁福保從自己接觸和使用過的中藥而開始相信其療效,只是對其背後缺少科學方法的分析感到可惜。正如他 1928 年在上海中醫專門學校演講時說道,「相傳腳魚能療腳氣,予初意爲不過以腳治腳之戲言耳。然証諸事實,確著大效,於此可知『以土補土法』。一若伏龍肝的止泄瀉殊有意義,無可厚非,苦參子之於痢症,常人類能知之。此等神秘似的長處,祗須加以提綱挈領的整理法,旁三互考的闡明法,不特中醫可博多人的彩聲,而世界

〔註73〕 蔣玉伯,《中國藥物學大成》,知新書局,1935,頁 4。
〔註74〕 《漢法醫典》爲西醫士野津猛男根據日本漢醫井上香彥經驗著作,原名《臨床漢方醫典》,1916 年由醫學書局出版。
〔註75〕 日本藥劑師小泉榮次郎原著,搜羅漢藥五百餘種,原名《和漢藥劑》,由醫學書局 1929 年出版。

醫學從可改觀矣。」〔註76〕這時丁福保開始意識到，中藥的療效可能與背後是否有所謂的科學解釋無關的問題，也就是科學未必能成爲衡量中藥價值的標準，但他仍然認爲，中藥的療效需要更爲有效的整理和闡明。

　　從中國醫學會到中西醫學研究會、中華醫學會、上海中醫專門學校到中西醫藥學社，號爲「西醫」的丁福保在他的交往圈中接觸的更多的是中醫，或者更確切說是對西醫知識感興趣，瞭解西醫知識的中醫，其中更有大部分都是後來所稱的「海派中醫」〔註77〕，如陳蓮舫、蔡小香、丁甘仁、丁仲英、陳存仁等人。通過丁氏與中西醫的交往，亦可反映出隨著西醫西藥的不斷傳入，中醫亦有了自己的新發展，尤其是在上海這樣一個與西方文明接觸較早的商業都會，在近代科學思潮的衝擊下，中醫不可能再走尊古籍，崇經典之路，而是通過瞭解西醫，尋求中醫與西醫之間的各種溝通之道。這種漸進式的西化的改變，是中醫面對西醫西藥的挑戰所做出的調整，另一方面，卻也意味著傳統中醫的衰弱，以後的中醫日益失去自己的傳統和自信，不可避免地要與西醫學說做比較，做爭論。

第二節　醫學與商業——丁福保與他的「授業門生」

　　傳統社會裏，醫學知識主要在以師徒、家族、宗族爲土的社會關係中傳播。到晚清民國時期，在上海這個現代都會裏，社會關係的傳統模式，如家庭、宗族，同鄉網絡依然存在並且在醫學知識的擴散與宣傳中發揮著重要作用。丁福保曾先後拜師於與他有同鄉之誼的趙元益、華蘅芳、華世芳，盛宣

〔註76〕丁福保，〈中醫簡易療法及醫生道德問題〉，《上海中醫專門學校院刊》，1928年第1期。

〔註77〕「海派中醫」用於稱呼晚清以來在海派文化影響下的中醫流派，特點是兼收並蓄，學術交融，中西匯通。代表幾乎容納晚清到民國時期所有在上海活動的世醫，名醫。如有孟河費氏‧丁氏內科，龍華張氏，青浦何氏、陳氏内科等；顧氏、夏氏等外科；朱氏、蔡氏等婦科；徐氏、夏氏等外科；以及傷科、針灸、推拿、喉科、眼科以及中西匯通各家等。學派之間互相競爭，也互相交流。在一些研究中，也將丁福保與惲鐵樵，陸淵雷一起歸爲海派中醫中的「中西醫匯通派」。但也有研究認爲這些所謂的上海中醫並沒有穩定的學術共同體，無法稱之爲「派」。但近代以來上海中醫的發展趨勢是逐漸西醫化。見朱鼎成，《海派中醫》，上海：文匯出版社，2012。譚春雨，〈論海派中醫名實之內涵〉，《中醫藥文化》2012年第1期。方松春，〈論海派中醫與海派中醫學術流派〉，《中醫文獻雜誌》，2010年第2期。

懷的門下，他的求學乃至事業之路，都從他們那裏獲得或多或少的幫助與資源。待丁福保自立門戶之後，亦提供幫助給後輩學生，大多爲江蘇籍。身兼醫生、出版家、收藏家多職的他，並未像其他海上開業的中醫一樣廣收門徒，他的學生，一部分來自於其早年在無錫峻實學堂及京師大學堂譯學館任教習時期的學生，這些學生多習西醫。另一部分則來自他到上海成立函授新醫學講習社中的社員，如陳邦賢、萬鈞等人，以及他在行醫活動中結識的醫界後輩，如陳存仁等，都爲中醫。他們中有的和丁福保成爲忘年交，有的則參與到醫學書局的譯書工作中，除了獨立或者合作譯書外，也在丁福保主編的《中西醫學報》等期刊中刊文，爲丁氏出版的各類醫學著作作序介紹。從丁福保與其弟子的關係之中，一方面可以看出丁福保前後期對中西醫醫學思想的變化；另一方面，丁氏及其弟子對通俗醫學知識的重視也反映出近代醫學的傳播日益商業化、大眾化的趨勢。

丁福保於清末曾在無錫峻實學堂任算學教習三年，又在京師大學堂譯學館教授算學、生理學三年，編寫過算學及生理學講義，聽過他的演講，閱讀過他所編寫的教科書者恒數千人。丁福保在與盛宣懷的通函中，透露了他對待後學之態度：「受業自學醫以來，益覺斯言信而有徵，非資質聰穎，心思縝密者，不克深造而無誤。故每遇可造之材，無不諄勸習醫，期其有成。」〔註78〕早年的丁福保，棄科舉而奔新學，在京師大學堂擔任教習期間，閱讀了多部西醫解剖生理學書籍，對中醫的評價遠遠低於西醫，在其早期著作如《蒙學衛生教科書》和《衛生學問答》中，多薄中醫而厚西醫之語。而丁福保此時對所結識的學生後輩，亦多勸他們習新學。蔣履曾〔註79〕，1910年清廷醫科舉人，與丁福保相識於京師大學堂，又有同鄉之誼。在京師大學堂完成學業之後便留學日本京都醫科大學，每次暑假回國亦會與丁福保會面於上海。在丁福保成立中西醫學會後，蔣履曾也成爲《中西醫學報》的供稿者之一，發表了眾多文章，介紹西醫知識及日本醫事制度。另一個與丁福保相識甚早，並稱其爲師的是朱笏雲〔註80〕，他們結識於1896年的南京科考，丁福保曾勸

〔註78〕 〈丁福保致盛宣懷函1909～1911〉，上海圖書館所藏《盛宣懷檔案》。

〔註79〕 蔣履曾，生卒年不詳，江蘇宜興人，附生，1903年由京師大學堂選派至日本京都帝國大學學醫，學成歸國後被清廷授予1910年醫科舉人。1910～1911年任京師大學堂衛生官，後任南京省立養病院院長。

〔註80〕 朱笏雲，生卒年不詳，字晉卿，江蘇無錫人，附生。蘇州高等學堂畢業生，奉天師範學堂，廣東師範學堂算學教習，留學日本名古屋愛知醫學專門學校。

其「捨舊學治新學」。在丁福保的出版《肺癆病救護法》中朱氏爲該書作序時寫到，「予讀先生之《東文典》始通東文之門徑，讀先生之《衛生學問答》及《生理學講義》始知生理衛生之大要，讀先生之「醫學叢書」始知漢醫不足恃，欲學醫者不可不捨漢醫而治西醫。」〔註81〕其後，朱氏負笈日本學醫，回國後加入丁福保所創辦之中西醫學研究會，並在《中西醫學報》上多發文章如〈取締醫生說〉、〈中國急宜改良醫學說〉、〈論吾國急宜講究防疫之法〉等，以日本西醫爲標準，極力抨擊舊中醫及中國現有的醫事制度。

近代以前，醫書的主要購買者，一般以中醫，以及有官僚、貴族、士紳背景的文人爲主，直到晚清，這種情況並無顯著的改變，只是隨著新式學堂的開辦，出現了學生這一群體，使書籍市場的讀者群體大大擴展。1910 年四月，丁福保以中西醫學研究會爲依託，辦起函授新醫學講習社，目的在於傳播新醫學知識，也在於藉此佔領此時爲眞空地帶的新醫書市場。

函授教育是一種學生自學函授教材，以通函爲主要教學及考核方式的教育形式，最初起源於十九世紀六十年代的英國大學，到清末上海也開始出現語言類的函授教育，數量比較少。如 1897 年的《通學報》上刊登外國語的輔導文章，類似於輔導教材，以及 1908 年的世界語學會，該社內設世界語函授學校。1910 年初，嚴復、張元濟等人發起創辦師範講習社，由商務印書館發行各科講義，閱讀講義者便被視爲社員，最後進行通信試驗考試，合格者發給證書。丁福保緊隨其後創辦的函授新醫學講習社，便有傚仿之意。它所針對的招生對象，不僅僅是醫生或是有醫學素養的人，而是擴大到普通社會大眾。社員入學門檻很低，僅有漢文文理通順合格一條，年齡學歷概不限制。在招生簡章中也一再強調教授的是淺近普通新醫學：「除學科以各科淺近普通新醫學，解剖學、生理學、病理學、藥物學、內科學、外科學、眼科學、婦人科學、衛生學爲範圍之外，另編最淺近之講義，如《家庭侍疾法》，《肺癆病之大研究》，《神經衰弱之大研究》，《赤痢實驗談》，《西藥實驗談》，《診斷學一夕談》等几十餘種皆淺近易曉，爲門徑中之門徑，階梯中之階梯。」〔註82〕

函授醫學講習社定期一年，以一個月爲一期，每期圍繞各自主題範圍寄

後任江蘇公立醫學專門學校專科醫員兼外科醫長。
〔註81〕丁福保，《肺癆病救護法》，上海：醫學書局，1911。
〔註82〕〈函授新醫學簡章〉，《中西醫學報》1910 年四月十五日第 1 期，頁 18。

上不同講義供學員自學，對講義內容有疑問者可通函詢問。最後用通信方式進行考核，發給證書，成績分為最優等，優等及不入等。除了醫學講義之外，講習社亦發售代購西洋藥品及醫學器具，以供學員實驗所用，並附有詳細用法用量說明。函授新醫學講習社所使用的講義教材，都是丁福保自己所編譯編寫，由其創立的醫學書局出版，內容以西醫西藥為主。在中西醫學研究會以及「丁氏醫學叢書」配套教科書的吸引下，第一年入讀的會員便有近百人之多，後擴增到 150 人。學員多為江蘇、安徽、福建、廣東等地的年輕士子，以貢生、附生為主，還有一些學堂學生。其中的佼佼者是寫作出中國第一部醫史著作，開創中國醫史研究先河的陳邦賢，但在當時他還只是江蘇鎮江一所師範學校的畢業生。

　　陳邦賢也是函授新醫學講習社的倡議者之一。畢業於江蘇省簡字師範的他，自幼喜讀醫書。由於簡字師範所使用的生理衛生講義為丁福保早年任京師大學堂教習時候所編寫，陳邦賢成為丁氏醫書的讀者，從此對西醫書籍產生興趣。但因家貧不能出外游學，於是函請丁福保開辦通函教授法，「以中醫為用，西醫為體，補助舊學之不足。」〔註 83〕待函授新醫學講習社開辦後，陳邦賢成為第一批學員，並同時入會中西醫學研究會。他一面接受丁福保的函授指導，作為函授醫學社社員，報告使用西藥臨證之成績，如〈用阿斯必林成績之報告〉等，一面勤力寫作，在《中西醫學報》上發表了多篇文章，〔註84〕並在最後的通信考試中以最優等成績畢業。

　　陳邦賢尊丁氏為師，在他的著作中曾多次盛讚丁福保譯介日本新醫學的重要，也是丁福保的譯書編報等工作的得力助手。如他曾為丁福保所著的《函授新醫學講義》、《中風之原因及治法》以及《漢藥實驗談》等書作作序，為丁福保所製的「家庭藥庫」做敘言，起草《中西醫學研究會總會與分會聯絡簡章》等。陳邦賢作為丁福保的學生，接受了其中西醫會通，中醫科學化的醫學思想，並在自己的教學工作中也使用「丁氏醫學叢書」作為教材。如陳

〔註83〕 陳邦賢，〈陳也愚來書〉，《中西醫學報》1910 年四月十五日第 1 期，頁 19。
〔註84〕 從 1910 年至 1917 年，及 1927 年至 1930 年，陳邦賢發表在《中西醫學報》上的文章數目多達三、四十篇，內容包括中西醫學研究會相關會務，以及醫學書局新出版書籍的序言，如〈函授新醫學講義序〉、〈中西會通素靈摘要序〉等；大眾健康衛生知識，如〈幼兒衛生一夕談〉、〈學校衛生談〉等；醫學入門知識如〈病理學問答〉、〈簡明診斷學問答〉等，中醫醫史類，如〈中國醫學史〉、〈中國腳氣病流行史〉、〈鴉片史略〉等。

邦賢在鎮江開辦西醫傳習社及自新醫學校，使用的教材便爲丁福保所編譯的
醫書。而陳邦賢萌發對中國醫史研究的興趣，決定從事中國醫史這一前無古
人的開創性研究的事業之時，也是在其師丁福保的啓發下開始的。《中國醫學
史》這個研究題目，從研究方法到分期評價都深受丁福保譯述日本醫史書籍
《西洋醫學史》的影響和啓發：1913 年八月，丁福保在《中西醫學報》上發
表的《西洋醫學史緒言》一文中提到，「醫史學爲醫學中之一科，有獨立之資
格。其種類甚多，有醫學之經驗史，實用史，批判史等。……晚近醫學史的
問題，可大別爲三類：一爲醫學的知識之歷史，即廣義之病理學及治療法之
歷史；一爲關於醫家地位（對社會及國家而言）之歷史；一爲疾病之歷史。」
〔註 85〕而陳邦賢在隨後自己編寫中國醫學史時吸收了這一觀點，將醫學史的
研究分爲三類：「醫學史是一門專門史，研究的須分三類：第一類關於醫家地
位的歷史；第二類關於醫學知識的歷史；第三類關於疾病的歷史」。〔註 86〕此
外，在對近世醫學的評價上，陳邦賢也秉承了丁福保的中西醫會通，中醫科
學化的思想。他將從古代到近代的醫學評價爲從經驗發展爲科學的醫學，所
以認爲西洋醫學和日本醫學的輸入極爲重要，是新醫學的發軔，記載詳細。
特別是在疾病史這方面，陳邦賢採用了中西病名對照的方法，將中醫古籍中
的病名與現代醫學病名對應起來，這也是其師丁福保所認爲的中西醫會通之
道。

　　另一方面，丁福保創辦的《中西醫學報》，也爲陳邦賢提供了一個活動平
臺，供其發表宣傳自己的醫學見解，尋找醫界中之同道，討論如何研究中國
醫史的問題。1914 年，陳邦賢客居滬上時，便與丁福保另兩名學生萬鈞〔註
87〕、孫繩武〔註 88〕共同發起「中西醫學會課」研究中西醫學，假借《中西醫

〔註 85〕丁福保，〈西洋醫學史緒言〉，《中西醫學報》，1914 年第 1 期，頁 1。
〔註 86〕陳邦賢，《中國醫學史》，上海：商務印書館 1937 年再版，頁 2。
〔註 87〕萬鈞（1898～?），原名寶全，字叔豪，號覺人，江蘇無錫人。十八歲時往上
　　　　海跟從丁福保習醫研究醫學，入中西醫學研究會。習醫同時亦學詩文及佛學。
　　　　曾與丁福保編輯《近世詩選》，《佛學大辭典》，出版《佛教經派詳注》，丁福
　　　　保爲之序。1915 年代表丁福保赴上海參加審查醫學名詞談話會，1922 年被熊
　　　　希齡聘爲北京感化院院長赴京，1924 年創辦中央刻經院佛經善書局任經理，
　　　　任佛教同願會秘書。著有《簡明外科學》、《中外藥名對照表》、《學醫筆記》、
　　　　《古文緒論詳注》、《蔬食編》、《節欲編》等，多數由醫學書局出版。
〔註 88〕孫繩武（1904～1970），字祖烈，號覺軒，江蘇無錫人。幼年便往上海跟從丁
　　　　福保習醫研究醫學，讀日文，入中西醫學研究會，曾譯《生理學講義》四十

學報》發出啓事及簡章，定每季舉行會課一次，每次出題中西各一二題，以文會友。〔註 89〕身爲其師友的丁福保對這項活動亦表支持，捐助書籍多種作爲每次會課成績前列者的贈品。此外，對中國醫史研究頗感興趣，打算編寫中國醫學史的陳邦賢，於 1914 年發起了醫史研究會，在《中西醫學報》刊登啓事，召集同道入會，並徵集資料。「惟念一人學殖有限，滄海之珠，不無遺落。爰設醫史研究會，邀我邦人諸友入會磋磨，俾吾國歷朝醫事之沿革及其進化之理由，不致淹沒。」〔註 90〕陳邦賢其後所編寫出的他的代表作 ——《中國醫學史》，也都首先是在《中西醫學報》上連載登出。

丁福保所創辦的函授新醫學講習社作爲晚清到民初中國唯一的一所函授新醫學機構，至少開辦了五年。講習社的配套教材，佔領了新醫書銷售市場。報名學習的社員所閱讀的教材都爲丁福保編寫，修改自醫學書局出版的「丁氏醫學叢書」。其後丁福保還開辦了醫學選科講習社，以社會上比較常見的疾病如肺癆病學、花柳病學、皮膚病學以及內科學、病理學、藥物學和法醫學爲範圍，任學員專選一科或者數科進行研究，學醫期限從一個月到三個月不等。函授醫學這種教授醫學的形式，所需時間短，使用教材有限，學員與導師之間只通過信函交流，並不可能能以此訓練培養出正規合格的西醫師，只能作爲爲中醫及普通大眾補習新醫學知識的速成班看待。它的意義在於爲希望瞭解西醫知識卻受金錢、語言、距離等條件所限，苦無門路者提供了一套淺易可行的教學方法。丁氏希望藉此達到改良中國現有醫學的目的，這也是一種以此擴大「丁氏醫學叢書」在社會大眾中的影響力，增加醫書銷量以致獲得更多收益的營銷手段。函授新醫學講習社以一種新的形式傳播新醫知識，填補了當時此類醫書市場的空白，同時，由銷售醫書所附帶的銷售藥品和醫學器械（體溫計、聽診器等）也爲醫學書局帶來更多的商業收益。

1913 年，定居上海的丁福保在英租界派克路上買地建起一棟上下兩層的小樓作爲住房、譯書、診病及製藥之所，命名爲「丁氏醫院」。名氣愈大的丁

餘萬字，編著《人體解剖學實習法》、《生理學中外名詞對照表》、《生理學講義》、《飲食衛生學》等編入丁氏醫學叢書。習醫同時亦學佛學，在丁福保指導下編纂《佛學大辭典》、《佛學小辭典》。1928 年離滬返錫懸壺行世，曾任無錫縣立時疫醫院醫務主任、無錫縣衛生院醫師。後於吉祥橋堍自設診所行醫。其兄曾任無錫縣縣長。

〔註 89〕見陳邦賢，〈中西醫學會課小啓〉，〈中西醫學會課社簡章〉，《中西醫學報》1914年三月第 8 期，頁 1～2。

〔註 90〕陳邦賢，〈醫史研究會小啓〉，《中西醫學報》1914 年五月第 10 期，頁 1～2。

福保身邊亦多了些年輕學生，多是其同鄉士子，除了前所提及的萬鈞、孫祖烈，還有萬鍾〔註91〕，王家瑨〔註92〕、薛承俊〔註93〕、陸應錡〔註94〕、陸謨〔註95〕、王家瑞〔註96〕等多人。這些弟子中比較勤於著述的有萬鈞、萬鍾及孫祖烈，他們和陳邦賢一度成爲《中西醫學報》後期的主要供稿者。

　　丁福保學術興趣廣泛，雖然以醫生爲職業，但爲人所知的也有著述家、佛學家、收藏家等多種身份，跟從他習醫的學生們，亦有相當一部份並不以行醫爲常業。但他們與丁福保的關係卻並不鬆散。丁福保會以醫學書局名義爲其出版新書，爲其著作寫作序言，介紹醫學實習工作機會等〔註97〕；而作爲丁氏門生，深受其教導多年，他們亦有一些共同的特徵：如與丁福保以翻譯日本醫書作爲其事業的開端一樣，他的幾名弟子，萬鈞和孫祖烈亦是日本醫書的重要翻譯者。雖然數量上並不及當初的丁福保，但大都由丁福保創辦的醫學書局出版發行，列入「丁氏醫學叢書中」出售，這也擴大了醫學書局的聲勢。丁福保出版的醫學譯著，常常會找他的弟子們來寫作序言，進行分析介紹。如丁福保的兩名弟子，陳邦賢與萬鍾便有寫作《醫學門徑語正編》及《醫學門徑語續編》兩部著作，介紹醫學各科完備的「丁氏醫學叢書」及丁福保創辦的函授新醫學講習社、醫學選科講習社，提議中醫師們選擇這種價廉、高效、簡便的學習西醫知識的方式。而在對中西醫的看法方面，他們亦繼承了丁福保的觀點，即醫學進化及中西醫會通論，接受西方醫學。正如陳邦賢在創辦鎮江西醫傳習所時所說，中醫不可不習西醫，以「盡彼之所長，出我舊有中醫之學問，以補其缺，中西畢貫，不至於故步自封，自可免於天演淘汰。……創辦西醫傳習所，非揚西而抑中，實求新而補舊。……借西方之鴻寶，保東國之粹言，將來爲中西匯通醫家獨樹一幟」。〔註98〕因此丁氏弟

〔註91〕　萬鍾（1888～？），原名寶書，字伯英，江蘇無錫人。鎮江衛生醫院醫員，中央派甘肅禁煙局專員，北京航空事務處診療所主任，編有《家庭診斷學》，《男女婚姻衛生寶鑒》，《醫徑門徑語》等。
〔註92〕　王家瑨，江蘇無錫人，年十九歲往上海跟從丁福保習醫。
〔註93〕　薛承俊，字康侯，江蘇無錫人，年二十歲往上海跟從丁福保習醫。
〔註94〕　陸應錡，字士均，江蘇無錫人，年二十二歲往上海跟從丁福保習醫。
〔註95〕　陸謨，字綸華，浙江鄞縣人，年二十歲往上海跟從丁福保習醫。
〔註96〕　王家瑞，江蘇無錫人，年十六歲往上海跟從丁福保習醫。
〔註97〕　如《中西醫學報》上常登有廣告，介紹西醫，介紹函授醫學講習社社員實習機會。
〔註98〕　陳邦賢，〈鎮江西醫傳習所緣起〉，《中西醫學報》1911 年八月第 1 期，頁 2。

子大多既通曉中醫典籍，也積極吸收最新的西醫西藥知識以彌補中醫在解剖病理學等方面的不足。不止通過組織中西醫學會課這種形式研究討論中西醫會通，亦出版發行自己的著作。和丁福保出書主要面對的是大眾市場，意在普及醫學知識一樣，他的弟子所出版的著作，亦以語句淺顯，初學者亦能閱讀為出發點。如陳邦賢曾從丁福保譯著《臨床病理學》等書中摘取切要實用之處，重新編纂成病理學問答形式出版，以西洋病理學知識修正中醫舊說，以中醫舊說補充其不逮之處。萬鈞和孫祖烈分別為之作序，贊同其改良醫學之功。丁福保的另一名弟子萬鈞後來北上，於 1924 年在北京創辦中央刻經院，主要刻印佛經、道教經書，曾為丁福保刻書《保壽法》（最真確之健康長壽法）兩萬冊，在北方發行。

在與丁福保有師生之誼的後輩之中，還有一位在滬上頗有聲譽者，為陳存仁。從丁福保對陳存仁的教導之中，也可看出丁氏對通俗醫學知識市場的看重。陳存仁初識丁福保是在 1910 年代，當時他還是上海中醫專門學校的一名學生，從《中西醫學報》上獲取招聘信息，為其擔任抄寫剪貼工作，賺取外快。而據他回憶，丁福保當時已是與伍廷芳齊名的「衛生家」。〔註99〕由於國文功底深厚，陳存仁為正在編輯《古錢大辭典》與《說文解字詁林》的丁福保出力不少而得其讚賞，傳其理財、生財之道。其後陳存仁獨立開業，並出版了一份醫學常識性的報紙《康健報》，丁福保亦給予支持，不僅傳授其個人辦報經驗，要點在於「內容要很豐富而有趣味，否則，醫藥常識的報紙，沒有多少人要看。……文字必須要打破舊例。」「稿件要有十個著名醫家幫同撰寫，才有號召力，否則是銷不出去的」；〔註100〕而且還答應陳存仁的約稿，為其創辦發行的《康健報》撰寫文章，之後還以自己名義為後輩陳存仁出版著作《實用醫學》。

晚清以來，長期接觸西方文明的上海，圖書市場發達，民眾對西醫的接受程度也大大高於內地。如果說傳統醫書的市場主要以醫生和文人為主，那麼進入近代以後，則加添了新的成分，如新學堂的學生、都市讀者以及一般民眾。與滬上其他開業醫生不同的是，丁福保不以行醫為唯一職業，他同時也是醫書編譯者與出版商。丁福保與跟隨他習醫譯書的學生弟子的關係，除了有傳統師生之間存在的傳道受業解惑之外，也是商業出版中親密的合作夥

〔註99〕指十分精通西方衛生保健知識的人。
〔註100〕陳存仁，《銀元時代生活史》，桂林：廣西師範大學出版社，2000，頁 51。

伴關係。陳邦賢、萬鈞、孫祖烈等人在跟隨丁福保學醫的同時，也作爲作者參與丁福保的醫書、醫報出版工作。他們除了繼承了丁福保中西醫會通，中醫科學化的醫學學術觀點外，在行醫和著述上都有著鮮明的實用主義和靈活主義特點。具體表現爲雖中醫素養頗深，卻不拘泥於古典，也學習西醫知識，使用西醫藥物以及器械的輔助手段；無論是丁福保還是他的學生，發表的著作和文章無論是醫學入門還是健康衛生知識，大多文筆淺顯，迴避晦澀難懂的陰陽五行五運六氣之說，更爲貼近生活，相信這也是針對晚清以來上海的讀者需求之舉。此外，丁福保與他的授業門生都屬於日本醫學派。曾訪問過日本，翻譯出大量日本醫學書籍的丁福保，其弟子亦大多曉日文，與日本頗有聯繫。如早期在京師大學堂的學生多赴日本醫科大學、醫學堂留學，後期跟從丁福保習醫的學生萬鈞、孫祖烈等也有學習日文，翻譯日本醫書的經歷。

第三節　海上名耆聲望的擴大：丁福保與滬上各界社會名流的往來

　　出於職業的特殊性，醫生這一行接觸的人可謂最多，上至達官貴人，下至平凡卒子，只要是有病有患都不免要和醫生打交道。溫和圓滑的交際手段，對名氣的提升幫助很大。在海上開業行醫三十餘年的丁福保，又身兼著述家、出版家、收藏家多職，對醫生的交際之道也頗有體會：「業醫之人，雖處百般之娛樂，宜視若平常，對於社會之交遊，須有圓活之交際法，平日一舉一動，均不可輕忽，衣服亦宜講求。……醫生日中勤苦後，夜間覓一二有識之士，互相談笑以爲快樂其心志固極正常。」〔註101〕在與丁福保有師生之誼的陳存仁的回憶之中，丁福保可謂是名聲卓著的海上名耆。上至政治元老，社會名流林森、李石曾（1881～1973）〔註102〕、吳稚暉、李平書，

〔註101〕丁福保，〈日記之一斑〉，《中西醫學報》1911 年二月第十一期，頁 6～7。
〔註102〕李石曾，字煜瀛，河北高陽人，清末重臣李鴻藻之子，致力於文化教育事業的國民黨元老。早年赴法留學學習農業生物學和化學，結交吳稚暉、蔡元培，1906 年結識孫中山，加入中國同盟會。主張素食，在法國創立豆腐公司，1911 年回國，與伍廷芳開設慎食衛生會，寫有《肉食論》。1915 年與蔡元培，吳稚暉在巴黎發起留法勤工儉學會，資助大批中國學生留學法國。1920 年在北京創辦中法大學。1924 年後歷任國民黨中央監察委員，政治委員，政府委員，北平研究院院長等職，民國初年曾和吳稚暉、張靜江、蔡元培發起八不會及進德會，約定不吸煙，不飲酒，不食肉，不置妾，並

世家子弟袁克文〔註103〕（1890～1931），下至海上的小人物，如地皮掮客、古玩書販，丁翁都與他們十分熟悉。陳存仁回憶未必百分百準確，但有著深厚國學、醫學、佛學造詣的丁福保確實交遊甚廣，與政界、學界、商界名流都有往來。其中，有的往來是建立在旅滬同鄉的情誼上，如其與廉泉、俞復、吳稚暉等書院學友；有的是因爲對衛生養生之道的共同興趣，如與盛宣懷、伍廷芳〔註104〕（1846～1922）、李石曾等政治人物；有的是出於對古泉藏書金石目錄學的共同愛好，如其與林森、繆荃孫〔註105〕（1844～1919）、傅增湘〔註106〕（1872～1950）、袁克文等文人；而他與商人歐陽石芝〔註107〕、聶雲臺等人的往來則與他們同是上海佛教居士有關。在社會氣氛活躍，滬上各式團體林立的晚清民國年間，丁福保亦隨其同道參加了多個滬上活動頻繁的非醫學學術團體，這些團體多聚焦於人的信仰、道德修養方面，參與者多屬城市中上層的社會精英。如清季民初由政治社會名流伍廷芳、李世曾發起的慎食衛生會；嚴復（1854～1921）、俞復等人發起的上海靈學會；以及王一亭〔註108〕（1867～1938）、聶雲臺等人發起成立的上海世界佛教居士林、

稱爲國民黨內不做官的四大元老。

〔註103〕袁克文，字抱存，號寒雲，河南項城人，袁世凱之次子。善書法詩詞，藏書多且精，亦工古泉金石，以鬻文賣字終其身，爲民國四公子之一。

〔註104〕伍廷芳，字秩庸，廣東新會人。晚清民初外交界名宿，法學家。中年以後注重養生學，提倡養生術。晚年研究靈魂學，著有《靈學日記》。

〔註105〕繆荃孫，字炎之，一字筱珊，晚號藝風，江蘇江陰人。1876年進士授翰林院編修，歷主南菁、濼源、鍾山、龍城諸書院講席。1903年赴日本考察學務，歸後編輯課本，中西之學兼重，並講求教授管理之法。1907年，應兩江總督端方之聘，創辦江南圖書館，1910年，奉調赴北京創辦京師圖書館，纂成《善本書目》8卷，《各省志書目》4卷。辛亥革命後，寓居上海，倡結詩社，整理舊籍。長於金石目錄之學，各家刊印叢書或編纂藏書志，均請其相助。晚年積「藝風堂」藏書10萬卷。1914年被延爲清史館總纂，平生輯刻書籍甚豐，著《藝風堂文集》、《續集》、《藏書記》、《續藏書記》、《讀書記》等。

〔註106〕傅增湘，字潤沅、沅叔，別署雙鑒樓主人、藏園居士等。四川江安人。1898年進士，選庶起士，授翰林院編修。1901年調至北洋工作，在天津先後創辦了北洋女子公學、高等女學堂、女子師範學堂三所女校。辛亥革命後，隨北方總代表唐紹儀在上海參加南北議和。1917年任王士珍內閣教育總長，1927年任故宮博物院圖書館館長。富於藏書，致力於版本目錄學研究。著有《藏園瞽目》、《藏園東遊別錄》、《雙鑒樓雜詠》等。

〔註107〕歐陽石芝，廣東新會人。1889年在上海南京路創辦寶記照相館，因服務周到、作品精緻受到文人雅士歡迎。晚年篤信佛教，與丁福保常通信討論，亦是功德林聚餐會的主要出席者。

〔註108〕王一亭，浙江吳興（今湖州）人，名震，別號白龍山人。早年在上海學習錢

上海濟生會等。這些組織，也反映了晚清民國新舊交替之際，上海這座城市裏這些在中西文化交織中的中上層精英的身體觀，及衛生之道。丁福保在參與與滬上商人和社會名流的活動中擴大了自己的聲譽，對其傳播醫學知識的活動助力頗大，而這些人物也影響到丁福保對中西醫學的態度，特別是個人的身體觀及保健衛生之法。〔註109〕

晚清實業大臣盛宣懷對丁福保有知遇之恩，正是在他的幫助下，初出茅廬的丁福保獲得資助並以官方身份前往日本考察醫學，在滬上醫界建立起初步的聲望。丁福保初識盛宣懷時，還只是個在其主辦的東文學堂裏學習日文的小小生員。東文學堂雖然僅開辦半年便停辦，但丁福保的日文卻通過自己的用心苦讀而突飛猛進，編寫了日文教科書《東文典問答》（1901）和《廣和文漢讀法》（1902）。1908 年，受病患困擾的盛宣懷告假兩月赴日本就醫並順道考察日本煤礦企業，歸國後設立東文譯書會，翻譯其從日本帶回的《明治財政史叢書》。此時已經在上海定居並且開始行醫刊書工作的的丁福保成為盛氏心中主持這項事業的人選，這部書稿雖最終未刊印，但丁福保由此與盛宣懷建立起密切的聯繫。

參加完 1909 年南京醫科考試之後，丁福保立志往日本學醫，盛宣懷亦出力頗大，不僅向兩江總督端方去信，請其授予丁福保考察日本醫學專員之職，親自寫信給清國駐日公使，及日本醫學家青山胤通等人介紹丁福保，還贈與千金供其在日本旅行及買書之用。在丁福保捲入中國醫學會的糾紛之時，盛宣懷亦義不容辭為其仗義執言。丁福保對此非常感激，多年後他還在自撰年譜中寫道：「今宮保（盛宣懷）不以常人視余，而余其何以自處哉！謹誌之不敢忘。」〔註110〕清覆亡之後，盛宣懷逃亡日本，到 1912 年回到上海，1916年去世。丁福保聞得噩耗，因在病中無法弔唁而十分感傷：「余於醫學，稍得一二新智識，皆從日文中來，余之日文皆得於宮保所立之東文學堂，其後又

　　莊業及外語。後任買辦，從事多項投資，為上海內地電燈廠、日商上海紡織株式會社等董事，被選為上海城廟內外總工程局議事會議董。入同盟會，資助辛亥革命和二次革命，為上海商界名人。虔信佛教，為近代上海著名居士，連任上海居士林副林長、林長，上海佛學書局董事長、是功德林素食餐會的常客。

〔註109〕丁福保，《疇隱居士自定年譜》，選自《清代民國藏書家年譜》第六冊，北京：國家圖書館，1999，頁 328。

〔註110〕同上，頁 326。

資助余往遊日本。飲水思源，每深知遇之感。」〔註111〕

　　同郡之誼，師生之義固然是丁福保與身爲清廷大員的盛宣懷建立起交往的基石，但更爲重要的是他們在中西醫學及衛生之道上諸多觀點的不謀而合，使得盛宣懷對後輩子弟丁福保頗爲看重。盛宣懷以實業聞名，但他認爲「大丈夫有精神方能有事業」，對個人衛生之道也十分關注。盛宣懷於 1908 年赴日本就醫，因爲他患上痰喘之疾，中西醫調無效，又聽聞日本有治療肺病專家，因此告假前往日本。他事後覺得「服藥頗效」，對日本新醫學頗爲讚賞。盛宣懷在日本兩個月期間，就醫於日本著名醫家北里柴三郎與青山胤通處，並拜訪日本政要大隈重信〔註112〕（1838～1922），被傳授養病衛生之道，要點在於起居飲食調攝得宜。疾病有天然性質養病之法，住合宜之處，可不藥而愈。除此之外，人精神至可寶貴，切不可思慮過度。〔註113〕盛宣懷由此悟到，養生一道，中西一致，也更加積極探索衛生之道，於宣統元年選輯新舊養生家之言，刊印《衛生叢編》。盛宣懷認爲的衛生之法，是古今養生之道的結合，注重精神衛生。如他在致友人惲薇孫信函中言，「弟東遊問醫，體氣較好。亦因旅客他邦，掃除俗事，大覺衛生之道以身心無事爲第一，勝於人參多矣。」〔註114〕而丁福保譯述醫書的起步階段，也正是從衛生學著作及肺癆病著作開始，他此時所編寫的著作如《衛生學問答》、《肺癆病之天然療法》以及《身心強健之秘笈》都交給盛宣懷呈閱，得到其認可，編入盛宣懷所刊《衛生叢書》之中，盛宣懷還親自爲《衛生學問答》寫跋，稱丁福保爲其「門下士，亦道義交。從事於醫，搜掏東西載籍，迪信革改」。〔註115〕有了盛宣懷的支持，丁福保很快便在清末上海的醫學界嶄露頭角。

「衛生之法」的源起：丁福保與清季民初的「慎食衛生會」

　　在翻譯出版醫學著作的同時，丁福保也編寫出版了眾多的保健衛生著作，在 1940 年代的上海更有「健康老人」之稱，經常在期刊報紙上發表保健

〔註111〕同上，頁 361。
〔註112〕大隈重信，日本明治時期政要及活動家，於 1898 年和 1914 年兩次組閣，任首相兼外相。
〔註113〕《盛宣懷日記》，揚州：江蘇陵古籍刻印社，1998，頁 11，12 及 43。
〔註114〕〈光緒三十四年十二月致外部尚書那琴軒函稿〉，《盛宣懷未刊信稿》，北京：中國史學社：新華書店北京發行所，1960，頁 146。
〔註115〕丁福保，《疇隱居士七十自敘》，無錫：無錫史志辦，2009，頁 30。

衛生心得的文章。他所提倡的種種衛生保健法，重要的如戒除肉食、灌腸法、冷水浴、深呼吸法等都與清季一個名為「慎食衛生會」的組織有關，也就在此時期，丁福保在積極參與該會的活動中，擴大了自己在中西醫圈之外的聲譽，有了「衛生家」的名氣。

　　該會由伍廷芳於 1910 年寓居上海時所創辦。西學教育出身的伍廷芳，是英國大學的法律博士，後在清政府內任外交、法律事務大臣。伍廷芳因覺自身多病而格外注重個人養生之法，著力研究衛生學說。他曾參閱古籍，道教修煉學說，也遍覽歐美書報，最終發明出一套自己的養生方法，聲張注意個人起居飲食，戒除肉食，摒棄煙酒及各項刺激性食品飲料，〔註116〕壽命可達二百歲。伍廷芳和當時同樣主張素食的李石曾在滬上發起慎食衛生會，糾集同道，以研究注意個人飲食起居的衛生之道進而擴展到改進社會大眾精神風貌。而對古今中外衛生學，個人養生之道研究頗有心得的丁福保亦成為同道。丁福保所創辦的《中西醫學報》，首期便刊登出〈伍廷芳之養生術〉（1910.4），其後不斷刊登出伍廷芳幾篇重要衛生學著作，如〈衛生新法攝要〉（1910.12）、〈延壽新法〉（1914.5）等。伍廷芳為丁福保所辦的中西醫學研究會會員，而丁福保亦是慎食衛生會的重要會員，經常參加活動。

　　慎食衛生會「以改良食品，研究衛生，俾免病苦而登壽域為宗旨」，又言「食品改良以不食血肉毒品為綱，煙酒等物皆在應戒之列。」〔註117〕戒除肉食是伍廷芳的主張，他認為，「酒肉祇能提神，提神之後即化為毒物。」為使人健康長壽，必須從食物開始，戒酒肉等一切刺激性食物，這一非中亦非西的養生法，被伍廷芳稱為「衛生新法」、「延壽新法」，是他在遍覽中國養生古籍和歐美西醫報刊，加上自己的親身實踐得來。在結識伍廷芳之前，丁福保相信歐美生理衛生學書籍，將肉食是為營養物，並沒有戒除肉食的想法，他在回憶中說，「余二十餘歲時，閱教會中所出之生理衛生學，謂每日宜多食牛羊雞鴨豚魚，魚皮多燐質，食之尤有益。余信以為然。每日午夜二餐，皆至青年會食西菜，專吃動物及蛋類。」〔註118〕但當他加入慎食衛生會後，對素食說開始信服，並利用自己譯書之際，對該說進行學理上的解釋和支持。伍廷芳在閱讀後，也在自己的著作中特別引用他的解釋：「丁福保《食物衛生學》序考曰，人類之齒牙及體質

〔註116〕伍廷光，《伍廷芳歷史》，上海：國民圖書局，1922，頁 9。
〔註117〕伍廷芳，李石曾，〈慎食衛生會章程〉，《紹興醫藥學報》1910 年第 23 期，頁 11。
〔註118〕丁福保，《疇隱居士七十自敘》，無錫：無錫史志辦，2009，頁 107。

當斷爲穀食動物，今以穀食及肉食比較之，肉食者血液濁易罹熱病，穀食血液清富抵抗力，體魄雄厚肉食者神經遲鈍，穀食者腦力敏捷，肉食嗜慾濃，穀食嗜慾淡，肉食者持久力缺乏，穀食者持久力富。肉食者發達早而衰老亦早，穀食者反是。」〔註 119〕由此看來，丁伍二人已成爲素食衛生這一觀點上的知己。伍廷芳所認爲的衛生之道還包括呼吸新鮮空氣，經常沐浴擦身等，而這些也成爲日後丁福保所創造的衛生之道的來源。

慎食衛生會成立以來在海上甚爲活躍，舉辦的活動從改良飲食出發，擴展到剪髮易服、開設素館、戒吸紙煙，醫士送診等，響應者極多，活動頻繁之時每隔幾日在《申報》、《大公報》上就會登出「來函啓事」，頗有聲勢。1911 年初伍廷芳召集慎食衛生會成員在上海張園舉辦剪髮大會，上千人當場剪去長辮，而圍觀者有上萬人之多。〔註 120〕慎食衛生會提倡素食，倡導飲用豆乳，海上豆乳亦隨之銷量倍增。〔註 121〕身爲會員的丁福保，亦積極利用這個平臺，通過著述文字擴大他在該會乃至全上海的影響力。如 1910 年的《申報》上便有來自慎食衛生會的這麼一條消息：「啓者閱報諸君紛紛來問，本會第五會報告書乃黃秀伯〔註 122〕觀察，所引鼠疫各書均有華文，在昌壽里譯書公會發售，凡本會會友購者均按七折。惟須持入會收條爲據，又該公會刊有《醫學叢書提要》係普通奉贈諸君，請徑向該公會函索，不必由本會轉致以免周折。」〔註 123〕這裏的「昌壽里譯書公會」指的便是丁福保所辦的醫學書局。

慎食衛生會開展的另一重大活動是 1911 年春發起的勸戒紙煙活動。自鴉片戰爭中國戰敗，外國鴉片便以合法方式大量湧入中國。爲應付財政困難，清政府制定「以土抵洋，寓禁於徵」政策，中國內地也開始大量種植鴉片，導致中國境內吸食鴉片成風，煙館林立。1906 年清政府再次頒佈禁煙上諭，但社會上吸食各式各樣煙品：鴉片煙，水煙，旱煙，雪茄，香煙等已成風氣。而紙煙傳入中國後，以較傳統中國煙而言的簡便、經濟而越來越在大城市流行，進口量驚人。伍廷芳有鑒於此，發起勸戒紙煙會，會所仍設於伍寓，事務所則設於丁福保的寓所。伍廷芳向會員呼籲研究吸食紙煙（水旱煙及雪茄

〔註 119〕伍廷芳，〈衛生新法攝要〉，《中西醫學報》1910 年十二月第 9 九期，頁 1。
〔註 120〕夏東元，《二十世紀上海大博覽》，上海：文匯出版社，1995，頁 134。
〔註 121〕〈豆乳銷行之暢旺〉，《申報》1911 年 2 月 7 日第二張第三版。
〔註 122〕黃秀伯，字中慧，江蘇江寧人。清末曾隨伍廷芳出使美國任首席參贊。
〔註 123〕〈慎食衛生會來函〉，《申報》1910 年 11 月 15 日第二張後幅第三版。

香煙等）的害處，並率領會員在公開場所發表演講，以向公眾宣傳戒除紙煙。丁福保受伍氏所託，先後在伍廷芳的觀度廬寓所、上海南市碼頭滬軍營商團操場發表演說，講述紙煙之害，到者數千人，他的演講稿亦刊登在《申報》及《大公報》上。丁福保並非煙草研究之專家，他從美國學者的著作中選出紙煙對人身體精神危害的理論部份，加以自己對戒吸紙煙所得經濟節約的實際分析而成文。民國成立後，伍廷芳爲政治而奔走，愼食衛生會的會務亦暫停，丁福保仍以衛生會名義邀約上海名醫組織醫會輪流送診。〔註124〕公開演講和慈善送診這樣的公共活動，藉由口語和行動方式，使得那些沒有閱讀丁福保的著作的人，也可憑藉耳聞目染而對丁氏有所瞭解。

愼食衛生會的發起，源於伍廷芳對衛生之法的興趣，以及認爲可以通過改良飲食來延年益壽的心得，但之後它所發起的活動，如剪髮易服，戒吸紙煙等卻遠遠超出了這個範圍。說明在清末民初新舊交替之際，這場原本旨在通過食品改良探討個人養生延年益壽的活動，進而發展爲一種提倡發揚全新的社會風氣的運動。這種全新的社會風氣，既包括在上層社會提倡一種簡飲食，淡嗜慾的生活方式，也包括通過剪髮易服，戒吸紙煙等活動在更廣大的中下層社會中改易風俗。民國初年，由汪精衛、吳稚暉、李石曾以及張繼在上海發起的進德會亦有類似的對個人飲食習慣如不吸煙，不喝酒、不吃肉的會員要求〔註125〕。由於受資料及主題所限，在這裡無法對該團體做更深層的探討，但它對丁福保的影響是毋庸置疑的：他後來所養成的個人飲食起居習慣，如素食主義，日出即行冷水浴，灌腸法排除體內毒素等都可源自於此。〔註126〕而丁福保通過愼食衛生會這一非醫學界的平臺，向大眾介紹衛生新說，大大擴展了他的社會交往及聲譽，使得他的譯書，在社會風氣變化之際，仍然爲時代所需要。

佛法與醫學：丁福保與近代上海佛學團體

在愼食衛生會中，丁福保以醫生、衛生家的身份參與會務活動頗多，在1918年成立的上海佛教居士林〔註127〕中，丁福保雖是該會的發起人之一，但因忙於著述而較少參加佛教界活動。儘管如此，丁福保在近代佛學界仍然有

〔註124〕〈愼食衛生會來函〉，《申報》1912年4月29日第七版。
〔註125〕進德會入會基本會約爲不狎邪，不賭博，不置妾。不吸煙，不飲酒，不食肉則被列入丙部特別會員會約中。
〔註126〕丁福保，《疇隱居士自傳》，上海：詁林精舍出版社，1948，頁64。
〔註127〕上海佛教居士林於1922年改組爲世界佛教居士林和上海佛教淨業社。

著重要地位，這源於他所編寫的「丁氏佛學叢書」。

佛教自兩漢之際傳入中國，至近世而衰，卻在民國時候的上海實現了一次復興，佛學書籍出版增多，佛教文化影響力擴大，出現了許多有名望的居士學者〔註128〕，丁福保便是其中之一。儘管丁福保在 1916 年，他四十三歲時才皈依佛教，〔註 129〕但此後丁福保致力於編輯出版佛學書籍，前後編有 50 餘種，合稱爲「丁氏佛學叢書」。該「佛學叢書」的特別之處在於它是按照學佛之人的學習進度，循序漸進安排的，內容依次從入門基礎到專門經綸。丁福保以教科書形式編寫佛學書籍，又以儒家訓詁方式給佛經做箋注，這在當時還是首創，因此深受佛學愛好者及佛教徒的歡迎。佛教居士的身份以及在佛教團體中的活動對於丁福保的意義是，一方面繼續提升了他作爲醫學與佛法並舉的著述家的聲望，擴大了其包括醫書在內的各類書籍的銷售網絡；另一方面，佛學研究也爲丁福保後半生的身體觀、醫藥觀帶來了改變。

1930 年第 48 期的《良友》畫報，新開闢了一個「現代成功人自述」的專欄，第二期刊登的人物便是丁福保，題目爲，「醫學與佛法」，顯示出此時的丁福保在醫學、佛學兩個領域中的顯著成就。丁福保在佛學界的聲望與他的著作有很大關係。佛教各類經論眾多，佛學名詞術語、梵文的音譯詞句，對於常人來說閱讀難度極大。深諳通俗閱讀市場之道的丁福保，在編輯「丁氏佛學叢書」之時，也借鑑了「丁氏醫學叢書」的體例。「醫學叢書」爲配合函授新醫學講習社的需要，將書目劃分爲醫學入門門徑類（認識醫學各科及病名藥名）、生理解剖學類、肺癆病學類、急性傳染病類、藥物學、診斷學類、內科學類、病理學類、花柳病學類和產科學類，作爲一套完整的新醫學訓練法。〔註 130〕而「佛學叢書」也仿照課本形式，將佛學研究分爲基本入門、經論以及十大宗派的專門經論三個階段，特別受到佛學入門者的歡迎。

民國時期的上海，在經濟繁榮的同時，社會也興起對宗教的需求，佛教文化發展迅速，除文人學者外，工商業人士，政界人物亦有不少皈依佛教的。

〔註128〕近代以來研究佛學的學者很多，其中著名的有康有爲、梁啓超、章太炎、楊仁山、伍廷芳、俞復、蔣維喬、王一亭、葉恭綽、聶雲臺等，信仰佛教的很多是工商界、軍政界、學界的名流。

〔註129〕丁福保身邊眾多師友都信佛，他第一次接觸佛學是在 1905 年在京師大學堂任教時候，而他在這一年才皈依佛教，依照其自敘中所言，直接原因是出於自己受熱傷風而多症並發，自感身體衰弱至極而對生命有了新的感觸，遍覽佛經，而生皈依之心。

〔註130〕陳邦賢，〈醫學門徑語〉，《現代醫學》，上海：醫學書局，1929，頁 9～16。

上海佛教居士林的主要成員便是工商業人士和市民。而當時上海著名工商業人士如王一亭、聶雲臺、聞蘭亭等都紛紛皈依佛教。據統計，上海總商會董事中，有半數以上都是佛教徒或傾向於佛教，他們很可能都是「丁氏佛學叢書」的讀者。丁福保在回憶中道，「近人大抵知釋氏之所謂因果輪迴，皆極確實，所以余刻之佛書，其流通亦頗易易。如廣東軍政府伍秩庸（廷芳）先生，前內務總長朱桂莘先生及山西督軍閻錫山先生，皆函請余注之佛經尤多。此外流通於各省者，爲數不少。」〔註131〕丁福保在佛學團體中，表現出的往往不僅是佛學家的身份，更多的是醫家和佛學家的綜合。在當時銷數最多的佛學期刊，《佛學半月刊》上，丁福保的名字，不止和佛學演講的活動，還有給貧病送診的慈善活動聯繫在一起，他發表的文章，亦有如〈長壽之條件〉一樣的醫學衛生文章。丁福保的醫學聲望亦通過佛學向上海各界延伸。如對佛學、儒學都頗有研究的近代學者梁漱溟（1898～1988）便是通過佛學而成爲丁氏醫書的讀者：「恰好有正書局代售上海醫學書局出版之西醫書籍，因並購取讀之。據聞此局主事者丁福保氏亦好佛學。曾出版《佛學辭典》等書。丁氏、狄氏（狄保賢〔註132〕，？～1921）既有同好，兩局業務遂以相通。其西醫各書集由日本翻譯過來，有關於藥物學、內科學、病理學、診斷學等著作十數種之多。我盡購取，閉戶研究。」〔註133〕

在 1915 年前，丁福保就已經憑藉其近百部的醫學著述奠定了他在國內傳播西醫知識的領袖地位，他的勤力著述，在當時的上海幾乎無人能及。但 1916 年丁福保皈依佛教，開始潛心學佛之後，他的心境有了很大改變，認爲編書對社會的益處比不上醫藥。在《佛教大辭典》出版之後，丁福保寫道，「今後之目的果何在乎？欲居積則多財非福，欲編書則無益於人徒自苦耳。惟有發菩提心以救人最爲上乘。救人先從醫藥入手，盡我心力以救貧人之病。……即以此爲今後世間法之目的。」民國之後丁福保的著述漸漸減少，相信也與其著力於佛教修行有關。而丁福保後半生的身體觀與醫藥觀則直接受此影

〔註131〕丁福保，《疇隱居士七十自敘》，無錫：無錫史志辦，2009，頁 92。

〔註132〕狄保賢，字楚青，號平子，江蘇溧陽人。曾與譚嗣同、唐才常等人交往，宣傳變法維新。戊戌政變後，逃往日本。1900 年返回上海，策劃勤王事敗後，集資從事新聞事業，於 1904 年在上海創辦《時報》，宣傳保皇立憲，1911 年創辦有正書局。後專攻佛學，尤好詩詞書畫。著有《平等閣筆記》。

〔註133〕梁漱溟，〈我的自學小史〉，《二十世紀文化名人散文精品：名人自述》，貴陽：貴州人民出版社，1994，頁 92。

響，呈現出一種混合的形態，融合儒釋文化與西醫學說。例如在佛教觀點影響下，丁福保將身體與精神（靈魂）分開，認為人的身體乃物質的肉體與精神之靈妙作用而成。在治療肺癆病等衰弱病，以及平時的衛生之法時也吸收了佛教學說。如他引用釋迦如來的「收心足下能治百一重病」之說及天台摩訶止觀之言，「收大意，心火置於丹田足心，則病自愈。」，〔註134〕用佛經中的養心之法來教導世人如何自愈疾病，此外，還有在論述食素衛生之時則引用佛經勸導輪迴戒殺之理等。

西醫學被稱為「最年輕的科學」，近代以來西醫之所以進入中國之後就給中醫帶來威脅並逐漸掌握話語權，也是因為背後有科學的助力。作為在晚清時期抨擊中醫的腐敗，陰陽五行氣化理論不合科學的丁福保，在後半生卻成為佛教居士，接受了佛教信仰，認可鬼神之說，對於佛經所言因果三世輪迴等事，都認為乃實有其事。科學與宗教的關係表面上看來似乎是矛盾的水火不容的，但卻在丁福保身上得到了共存。如他在《現代最真確之生命觀》及《用科學來改造中年後之命運法》這兩本著作中，前者將靈魂說與細胞學說都認為是認識生命的必需，後者則寫除身體、心理之外，靈魂亦需改造。民國時期，像丁福保這樣接受過或接觸過西學教育同時也相信鬼神說的並不在少數，除了佛學團體外，他們還組織了上海靈學會，專門探討靈魂、鬼神、生死等問題。〔註135〕受篇幅和資料所限，本書對這點並不擬做更深層的討論，但如前所述，佛學與醫學已經成為丁福保著述中最重要的兩個方面，他在佛學領域的成就與威望也使大眾也關注他的醫學衛生著述，二者相輔相成。1944年，丁福保的弟子萬鈞時任北京中央刻經院佛經善書局經理，將丁福保的衛生學著作《最真確之健康長壽法》命名為《保壽法》，與佛教居士聶雲臺的《保富法》一起作為佛學修行的小冊募款刊行二萬冊，在北方免費發放。《保壽法》講的是丁福保的養生心得，包括飲食、深呼吸、睡眠、潔淨、居處等在內，最後介紹靜坐法和養心說。如果沒有丁福保在佛學界的聲譽，那麼他的衛生

〔註134〕丁福保，《疇隱居士七十自敘》，無錫：無錫史志辦，2009，頁192。

〔註135〕關於這方面的研究可參考黃克武的〈民國初年的上海靈學研究：以「上海靈學會」為例〉，刊登於《中央研究院近史所集刊》第55期（2007年3月），在這篇文章裏，作者認為，「在二十世紀初期的中國，靈學研究與傳統的扶乩活動有直接聯繫，又嘗試將其與西方的心靈學、妖怪學、催眠術、靈魂照相等結合，來回答生死鬼神，死後世界問題，並解決社會道德淪喪問題。也顯示，科學作為一種知識範疇由日本傳入中國後，一直是多元、模糊的，並與宗教、經濟活動交織互動。」

學著作想必也是很難在中央刻經院刊行的。

小　結

　　從丁福保與中西醫之間的交往，可以看到的不僅僅是他本人前後對於中西醫態度的變化，同時也是整個滬上的中醫界在近代發展的過程中，漸漸西化的歷史；而通過丁福保與他的弟子之間的互動，反映的則是近代以來以教育、商業為目的的通俗醫書市場的開闢；丁福保與政界、文化界、商界名流之間的往來，則反映了晚清民國時期上流社會多重視衛生之道，而他們所認同的衛生之道，往往並不刻意劃分中西，而是兼採中西，博覽古今，調和儒道釋學說。這些不同的交往圈，都對丁福保以醫生、著述家的身份在晚清民國時期的上海傳播醫學知識的活動大有裨益。但對其個人影響最大的，莫過於與他有共同興趣如研究佛學與衛生之道的滬上文化名流的交往，如伍廷芳、聶雲臺等。在和他們的交往中，丁福保在滬上中上層社會圈中擴大了聲譽，還吸取了他們的衛生思想，並將學佛的心得融入自己的身體觀、醫藥觀中。

　　丁福保從 1908 年初至上海，「積數月之收入不及三十元」〔註136〕的默默無名的小醫生到 1940 年代掛名上海數十個社會機構、慈善機構、學校的董事、理事，參與的團體包括上海衛生教育社、中國醫學專修院、中國佛教醫院、上海福幼院、世界提倡素食會、上海衛生教育社、中國醫學雜誌社、古錢學會等。以翻譯日本醫書起家的丁福保，經過數十年在除醫學圈之外的同鄉圈、佛學圈、文化圈的社會交往，在上海的聲望漸漸如日中天。正因為他與各界結下的良好「人緣」，1942 年丁福保的「六秩晉九七十壽辰」成為上海一項重大社會新聞，廣登報紙，受到來自政界、商界、醫界名流的恭賀。丁福保交往圈子的擴大亦大大擴展了他譯著圖書的銷售網絡。這些書不僅在丁福保自創的醫學書局銷售，也分售至商務印書館、中華書局、文明書局、中華圖書公司，及其各省各埠，這對於圖書的大規模銷售和流通來說，至關重要。正因為丁福保廣泛而多層次的社會交往，使得他在民國時期，即使不再翻譯新的日本醫學著作，仍然是海上知名的中西醫大家。

〔註136〕《疇隱居士自訂年譜》，選自《清代民國藏書家年譜》第六冊，北京：國家圖書館，1999，頁 326。

第四章 「衛生普及」與「科學中醫」：丁福保在民國時期的醫學活動

　　「丁氏醫學叢書」成名於 1912 年前後，到 1914 年前，丁福保已經藉由自己創辦的醫學書局，組織翻譯編纂出版了涉及解剖生理衛生、病理學、診斷學、內科學、外科學、傳染病學、肺癆病學、藥物學及處方學等各門各科在內的大批醫書，數目達到 85 種之多，已經佔據他平生所出版的醫學類書籍的一大半。針對中醫、家庭、學生及普通市民等不同群體對醫學用書的不同需求，丁福保在書名、內容、目錄編排、用詞用語方面都對日本西醫書籍進行了重新包裝和調整，建立起了具備自己風格的「丁氏醫學叢書」體系。在遍及上海各處及全國各埠各處的圖書分售點以及強大的廣告和社團人脈的宣傳幫助下，丁氏編譯的書籍投入到彼時西醫書籍相對頗少的中國市場之後，在大眾市場上獲得了極大的成功。在清末民初的中國，丁福保一方面編譯中西醫書籍介紹日本西醫及中西醫匯通知識，一方面也組織中西醫學研究社，發行《中西醫學報》，組織函授新醫學講習社，培養學生，在醫界中頗有名望，被譽爲「醫學界改良之鉅子」。〔註1〕

　　民國成立以來，由外人和國人自辦的西醫醫院、西醫醫學堂、醫學校紛紛成立，由商務印書館、中華書局等出版機構編譯出版的大量西醫知識書籍以及新的醫藥期刊的出現，使得西醫知識得到更廣泛的傳播。雖然西醫在政府機構中佔有優勢地位，日漸成爲官方認可的正統醫學，亦借助行政手段在

〔註 1〕吳葆眞，〈丁氏醫學叢書序〉，《醫書提要》，上海：醫學書局，頁 2。

社會上大有壓制中醫生存空間之勢，但中醫人數仍然是遠遠超過西醫且民眾中信任中醫者亦不在少數。在西醫知識的傳播管道大大擴展，中西醫之間論爭亦愈發激烈之際，作為海上知名的中西醫名家，丁福保的醫學出版物的形式和內容也相應有了新的變化。在形式上，丁福保創辦的醫學書局的譯書出版工作仍然在進行，但他的著述更多出現在大眾期刊雜誌上，出版品的形式由醫學知識系列叢書變為於大眾期刊報紙上的刊文；在內容上，則更多的是以個人衛生、家庭健康飲食為主的醫學科普知識，包含中西醫藥知識。丁福保因其在醫學著述方面的知名度，是民國時期各大中西醫藥及大眾文化期刊的知名供稿人，並掛名多部刊物的主編或編輯。這個變化，一方面是醫學知識的發展和丁福保譯書興趣轉移的結果，另一方面也反映了民國時期印刷出版品的變化所帶來的人們閱讀習慣的改變以及上海城市的民眾對普通健康衛生知識的需要，這也意味著丁福保的醫學衛生知識在更廣大的上海市民範圍內傳播。本章意在討論丁福保在民國時期的醫學活動以及特點。身為保健衛生專家的丁福保，他在眾多大眾期刊中所總結的衛生之法，建立在他的中西醫學素養之上，並夾雜了儒、道、釋文化的影響，勸人不以藥物養生，而是利用天然的日光、空氣、飲食以及精神療法來保持健康。這在當時的社會中，特別是文人階層裏頗有影響力。民國時期，也是中西醫之間論戰越來越激烈的階段，身處中西醫之間的丁福保如何選擇他的道路？在本章的最後一節，將以 1939 年丁福保受邀擔任主編的藥廠刊物《國藥新聲》為研究對象。在這份主要面向中醫群體的刊物中，丁福保表達了自己心目中的中醫日後發展之路的看法，即建立在吸收西醫知識基礎上的「中醫科學化」。同時，這份刊物也反映了西醫知識在中醫群體中的傳播以及被接受的過程。

第一節　出版品的變化

　　法國研究閱讀史學者夏提葉（Roger Chartier）說，「文本的意義，受限於使其得以被讀者（或聆聽者）接納和挪用的物質形式。」「在讀者中，博學多聞的知識菁英和略識無幾的庶民百姓之間，差異不可以道里計，……每一個不同的讀者社群，都有其遵循的閱讀規範和成規，用以定義書籍正當的用途、閱讀方式，以及詮釋的方法和程序。」〔註2〕這段話告訴我們的是，出版品所

〔註 2〕侯瑞・夏提葉著，謝柏暉譯，《書籍的秩序 —— 歐洲的讀者、作者與圖書館》，

設定的形式和內容都會受到讀者群體文化水準、理解能力的影響，而不同讀者群體所能接受、會去閱讀的出版品，也都是有差異的。在十九世紀末的晚清時期，丁福保尚有一些醫學著述是針對專業的西醫和中醫群體的，但到了民國時期，尤其是二十世紀三、四十年代，他的著述針對的讀者對象則幾乎都爲普羅大眾，傳播的都爲一些科普性的醫學知識。這也可從他關於醫學方面的著述在內容上與形式上的變化觀察出來，而這些變化適應了上海不同階層讀者群體的閱讀需求，不斷擴大了丁福保的讀者社群。

細看丁福保開辦的醫學書局出版醫學著作的年表，便可發現 1914 年之後，丁福保翻譯的新的西醫書籍的數量已經大大減少，只有《臨床內分泌學》（1933）、《自然療法、德國式自然健康法‧清潔之標準合編》（1934）、《現代精神病學》（1940）及《衰老之原因及其預防》（1940）這幾部著作可以代表西醫知識在二十世紀上半葉發展的成就而已（而據趙洪鈞先生的推測，這些著作也大部份非其親手翻譯。〔註 3〕），這與當時中譯西醫書籍的出版狀況是不相匹配的。據統計，1912 至 1937 年，中國譯日本醫藥書籍達到 119 種，〔註 4〕而同時期其它書局出版的中文西醫書籍亦有了量的飛躍：而民國成立之後至 1935 年，商務印書館共出版了 121 種之多的譯自英、美、日本的西醫藥衛生書籍；而另一間規模較大的中華書局自 1912 年建局後至 1949 年也出版了約 104 種側重於一般醫藥衛生知識讀物的西醫書籍。〔註 5〕相形之下，醫學書局的新書出版量顯得較爲遜色，在中譯日文醫書總量的比例中已大大降低。但醫學書局仍然保持其在社會上的影響力，原因之一在於丁福保之前翻譯出版的幾部醫學著作，尤其是《育兒談》（1908）、《實驗卻病法》（1908）、《化學實驗新本草》（1909）、《漢法醫典》（1913）這類內容較爲實用的書籍，仍然在不斷再版，一直暢銷到二十世紀三、四十年代；丁福保又將原來的作品補充新知，重新組合編纂成《民眾新醫學叢書》〔註 6〕（1933）、《健康生活

臺北：聯經出版，2012，頁 3～4。
〔註 3〕趙洪鈞，《近代中西醫論爭史》，合肥：安徽科學技術出版社，1989，頁 179。
〔註 4〕表八，中國譯日本書綜合目錄，譚汝謙，《日本譯中國書綜合目錄》，香港：香港中文大學出版社，頁 52。
〔註 5〕鄧鐵濤，《中國醫學通史，近代卷》，北京：人民衛生出版社，2000，頁 505～507。
〔註 6〕《民眾新醫學叢書》內容收有〈肺病易愈法〉、〈深呼吸與心身之改造〉、〈生命一夕談〉、〈胎生學一夕談〉、〈兒科一夕談〉、〈胃腸病一夕談〉、〈性病一夕談〉、〈寄生蟲一夕談〉、〈醫話叢存〉，〈早老之預防〉等。

叢書》〔註7〕（1933）、《國醫補習科講義》〔註8〕（1935）、《世界醫學百科全書》（1940）及《世界醫學百科全書簡編》（1940）這樣的叢書形式，分別吸引不同讀者群體的關注。步入晚年的丁福保在個人養生方面的體悟越來越多，出版的更多的是他自己編輯整理的健康養生類書籍，如《衛生延年術》（1940）、《怎樣調理使你的身體更健康》（1941）、《食物最經濟法》（1941）、《怎樣創造我的健康生活》（1942）等。在這些著作中，丁福保在西醫知識的理解基礎之上，融匯了中國傳統養生和佛學的觀點，總結出他多年的衛生之法，成爲海上知名的健康衛生專家。

期刊雜誌這種傳播知識的形式和報紙一樣，也是先由西方傳教士傳入中國〔註9〕。與報紙、書籍相比，期刊雜誌在向大眾傳播知識，宣傳娛樂功能方面自有它的優勢，此後便逐漸在中國社會流行起來。除由政黨、團體經營的雜誌之外，也湧現出大量的以商業爲目的的民營期刊。民國時期知名新聞從業人戈公振（1890～1935）認爲，「一國學術之盛衰，可於其雜誌之多寡而知之。」並將民國時期湧現出的期刊雜誌「按性質分類可分爲學術與政論，與改革文學思想，及批評社會三大類。」〔註10〕儘管受資本、經營條件所限，很多雜誌能夠維持的時間並不長，但出現的數量卻蔚爲可觀。據統計，1932年全國雜誌共 876 種，1933 年爲 1,724 種，1934 年爲 2,086 種，1936 年爲 2,734 種。〔註11〕很多知識分子都與此時湧現出的大量期刊聯繫起來，或爲作者，或爲主編，編輯，期刊雜誌成爲他們傳播新知的重要工具。在民國時期期刊雜誌如林的情況下，丁福保憑藉著自己在醫學著述方面的聲望，成爲眾多期刊的特約作者和供稿人。因此，雖然醫學書局出版醫書的勢頭漸漸放緩，但由於丁福保的文章頻繁出現於大小報刊中，他仍然扮演著醫學知識傳

〔註7〕《健康生活叢書》內容收有〈衛生學大綱〉、〈科學實驗最眞確至健康食物〉、〈肉食與菜食之優劣〉，〈醫學碎金〉。

〔註8〕《國醫補習科講義》，上冊講解生理解剖及臨床症狀學，下冊介紹西醫臨床常用藥物的用法及其他非手術療法。

〔註9〕期刊雜誌作爲定期出版的刊物，起初也叫報，除日報之外，裝訂成冊的有星期報、旬報、月報、半月報等。晚清以來著名的雜誌有 1884 年出版發行的點石齋畫報（旬刊）、梁啓超的時務報（旬刊）、《新小說》等，辛亥革命之後上海多間書局在出版書籍同時都發行期刊雜誌，如商務印書館的東方雜誌，此外發行較多的還有教育雜誌、戲劇雜誌、電影雜誌、科學雜誌及各類畫報等。抗戰時期受政治影響，上海出版的雜誌多文藝性的中立雜誌。

〔註10〕戈公振，《中國報學史》，北京：中國新聞出版社，1985，頁 152。

〔註11〕吳迪，〈我國 30 年代的雜誌出版業〉，《編輯學刊》1999 年第 5 期。

播者的重要角色。這些報刊，不止是有像《申報》、《大公報》這樣的大報，更多的是各種中西醫學、文學、佛學、教育、商業類的中小期刊雜誌。

民國時期，丁福保自己擔任主編的先後有期刊《中西醫學報》以及《國藥新聲》。其中，《中西醫學報》為丁氏自己於 1910 年所創辦，在間斷中持續到 1930 年代，這份期刊的宗旨被定為「養成國人醫事衛生智識，使社會有一種正當之輿論，善良之習慣，以謀公眾之利益而保全人之健康之起見」。〔註12〕丁福保將其定位為定價低廉的通俗醫學知識讀物。為其提供稿件的作者幾乎無正統中醫，而多是報章上寫大眾衛生知識（西醫）的名家，西醫學校學生，及丁福保本人和他弟子。而丁福保所撰寫的文章，除了自己所譯醫書的序言導論之外，就是醫學小知識〔註13〕，醫師道德的論述〔註14〕，以及預防時疫、傳染病的文章〔註15〕，健康衛生知識〔註16〕等，不以中西醫為界，都以大眾通俗實用為目標。而《國藥新聲》則是新亞藥廠於 1939 年出資出版的醫藥學刊物，意在向中醫生及大眾推廣藥廠新藥。

除了擔任期刊主編之外，丁福保也是眾多大眾報刊的特約著述或供稿人。其中不止是有如《醫學雜誌》（山西太原市中醫改進會創辦，丁福保為名譽理事）、《中醫世界》（中醫秦伯末主編）、《康健報》（中醫陳存仁主編）、《文醫半月刊》（中醫施今墨主編）、《大眾醫學月刊》（中醫楊志一主編）這類的中醫類雜誌以及《麻風季刊》、《防癆》、《家庭醫藥》、《青年健康半月刊》、《康樂世界》這樣的西醫健康衛生類雜誌；也有《語林》、《第二代叢刊》、《文友》、《大眾》，這類的文學文藝類刊物，此外還有商業刊物如永安百貨公司發行刊物《永安月刊》，體育健身類刊物如《健力美》，時事政論性刊物如《大聲》、《星期三》，教育類刊物如《河南教育月刊》及《江蘇教育季刊》，佛學類刊物，如《佛學半月刊》、《南行》等，文化娛樂類刊物如《快活林》等。丁福保關於個人家庭保健衛生的文章得以刊登在如此豐富的期刊雜誌之上，一方

〔註12〕丁福保，《醫書提要》，上海：醫學書局，頁 4。
〔註13〕如〈論笑之益〉、〈樂天為成功之母〉、〈解剖學的動物實驗〉、〈說夢〉、〈說痣〉、〈說吃逆〉、〈說咳嗽〉，〈論睡眠〉等。
〔註14〕如〈論醫師之資格〉、〈論醫之目的〉、〈醫士之義務〉、〈醫師之十德〉，〈開業上之主義〉等。
〔註15〕如〈鼠疫一夕談〉、〈赤痢淺說〉、〈霍亂預防法〉、〈肺癆病之警告十則〉、〈梅毒與家庭〉等。
〔註16〕如〈黑洛氏之無病長生法十則〉、〈卻病條件二十二條〉、〈傷生條件二十二條〉、〈衛生瑣談〉、〈大謬之衛生〉等。

面可以看出民國時期上海這座城市裏的民眾對這類知識的需求，另一方面，也反映出丁福保在通俗醫學衛生知識市場上的地位，以及他因廣泛的社會交往而與文化各界結成的良好人緣，由此可以想像出的是丁福保的讀者群體的擴大，從丁福保個人所著的醫書購買者擴展到這些期刊雜誌的閱讀者。如果說醫書的購買者多以慕丁氏之名的醫生、文人、學生為主的話，那麼這些期刊雜誌則使得許多或許並不知道丁福保的人也閱讀到他的文章。

民國時期丁福保的出版活動之所以發生這般變化，1916 年以後丁福保的譯書興趣轉移，專注於編輯出版佛學箋注及說文詁林書籍是重要原因，但從中亦可看出丁福保對二十世紀上半葉以來西醫知識的新發展的認知及態度的變化。

十九世紀是西方醫學獲得知識上突破進展的時代，實驗醫學建立起來，細菌學、免疫學、生理學和解剖學方面都有顯著的發現與進步。進入二十世紀上半葉，醫學在 X 光線、免疫學、內分泌學、維生素、化學治療等各門類的發展更為突飛猛進：X 射線由倫琴（Wilhelm Conad Rontgan, 1845～1923）在 1895 年發現，這種具有穿透能力的放射線迅速被外科採用，運用於內部器官的檢查，特別是肺結核病患上。而免疫學的誕生則是建立在十九世紀細菌學發展的基礎之上，眾多致病的病菌、病原體的發現推動了免疫學的研究，多種針對特別病菌、病原體的疫苗相繼研發問世。內分泌學的出現則與當時新發現的分泌激素荷爾蒙有關，人體內部的腦垂體、甲狀腺、腎上腺等內分泌器官通過分泌化學物質可以控制人體的新陳代謝。〔註 17〕對食物營養方面的研究的成就則表現在多種維生素及其不同功能的發現。如果說十九世紀的西方醫學知識上的突破都深受細菌論的控制和影響的話，進入二十世紀上半葉，內分泌學、維生素學、營養學的發展則表現出西方醫學對除細菌致病論之外人體對其他外部因素及內部因素相互作用影響的考慮和研究，這大大擴展了醫學對人體認知的領域，而這一切亦是建立在生物、物理、化學學科進步的基礎之上的。

丁福保對西醫的瞭解與評價：從 1914 到 1939 年

作為在晚清民初的中國，介紹西醫最為突出的代表，丁福保於 1914 年翻譯出版《西洋醫學史》一書，相信反映了他此時對西方醫學的瞭解程度。在

〔註 17〕卡斯蒂廖尼著，程之範主譯，《醫學史》，桂林：廣西師範大學出版社，2003。

這本書裏，丁福保以內科學史、外科學史將西醫發展史分爲上、下兩編。從希臘醫學開始，歷經中世紀醫學、近世醫學，以不同階段出現的著名醫家爲代表，敘述關於病理學、診斷學、治療學方面的歷史。外科學史相較內科學史而言則比較簡略。《西洋醫學史》是丁福保根據日本醫書譯述而來，內容基本反映了西方醫學發展到二十世紀初葉的歷史以及幾項重大進步，如解剖學及生理學的革新，病理學從體液論到傳染論到細菌學的變化，以及實驗醫學的開始，聽診法的應用，外科手術中麻醉法、X光線的技術等。只是丁福保將醫史學的問題分爲醫學的知識的歷史，醫家地位的歷史和疾病的歷史三類，全書並未涉及醫學教育這部分內容。此外，與現代醫學史中將醫學眞正進入科學時代定爲十九世紀不同的是，丁福保認爲，西方自文藝復興之後，醫學便入發達之徑，實際上與理論上，均有顯著之進步，已用科學來形容十六世紀之後的西方醫學。〔註18〕儘管全書基本上只做譯述，不做評論，但也可從字句中看出丁福保對西方醫學進步的認同。聯繫到西醫的發展史，直到二十世紀上半葉，西方生物醫學只是獲得知識上的突破，在治療疾病方面，顯得十分遜色。但1914年的丁福保，因知西醫有電氣理學、物理化學，診斷及治療技術的進步而對西醫治療內科的發展十分看好；又知血清療法、X光線技術而對西醫的外科治療亦十分有信心，這與二十多年後他對西醫西藥的態度形成鮮明對比。

1939年丁福保又作〈現代醫學之進展〉一文，在這篇文章中，他一方面感歎這三十年來西方醫學發展的日新月異。如醫學分科日益詳密，疾病亦更加細化，外科手術技術更爲成熟，愛克司光線、電氣療法等新的理學療法及無數化學新藥的新發明，醫學理論上則有細胞病理學的提出，細菌學的不斷進步，維他命說以及內分泌說的出現，此外還有各國公共衛生、預防疾病設施及醫學教育方面的進步等，這些都顯示出他對當時西醫各科發展的瞭解。但他同時也指出他所認爲的西方醫學發展的不足之處，最要者爲「現代之醫學偏於物質及理化學的療法，此係動物之醫學，而非人之醫學，對於人之主觀，決不稍加顧慮。」並認爲完全的醫學應注意對疾病的精神原因及由精神作用的治療法。〔註19〕而精神療法正是丁福保所認爲的保健衛生之法以及治

〔註18〕丁福保，《西洋醫學史》，北京：東方出版社，2007，頁5。
〔註19〕丁福保，〈現代醫學之進展〉，《疇隱居士七十自敘》，無錫：無錫史志辦，
　　　2009，頁51～52。

療肺癆病等一切慢性衰弱病症的關鍵。從 1914 年到 1939 年，丁福保雖然一直未有中止向國內介紹西醫知識的事業，但他對西醫的認識與評價卻有了前後態度上的變化，即從全面接受西方醫學到將西醫的知識理論與治療方法區分開來。

美國醫學家托馬斯（Lewis Thomos, 1913～1993）在他的著作《最年輕的科學》裏曾這樣記敘 1911 年的（西方）醫學：「那個年代的醫學文獻所強調的治病辦法：放血、拔火罐，拼命導瀉，用發庖的藥膏引起水皰，把人泡在冰水裏或燙人的熱水裏，把無數種的植物的成分煮起來，混起來⋯⋯當時常用的藥物所起的好作用，還不如壞作用的多，真正有療效的藥物爲數並不多。」而到 1933 年時，「生理學和生物化學變得複雜得多了。微生物學和免疫學改變了對一些重要傳染病病因的理解。（課上）教的是識別各種疾病，它們的分類，症狀，體徵，實驗室表現，以及怎樣做出正確的診斷。疾病的治療是課程中最不重要的部分，甚至幾乎被忽略掉了。」〔註 20〕與丁福保一樣，他也認爲西方醫學從 1911 年至 1933 年在治療方面是局限的。

如果說 1914 年正銳意新學的丁福保對西醫在治療方面其實療效有限選擇了視而不見的話，到 1939 年他已直視這一問題並提出自己的解決方法，即不依靠藥物的自然療法以及精神療法。這套方法建立在其多年對中西醫的見解之上，也融合了他自己在儒、道、佛方面的學術修養。對於民國時期生活在上海的大眾，面對中西兩種文化的影響，經過了由繁華的商業都市到抗戰時期的孤島到之後的完全淪陷的生活環境，丁氏的這套保健衛生法也有著相當的影響力與現實意義。

第二節　中西混雜的健壽法 —— 丁福保與大眾報刊中的健康衛生知識

在海派中醫陳存仁的回憶中，早在民國初年，丁福保在上海已經聲譽卓著，與衛生家伍廷芳齊名。〔註21〕而在海上「補白大王」鄭逸梅（1895～1992）的筆下，丁福保與其同鄉好友蔣維喬，並稱爲「海上二老」，因養生有一套自

〔註20〕〔美〕劉易斯・托馬斯（Lewis Thomas），周惠民等譯，《最年輕的科學：觀察醫學的札記》，青島：青島出版社，1996，頁 16。
〔註21〕陳存仁，《銀元時代生活史》，桂林：廣西師範大學出版社，2001，頁 18。

己的方法而成爲海上聞名的健康老人，〔註22〕每年馳書向其二人問詢修養方法者多不勝數。丁福保的好友吳稚暉說道：「我和丁仲祜先生相共了六十年，我們看他身體的怯弱，往往吃驚，嘴裏不好說，而心裏憂愁他決不是一個壽客。加之他治學處事的努力異乎常人，就是他研究醫術，治病的懇切，被他用藥物治好的身體怯弱之人，也就不少，那不是更消耗他的精神麼，何以他竟一點不走作。……到了六十歲後，身體倒反強健起來。」〔註23〕丁福保亦稱自己，「（身體）至四十歲時，果強欲三十歲，至五十歲時，又強於四十歲，至六十時，又強於五十歲。今年屆七十，而體力精神，益形頑健，比六十歲時，強壯多矣。」1943年，《申報》請正值六十九歲生辰的丁福保主持家庭周刊專欄，編者在刊首寫道，「丁福保先生著作宏富，有功學術，全係得力於健康生活。今先生於古稀之年暑之時，爲本報家庭執事，文中論列人生觀健康生活個點，均係發抒心得極有價值之作，殊足爲社會各界鍛鍊身體造成美滿家庭之借鏡。」〔註24〕可見丁福保在傳播個人健康知識方面的威望已超出其個人交際圈之外，並通過書籍及大眾報刊的方式向社會更大範圍傳播。

丁福保自幼身體孱弱，一直深受病患之苦，因而從少年時代便開始對中西健康衛生之道頗爲關注，他曾在著作中寫道，「無論吾人所追求者爲財色，爲權勢，抑爲理想，均先需要身體之強健，若身體不強健，則一切計劃，將成虛設，故強健實爲人生首先需要之事。」〔註25〕在閱讀中西健康衛生之法及自己的身體力行中，丁氏逐漸發展出一套自己的健壽法。

對於如何使自己身體變得強健，丁福保稱自己改造身體孱弱，採用的是「安靜，日光，空氣，運動，深呼吸及菜蔬水果牛乳等各種療養法，又用凝神於玄關一竅之靜坐法及改造命運法等，其後病體果愈」。〔註26〕丁福保對於自己發展出的保健養生的方法體系，主張利用日光、空氣、水等自然條件，通過注意飲食、鍛練、心理、起居甚至個人修養各個方面，而非服用藥物達到保健衛生。這套方法從內容上來說是混雜性的，不僅綜合了中西醫學文

〔註22〕 鄭逸梅，〈蔣維喬，丁福保的長壽比賽〉，《鄭逸梅選集》第六卷，哈爾濱：黑龍江人民出版社，2001，頁281。

〔註23〕 吳稚暉，〈民眾新醫學叢書吳序〉，丁福保，《民眾新醫學叢書》，上海：醫學書局，1947年再版，頁3～4。

〔註24〕 《申報》，1943年6月3日，第二張第三版。

〔註25〕 丁福保，《怎樣調理使你的身體健壯》，上海：醫學書局，1941，頁2。

〔註26〕 丁福保，〈健壽講座緣起〉，《申報》1943年2月20日第七版。

化，亦有儒、道、釋文化的影響，是丁福保學識修養的綜合；它注重實用性，有傳統文人的養生之道的影響，也是現代社會家庭青年的普及醫藥衛生知識，在民國時期漸漸開始關注個人健康生活的上海讀者市場中有一定影響力。然而這套健壽法，並不是一蹴而就形成的，自有其從晚清到民國三、四十年間的三段發展歷程。

丁福保的「保健衛生法」的發展歷程

丁福保對衛生保健之道的探索可追溯到晚清，起初是來源於歐美日本東西洋生理衛生書籍，並在此後的數十年間經過其個人的實踐和改造，將其中國化，本土化，最後成為自成體系的丁氏健康長壽法。此方法不僅以文字著述的形式在大眾期刊報章雜誌中流傳，丁福保還發起「健壽法研究社」，以此作為醫治一切慢性病，治療身體虛弱及終年多病者的療法，使之成為一項專門的事業。

關於丁福保的衛生之道，雷祥麟曾稱之為一種「另類的中國式衛生」：既強調微生物的知識，批評中醫解剖知識的誤謬，接受西方身心分立的架構，卻又強調心對身的多種影響，藉以肯定中國衛生古義與治心的衛生價值，最後更企圖在新興的腦和神經科學中尋找能支持這些中醫知識的衛生機制。在他看來，丁福保的衛生既不屬於中國也不屬於西方，而是一個新的混種。〔註27〕雷祥麟的分析可謂精闢，但僅是依據丁福保 1900 年編寫的首部書稿《衛生學問答》所做出的推斷，而丁福保從青年之時一直到晚年都在不斷探索衛生之道，其間他的經歷和修養也不斷在重塑其對「衛生」的看法，大致可以分為晚清、民初及民國三十年代之後三個階段。丁福保在大部分時候都將衛生視為個人保養身體，改造身體之道，只是在衛生之法上雜糅各家各說，既有中西醫學衛生思想，又有儒道佛養生觀念，也因此深受大眾歡迎，他本人最後也成為滬上聞名的「健壽專家」。

在十九世紀末到二十世紀初期的晚清社會，隨著新開辦的新式學堂對新學教科書的需求，圖書市場上也相應湧現出為數不少的生理衛生學類書籍。根據張仲民的統計，晚清出版的普通生理衛生書籍約有 110 種之多。〔註28〕「這約

〔註27〕雷祥麟，〈衛生為何不是保衛生命？民國時期另類的衛生、自我與疾病〉，頁29～30。

〔註28〕張仲民，《晚清衛生書籍的文化史》，上海：上海世紀出版集團，2008，頁114。

百種書主要是中小學堂的教科用書或教員講義，也有一些普及性的讀物與衛生法規，……這些書籍多是譯自日本與歐美，也有部分中國人自著或編著的書籍，絕大部分都是在當時中國的出版中心上海出版。」〔註29〕丁福保也是在此時加入到編譯生理衛生教科書的大軍中，這時候他所出版的作品，如《衛生學問答》（1901）、《蒙學衛生教科書》（1903）、《生理衛生教科書》（1909）、《高等小學生理衛生教科書》（1909）以及《實驗衛生學講本》（1909）等，都是一些衛生知識普及類的譯著或編著，作爲當時新式學堂小學生及中學生生理衛生課的教科書或者是教員講義使用。大概因爲圖書質量較高，銷路甚廣，除前文中提到的《衛生學問答》，到1911年增訂到第19版之外，初版於1903年的《蒙學衛生教科書》至1906年已重印至13版，售書廣告上稱「至1911年已銷售至十萬部，爲南北各學堂通行課本」。從這些書籍中可以看出丁福保早期的衛生觀。

　　與當時市面上眾多的生理衛生學類書籍一樣，丁福保所出版的這些作品亦都是譯自歐美與日本，但不同的是丁福保在吸收原作大部分內容的基礎上又融合自己對衛生的見解，形成新的衛生讀本，既不同於中國傳統的養生之道〔註30〕，也不能將其完全歸類於近代西方和日本的衛生思想。

　　丁福保此時將衛生視爲「養生，講求保養身體之法」〔註31〕，衛生學則是「研究人體康健之規則者」〔註32〕。至於「衛生之法」，丁福保在他編著的《生理衛生教科書》中強調要兼顧身心的保養：既要注意飲食、空氣、日光、運動等對身體外部的影響，也包括不能使用腦力過度，心不爲外界紛擾所憂煩，保持平淡之心境等對身體內部，即心的影響。〔註33〕這是丁福保在其所接觸的東西洋醫學衛生書籍之上形成的綜合見解，同時，也有傳統儒、道養生的影響因素。其中，對空氣、水、飲食、日光、體操的觀念，如「房屋高爽，飲食清潔，空氣多吸，日光多得，腸胃空虛，皮膚潔淨，煙酒遠避，體

〔註29〕同上，頁121。
〔註30〕中國傳統養生法可見《黃帝内經》中關注飲食、起居的治未病之說，如愼飲食，不妄作勞，起居有度，順四時而適寒暑等。後又與道教思想關係甚密，都是個人的養生，要點有呼吸法，食事法，修身法如導引，氣功等，房中術等。
〔註31〕丁福保，《衛生學問答》，上海：文明書局，1908年11版，頁1。
〔註32〕丁福保，《蒙學衛生教科書》，上海：文明書局，1906。
〔註33〕見丁福保，《蒙學衛生教科書》，上海：文明書局，1906。

操勤習，早睡早起」〔註34〕，主要來自於日本近代的生理衛生知識書〔註35〕，而強調心的養生，則與他早年閱讀的當時幾部流行的中西衛生書籍有關，包括鄭觀應的《中外衛生要旨》（1890），美國烏特亨立（Henry Wood）所著，傅蘭雅所譯《治心免病法》（1896）以及英國吉蘭肥勒著，趙元益所譯《保全生命論》（1901）等，這幾部書籍都於對衛生的討論中論及到身心關係在其中的作用。如鄭觀應在《中外衛生要旨》中表達的是一種融合道家養生與近代西方衛生法的思想，「人必慎心以吸淨氣，……每日宜按時行動，即因事操勞過度，亦可免心力之苦。」談到衛生之法時又強調不可使用腦力過度，「凡須多費思索者，不可永久弗止，因腦過勞則弱甚至全爲變壞。」〔註36〕而《保全生命論》中則受十八世紀西方機器醫學論的影響，將人的身體視爲能自行自保的機器，若過於操心，就會有害於身，進而生病。因此人不可憂慮太過，若人常憂慮，則生命變爲廢物。〔註37〕至於心對身體的重要作用，則可見於傅蘭雅所譯的美國心理醫生烏特亨利的著作《治心免病法》。書中主張，通過病的不存在的信念進行心理治療，心是身的主宰，欲治身必先治心。從中反映出早年的丁福保的衛生觀，與其說是受到十七到十九世紀歐美日本醫藥衛生思想的影響，不如說是受到這些來自東、西洋的西方衛生思想在經過中國文人如趙元益、鄭觀應的翻譯及理解之後，與傳統的儒、道養生觀融合下的新型衛生觀。

當時的生理衛生學書籍多翻譯自日本，日本明治時期的強國強種性質的衛生觀念也因此帶入中國，如廣智書局出版的《衛生工事新論》中便說，「一國之強弱專視乎種族，而種族之盛衰端賴於衛生，故衛生之事於國家爲最重要者也。」〔註38〕除了受德國醫學社會進化論的影響而形成的種族衛生之

〔註34〕 丁福保，《蒙學衛生教科書》，上海：文明書局，1906。

〔註35〕 從日本十九世紀末到二十世紀初出版的生理衛生學類書籍來看，大多將衛生學定義爲「談論吾人保護健康，預防疾病方法的學問」，首先要熟知人體的生理的機能，同時還有涉及到吾人生活的諸般外界物質，如空氣、水、土壤等萬般現象全部加以研究。見橫手千代之助著《衛生學講義》（南光堂支店，1911），石川日出鶴丸著，《石川生理衛生教科書》（富山房，1915），這也是丁福保所編著的衛生學教科書的主要內容。而日本重視空氣、水，處所等的衛生思想則也和西方醫學有關。如希波克拉底全集中便有作品，《論空氣、水和處所》。

〔註36〕 丁福保，《少年進德錄》，無錫丁氏藏版，頁101～103。

〔註37〕 古蘭肥勒，《保全生命論》，江南製造局，1901。

〔註38〕 張仲民，《晚清衛生書籍的文化史》，上海：上海世紀出版集團，2008，頁

外，根據劉士永對近代健康和衛生的研究，他認爲，1895 年以前日本的健康論與衛生學，均受到西方醫學尤其是英國和德國醫學很深的影響。在病因論上吸收了瘴氣說、霍亂菌之水媒論以及細菌論等。健康論中預防重於治療，而衛生學裏則有著國家干預這樣的特質。〔註39〕但丁福保寫衛生書籍並沒有特別突出衛生與種族、國家之間的關係，對於近代衛生觀念中的公眾衛生概念，即國家、政府在保護公民健康中所承擔的責任這方面亦沒有著重強調，他表達得更多的仍是衛生對個人身體的意義，偶而與批評傳統中醫的生理臟腑知識相連，目的在於普及西醫生理衛生學知識。此時的丁福保對西醫知識持開放和贊許態度，不止全盤接受，對於中醫典籍則不僅極少提及，且給予了不少批評意見，如在《衛生學問答》中，丁福保對於中醫經典《黃帝內經》，認爲是僞作，書中矛盾者甚多。〔註40〕而《神農本草經》亦爲僞書，「每謂久服輕身益壽等語，皆術士之臆說也。」五運六氣之說亦不可信，而「西人醫書於致病之由，則實能洞見。」〔註41〕丁福保所編著的這些書籍，雖針對的讀者對象爲學堂學生，同時也融會了他對中西醫學及衛生思想的瞭解，與個人的修身養性問題相連，因而也在文人士紳階層中流傳。如清廷官員有泰〔註42〕、孫寶瑄〔註43〕（1874～1924）等在日記中都曾提到過丁福保所編寫的《衛生學問答》。〔註44〕

第二階段爲民國初年，此時的丁福保仍然將衛生的含義與個人健康保護相連，在他所撰寫的〈學校健康之保護緒言〉中，進一步解釋衛生的意義：「衛生云者，悉去其妨害健康之事，保護其軀體之健康，使之自然發育而達於完全強壯之目的也，研究此衛生之學問且解釋其關係之所在者，是名衛生學。欲求健康必講衛生法，而衛生之最要者在保護各器官之作用，除全其天然之

106。
〔註39〕 劉士永，〈清潔、衛生與保健——日治時期臺灣社會公共衛生觀念之轉變〉，《臺灣史研究》第八卷第一期，2001 年六月，頁 49。
〔註40〕 丁福保，《衛生學問答》，上海：文明書局，1908 年 11 版，頁 160～161。
〔註41〕 丁福保，《衛生學問答》，上海：文明書局，1908 年 11 版，頁 166。
〔註42〕 有泰，蒙古正黃旗，1902 年至 1906 年任清政府駐藏辦事大臣。
〔註43〕 孫寶瑄，浙江錢塘人。出生官宦之家，其父、其兄均任過政府要職。他自己亦曾先後在清政府工部、郵傳部、大理院等處任職，能詩能文，藏書頗豐，對西學亦有興趣。
〔註44〕 《有泰駐藏日記》，孫寶瑄，《忘山廬日記》，上海：上海古籍出版社，2002，頁 481、482。

勝利其失當之障害。」〔註 45〕但在衛生之法上他形成了戒食肉類的觀點，這與他所處的社會交往圈密切相關。

　　清末民初之際，丁福保加入由伍廷芳發起的聚集眾多滬上名流的慎食衛生會。作為以政法方面的活動聞名的外交家伍廷芳，因年少體弱，為強健身體，對衛生也頗有研究，並多發表關於個人衛生、養生心得的文章於丁福保創辦的以普及大眾醫學智識為宗旨的《中西醫學報》上〔註 46〕，對其影響頗大。伍廷芳認為的衛生之道目的在於強健身體，延長人壽，需要考慮的包括天氣，太陽，水以及食物這一切與人生活有關的元素。其中，飲食一環最為重要，飲食不節，尤其是食用肉類，是造成疾病的主因。「考中外之人，皆喜食肉飲酒，以為酒肉足以補身，殊不知酒肉祇能提神，提神之後即化為毒物。近世衛生學家謂地上所生之植物，受日光長成者，食之最能補身。」〔註 47〕伍廷芳認為肉食傷身的原因主要包括肉食重滯，難於消化，不利於腸胃的流通，而且動物染病者多，多不潔，食肉易得動物傳染病，會造成人體血管的窒塞以致致病。〔註 48〕在伍廷芳從清政府卸任退居上海期間，除發起慎食衛生會之外，還創設慎食衛生館，推廣素食，在他的大力提倡下，滬上一時開啟了素食的風氣。

　　伍廷芳接受西方教育，精通西方律法，入清廷為仕，對中學亦頗有瞭解，李鴻章曾讚其「恂恂有儒士風雅」。〔註 49〕而他的衛生之學，亦是來自於他所接觸的中西醫學衛生思想：「就平日之所知，貢俚言之易解，或徵中外前哲之書，或採泰西新獲之理，或從博士討論而得其真相，或自醫家領悟而究其實情，且非身歷其境而不驗厥功效者，不敢筆之於書。」〔註 50〕雖然肉類因富含蛋白質而在當時多被認為是滋養之物，如傅蘭雅所譯的《化學衛生論》中就說道，「食糧之外，肉最養身。英國等人多以牛肉與饅頭為食物之本，每食必具。」〔註 51〕杜亞泉的譯作《食物之養生法》中也將肉類看作滋補物。

〔註45〕《中西醫學報》1911 年九月第 18 期，頁 1～2。
〔註46〕《中西醫學報》上刊登的伍廷芳的文章及著作有〈伍廷芳之養生術〉、〈衛生新法攝要〉及〈延壽新法〉等。
〔註47〕伍廷芳，〈衛生新法攝要〉，《中西醫學報》1910 年十二月第 9 期，頁 1。
〔註48〕伍廷芳，〈延壽新法〉，《中西醫學報》1914 年十月第 3 期，頁 6～7。
〔註49〕李鴻章，〈覆沈幼丹制軍〉，《李鴻章全集》，長春：時代出版社，1998，頁 3703。
〔註50〕伍廷芳，〈延壽新法〉，《中西醫學報》1914 年八月第 1 期。
〔註51〕傅蘭雅，《化學衛生論》，《格致匯編》（1878 年正月），頁 375。

但在中西醫學養生文化中也不乏主張素食的傳統。如十九世紀北美正流行的替代醫學思想，認為治療應該從自身著手，透過意志力和生活模式的改變，建議回歸自然的生活，包括素食、禁欲、節制，放棄像茶與煙之類的刺激品。〔註52〕1877年的《格致彙編》中刊登了〈西國忌齋會〉一文，提到西方所存在這種素食健康思想，「西國有人以為喫葷有害於身體與性情故常忌葷而僅喫素，數國內有此等人立成一會，其會內之人數亦不少，間有隨時出新聞紙內有論喫素之益與喫葷之弊者最為詳細。又論某地某人身體軟弱，多年有病，皆因喫葷所致，後改而喫素則病立退身體漸強等語。」〔註53〕伍廷芳曾於1896年被任命為出使美國、西班牙、秘魯公使，1907年又再次出任駐美國、墨西哥、秘魯等國公使，因此很可能受到此種思潮的影響而提倡戒除肉食，有益衛生。而明代集中國養生大成的《遵生八箋》裏，在談及日常養生原則時，對於飲食方面，也強調要「尚淡薄」：「人於日用養生，務尚淡薄，勿令生我者害我，俾五味得為五內賊，是得養生之道矣。」〔註54〕又云，「若遠方珍品，絕壑野味，恐其所食多毒，一時尚珍，其於人之臟腑宜忌，又未可曉。悅口充腸，何貴於此？」〔註55〕不過伍廷芳之所以以素食為衛生信念，不止因中西醫學思想中本身所存在的素食潮流，也因素食所代表的戒奢侈，尚簡樸的新生活風氣是他希望在晚清民初的中國中上階層社會中所提倡的。

在伍廷芳的影響下，丁福保開始了食素，戒除肉類的習慣，把它看作是十分重要的衛生之法。「伍廷芳先生反對食動物，提倡素食。余始而疑之，繼而信之，終則奉行不輟。」〔註56〕並在伍廷芳論述的基礎上對此做更詳細的解釋：「考人類之齒牙及體質，當斷為穀食動物，今以穀食及肉食比較之，肉食者血液濁，易罹熱病；穀食者血液清，富抵抗力，體魄雄厚。肉食者神經遲鈍，穀食者腦力敏捷，肉食者嗜慾濃，穀食者嗜慾淡，肉食者持久力缺乏，穀食者持久力富。肉食者發達早而衰老亦早，穀食者則凡是。」〔註57〕但他對素食有進一步的認識與瞭解，還要到1930年代西醫營養學說的發明之後。

〔註52〕《劍橋插圖醫學史》，臺北：如果出版社，2008，頁94。
〔註53〕〈西國忌齋會〉，《格致彙編1877年十二月》，頁167～168。
〔註54〕〔明〕高濂，《遵生八箋》，北京：人民衛生出版社，2007，頁325。
〔註55〕〔明〕高濂，《遵生八箋》，北京：人民衛生出版社，2007，頁291。
〔註56〕丁福保，《疇隱居士七十自敘》，無錫：無錫史志辦，2009，頁108。
〔註57〕伍廷芳，〈衛生新法攝要〉，《中西醫學報》1910年十二月第9期，頁1。

除了伍廷芳之外，俞鳳賓〔註58〕（1884～1930）、謝洪賚〔註59〕（1873～1916）、杜亞泉〔註60〕（1872～1934）這些大眾西醫著述學者也在丁福保主編的《中西醫學報》上刊登了不少關注大眾衛生健康的醫學科普文章。而丁福保自己亦有發表如〈卻病條件二十二條〉、〈傷生條件二十二條〉、〈衛生瑣談〉、〈大謬之衛生〉的著述。此時丁氏已經由之前的完全翻譯轉為部份翻譯，部份自撰。如在〈卻病條件二十二條〉一文中，丁福保便歸納了自己所總結的冷水摩擦法，深呼吸法，食有定時，戒肉類煙酒，多運動走路，居處通風，以及多讀書，節嗜欲等保健之法。然而丁福保此階段所總結的衛生保養方法原創之處並不多，大多是對已有著述的概括與總結。

到了民國三、四十年代，年事漸高的丁福保於多年身體力行之中，對健康養生之道有了更多的體會，把它認作不止是關於個人自身起居飲食的養生方法，也涉及到對各種常見病症知識，人生各階段如幼兒、青壯年及老年的生活常識以及公共環境衛生等的瞭解，這便是丁福保最後所形成的衛生保健法。他認為衛生學應當不是一門專門學問，而是一種全社會都該通曉的醫學普及知識：「夫良好之衛生習慣，應從一身推及一家，由一家而推及鄰舍，由鄰舍而推及全體社會，使天下人皆家喻戶曉其功效始大。如衹成為一種專門學問，其效果必微乎其微。」〔註61〕受此影響，他出版的著書和文章亦多

〔註58〕俞鳳賓，字慶恩，江蘇太倉人。1907 年畢業於上海聖約翰醫學院，後自費赴美留學獲得博士學位，1915 年回國開業行醫。1923 年任聖約翰大學醫科教授，曾主持中華醫學會並主編《中華醫學雜誌》。對中醫態度友好，反對廢止中醫。在《中西醫學報》上發表的著述有〈嬰兒保育法〉、〈肺癆病之原因及預防法〉、〈俞鳳賓博士卻病格言〉、〈飲食法之改良〉、〈拒毒與衛生〉、〈飲食與衛生〉等。

〔註59〕謝洪賚，浙江慈溪人。1892 年畢業於蘇州博習書院，1895 年任上海中西書院教習，教授物理、化學同時，幫助商務印書館編譯各科教科書，並為上海各雜誌寫稿，包括《中西醫學報》，大都是根據外國報刊摘譯，如〈美國醫學界之新流派〉、〈瑣習與衛生室礙說〉、〈學生衛生譚〉、〈論心思與體魄之關係〉、〈說飢〉等。1904 年後全力投入基督教青年會的工作，任總幹事和出版部主任。因患肺病根據自身經歷著有《免癆神方》，流傳甚廣，亦登載於《中西醫學報》上。

〔註60〕杜亞泉，原名煒孫，浙江會稽人。1894 年肄業於浙江崇文書院，通日文，算學，理化各科。1900 年至上海創辦亞泉學館，出版《亞泉雜誌》，提倡科學。1903 年任商務編譯所博物理化部主任，編輯的教科書不下百餘種。1911～1920 年主編《東方雜誌》，在中西醫學報上發表的文章有〈食物養生法〉。

〔註61〕丁福保，《衛生延年術》，上海：醫學書局，1941，頁 6。

以大眾實用爲目的。如 1930 年代在新生活運動中出版的《民眾新醫學叢書》〔註62〕和《健康生活叢書》〔註63〕中的大部份內容都可歸於與個人健康衛生有關的醫學科普知識，以及 1940 年代以「虹橋療養院叢書」名義出版的一系列關於飲食與健康的書籍，如《食物與早老》（1939）、《食物療病法》（1939）、《食物最經濟法》（1941）、到《衛生延年術》（1940）、《怎樣調理使你的身體更健壯》（1941）、《怎樣創造我的健康生活：五十年著述生活紀念》（1942）等也是如此。至於丁氏在其他報章雜誌上發表的健康養生類的文章，更多不勝數〔註64〕。此外還有眾多關於健康飲食的文章〔註65〕發表，針對城市市民個人養生及家庭飲食健康需要。但丁福保在他的出版物中所宣傳的衛生依然並不具備近代國家公眾衛生的含義，在他於 1940 年代出版的著作《衛生延年術》中可看出，衛生的目的與傳統養生意義上的延年益壽與防未病相連，只是在內容上包含了各種現代西醫學知識。

　　1940 年代，有人在報紙上發表文章，介紹海上知名健康老人丁福保的日常生活，健康經驗，內容如下：

　　　　一，先生黎明即起，晚九時即睡，午後小睡片刻，日以爲常；二，每日早晚行深呼吸及柔軟體操；三，天晴時有日光時，必行日光浴；四，晝夜開窗，暢通空氣；五，終年冷水洗面擦身；六，四十以後，摒絕肉食，全以蔬果養生。七，不吸煙，不飲酒，絕無一切不良嗜好；八，早晚灌腸各一次，清除腸中積糞，篤信絕無自家

〔註62〕《民眾新醫學叢書》的內容是介紹醫學各科中與大眾生活相關的普通知識（內含生命一夕談，胎生學一夕談，胎產衛生一夕談，兒科一夕談，沙眼一夕談，齒科衛生一夕談，胃腸病一夕談，性病一夕談，結核病一夕談，日光浴一夕談等）。

〔註63〕《健康生活叢書》的內容是以個人飲食起居和疾病常識爲主（內容分爲衛生學大綱、科學實驗最眞確之健康食物目次、醫學碎金三部份）。

〔註64〕試舉幾例如下：〈最簡單之健康長壽法〉（《大眾醫學月刊》1933 年第 1 期）、〈養生之道：病中養生法〉（《大眾醫學月刊》1933 年第 2 期）、〈救濟農民之衛生法〉（《河南教育月刊》1933 年第 12 期）、〈健康保壽法〉（《第二代叢刊》1944 年第 1 期）、〈健康長壽術〉（《現代周報》1945 年第 1 期）、〈美意延年術〉（《大眾》1945 年第 32 期）、〈全身健康法〉（《語林》1945 年第 3 期）等。

〔註65〕如〈飲酒是否有益〉《永安月刊》（1948 年第 111 期）、〈從飲食熱量談到吃酒〉（《文友》1944 年第 2 卷第 10 期）、〈食品中毒〉（《永安月刊》1944 年第 60 期）、〈夏季之果實〉（《大聲》1933 年第 15 期）、〈改良食米運動〉（《大聲》1933 年第 18 期）等。其中有一大部分內容是丁福保所編書籍的選段。

中毒之患。九，著書作事，俱有節制。十，心平氣和，從不發怒。

〔註66〕

從這裏可以看出，丁福保所養成的生活習慣如飲食療養、空氣療養，精神修養，節欲，禁酒禁煙，日光浴，冷水浴和灌腸法等，是對以往自己所接觸瞭解的中西衛生之法的吸收與雜糅，對身心修養皆有考慮。但在學理的解釋方面丁氏折衷古今，既引中國古人先賢之語，又參最新西洋醫學之理，加證以自身之實驗，以吸引最大範圍內的讀者。而此時的丁福保亦從起初的銳意新學到對西方現代醫學及衛生學說有所反思，有了自己的調整。丁福保的「衛生」是源自於西方衛生而填補以中國衛生古義（包括儒、釋、道養生在內）的混種。

從文人的養生到現代的衛生健康：丁福保最後形成的「保健衛生之法」的要點

如前所述，丁福保的保健衛生之法覆蓋個人的起居飲食，身心健康，綜合了中西衛生之法，建立在醫學理論及儒、道、釋養生文化基礎之上，內容十分豐富。但值得注意的有兩點，一是他提倡素食及主食食用糙米，另一點是他主張利用如日光、空氣等自然條件及精神修養法而非通過藥物來保持健康。這兩點融合了丁氏多年來的個人衛生理論及實踐，亦是將丁福保的保健衛生法與其他區分開來的特色，使其成爲民國時期上海享譽一時的保健衛生專家。

丁福保養成素食習慣，提倡戒除肉類，素食衛生是在 1911 年前後受到伍廷芳的影響而成，此後他又不斷地進行補充，形成內容豐富的適合大眾的飲食療養法，包括爲何要重視飲食療養，何爲健康的飲食，以及具體烹飪方法及飲食菜單等。在學理的闡釋上丁氏注意糅合古今中西學說，是傳統文人的養生之道（非道家玄學的煉丹長生），亦是符合現代科學學說的醫學科普知識，以使各層次的中國大眾都能夠接受。何爲健康之飲食？在食物的選擇上，除了禁食肉類，多食蔬菜水果豆類等外，丁福保還力主以糙米代替白米，這些不單單是出於衛生營養上的考慮，也有宗教教義及經濟因素的作用。

白米爲中國南方居民的主食，而肉類是中國的傳統食物，厚味肥甘是美食的象徵，早在《詩經》中的《伐檀》一篇便有句，「彼君子兮，不素餐兮」。

〔註66〕黃肇平，〈丁先生的健康生活〉，《申報》1943 年 8 月 3 日。

直到近代，在有錢人的餐桌上，也一般以吃肉類、精緻過的白米爲主。在西醫及西方一般醫學觀點看來，肉食因富含蛋白質，而被認爲是營養豐富的滋養物，在許多西醫書籍中也認爲是對患肺癆病等身體虛弱之人大有功用。如杜亞泉所譯《食物養生法》，介紹榮養療法，提到要「多食肉類」〔註67〕。丁福保早期所譯的《肺癆病預防法》中，論及欲預防肺癆病，滋補之食物便不可闕，「早餐宜饅頭魚肉或雞蛋牛乳咖啡等，上午九十點鐘時宜牛乳或牛肉湯。午餐中宜用鮮魚與雞肉、鮮菜、牛乳、藕粉、已煮之水果，並淡酒少許。下午五點鐘宜牛乳、茶或雞蛋。」〔註68〕肉類食物在食譜中佔據大半。但在民國之後，丁福保受伍廷芳的影響開始改變對肉食的看法，在1930年代以後又增加主張以食用糙米代替白米。

肉類爲營養物的觀念有西方科學的分析爲證，爲了扭轉這一既定認識，丁福保亦採用了科學分析的方法，分別從營養學和生理學的角度來解釋戒食白米和肉類反而能得健康之原因。他分析白米爲精緻過的食品，主要成份祇有熱量較少的碳水化合物，缺乏脂肪和蛋白質，而糙米則爲一完全食品，所含之有機性無機性輔助榮養素大致完備。〔註69〕肉類則含蛋白質太多，缺乏各種維他命和礦物質。因此食用肉類和白米並不能提供人體需要之完全營養。而從生理學角度而言，只食白飯和肉類會造成腎臟之負擔，並引發食物中毒。

> 太多之脂肪與蛋白質及澱粉碘，常停滯於腸中而發酵腐敗，產生有害之毒質，其毒質能通過腸壁，被吸收於血液中，成爲慢性中毒。……又有一部分過多之蛋白質，已經消化而吸入血中，須由腎臟排洩而出之，白米飯及各種肉類，皆爲酸性食品，加以遲睡過勞，憂鬱恐懼，縱慾過度等，皆能令血液中生過量之酸質，亦須由腎臟排洩而出之，又常年食肉，因此而吃下過量之食鹽，及身內之種種老廢物，又須由腎臟排洩而出之，故腎臟爲濾清血液之總機關，在一日一夜廿四小時內，須濾清血液三十加侖左右，以排洩其中過多之蛋白質，酸質，食鹽及各種老廢物，……久之則腎臟之機能衰弱……故多食動物之人，使腎臟日夜疲乏，擔任過度之排洩工作者，

〔註67〕《東方雜誌》1911年第八卷第2號，頁19。
〔註68〕丁福保，《肺癆病預防法》，上海：文明書局，1908，頁30～31。
〔註69〕丁福保，《食物與早老》，上海：醫學書局，1939，頁5。

皆不享高年也,而享高年者,多在飲食淡薄之菜食家。〔註70〕

除了在消化與營養方面,素食與糙米更勝一籌外,食用糙米還有另一好處,便是可預防當時的流行病腳氣病。丁福保早在 1910 年便注意到腳氣病原因爲食用之米引起,提議患者「暫廢米食,以麵包或麥飯代之」。〔註71〕 1925 年腳氣病的病因終被確定與缺乏維生素 B1 有關,因而有因食用研磨過精緻的白米引發腳氣病之說。1928 年中國的醫學期刊上刊登的關於腳氣病的文章寫道,「腳氣病爲食品中缺少一種生命要素(Vitamin)所致。凡食白米之區,如中國日本南洋群島等處,流行甚盛。何則?蓋粗米外層,含此要素。存之可免神經系發炎,而消此病。倘米磨擦過細,外層全脫,雖潔白可愛,然生命要素實隨糟糠而去。久專食之,未有不生腳氣病者。」〔註72〕此時他繼續以此作爲勸人改食糙米之理由。

丁福保以西方最新營養學、生理學知識分析食素之原因,又引用佛經中的《楞伽經》云,「食肉之人,斷大慈種,我觀眾生,輪迴六道,迭爲父母六親眷屬,更相口噉肉,無非親者,常生害心,增長苦業,流轉生死,不得出離。」〔註73〕以佛教教義中的不殺生而勸導大眾食素,並配以伍廷芳及他自己的個人親身經驗,以增強對大眾的信服力。

除了在學理上的分析之外,丁福保還發表了《食物最經濟法》以及〈蔬菜之二分間煮法〉、〈改良食米運動〉、〈夏季之果實〉這樣涉及烹飪煮食辦法的文章來更好的指導大眾的實際飲食辦法,如他在 1941 年出版的《食物最經濟法》中以經濟狀況的不同劃分不同飲食:

> 在無產階級,則每早可向豆腐店買新鮮豆腐渣一兩碗(腐敗者不可吃),加油鹽炒食,即爲飯菜。因米太貴,每日可將山芋、青菜和入數成,(大約爲三與七之比)若防久吃生厭,每隔一二日則以南瓜和之,又以洋山芋和之,又以浸好之大豆和之,和麥及糠與玉蜀亦佳,其之樣料較米優。……中產階級之食物,盡可以白米飯爲主食品,飯內不必和以山芋洋山芋南瓜等副食品,從普通風俗之習慣。此外每晨加食蛋二枚,生番茄四枚,豆腐漿一碗,午後再食香蕉四

〔註70〕 丁福保,《食物與早老》,上海:醫學書局,1939,頁38。
〔註71〕 丁福保,《腳氣病之原因及治法》,上海:醫學書局,1910,頁4。
〔註72〕 賴斗岩,〈腳氣病〉,《醫學周刊集》,1928年第一卷,頁139。
〔註73〕 丁福保,《保壽法》,北京:中央刻經院,1944,頁1。

枚，他種水果若干枚，或將大豆製成種種食品而食之。……有產階
級之食品，盡可以與中產階級相同，僅添飲牛乳一磅，白塔油一塊
及葡萄橘子等各種水果多量而已。〔註74〕

　　鑒於中國北方食品的主要部分為小麥麵粉，丁福保的飲食療養法針對的
對象其實主要是南方的城市居民。他雖自己力禁白米與肉類，但並不要求大
眾在飲食中完全禁絕此類食物，而是從不同階層的富貧情況，習慣飲食出發
來制定食譜，以便大眾能夠更好的接受。

　　丁福保於 1911 年前後形成素食衛生的習慣，到 1930 年代之後向大眾提
倡食用糙米豆類更有營養，這套飲食療養法的出現，背後不止是有中西衛生
學理知識、宗教教義的支持，也與社會經濟環境因素相關。1911 年前後正值
滿清民國政權更替之際，社會正提倡一種新的社會風氣以求與晚清時區分開
來。戒食肉類也與戒奢侈之風聯繫，成為新的道德上的要求。因此當時出現
的不少團體，如慎食衛生會、進德會等都以戒除肉食為會員守則之一。而糙
米比起白米來有經濟上的優勢，尤其是在孤島時期陷於米荒之中的上海租
界，調整飲食結構不止是個人衛生上、榮養上的考慮，更重要的也許是為社
會經濟環境所迫。

　　以商業為最重要產業的上海，食米一向依仗周邊城市，特別是江蘇與浙
江省巾的供給。但自 1937 年抗戰開始之後，上海租界淪為孤島，周邊交通要
道都為日軍所控制，只能仰仗越南西貢或泰國的米來輔助。但孤島內人口卻
因四方鉅賈豪富及逃難民眾的湧入而數量倍增，由此而來的是對食物需求的
增長。加之一般投機者的囤積居奇使得食米短缺的情況更為嚴重，米價高昂，
由戰前的十一元一石，上漲至百元外，再高漲到 1945 年的偽幣五十八萬元一
石。〔註75〕丁福保在其著作中曾多次提到食用糙米的經濟意義：對於普通家
庭而言，改食糙米，每月可節省「至從前三分之一」，「向來經濟拮据之家，
祗由改吃糙米，一變而為寬裕而且健康之家庭。」〔註76〕對於全國而言，「假
如全國皆改食糙米，因此而節省之糧食，必為數可觀。年年進口之巨額洋米，
必因此而大減，無形中增加國力不少。」〔註77〕而當時的大眾期刊，編者在

〔註74〕丁福保，《食物最經濟法》，上海：醫學書局，1941，頁 3～4。
〔註75〕屠詩聘主編，《上海春秋》，香港：中國圖書編譯館，1968，頁 91。
〔註76〕丁福保，《健康生活叢書》，上海：醫學書局，1933，頁 18。
〔註77〕丁福保，《食物與早老》，上海：醫學書局，1939，頁 4～5。

刊登丁氏提倡食用糙米的建議之時也認爲這是時代形勢所需，「就目前的米價高漲，生活程度極高的時機，他（丁福保）提倡一個新的營養運動，主張貧苦的人家可以吃豆腐渣和糠，認爲這和身體不獨沒有妨礙，並且有益處。至於中等人家，他勸人家可以用黃豆和米混合的吃。」〔註78〕丁福保從健康養生的角度，提倡大眾少食白米與肉類，多食其他價廉食品，並提供多種飲食方法，無疑也是針對當時上海租界內白米昂貴的社會經濟狀況的。

　　梅嘉樂（Barbara Mittler）在分析《申報》作爲一份由英商創辦的中文報紙進入中國上海並獲得成功時言，「爲了生存，外國風格的中文報紙爲其所建構的一群特定的群體寫作，透過討論他們的所需和迎合他們的價值觀。」〔註79〕《申報》的編輯者如此，丁福保在向大眾傳播他的保健長壽法時亦有相似的考量：他的保健方法，提倡不依靠藥物，而是通過日光、冷水、空氣、營養、休息等自然條件及精神作用法來治癒疾病以及強身健體，其中大部分內容如冷水浴、日光浴以及空氣浴都源自於近代歐美日本的自然療法中的內容。〔註80〕但在學理的解釋和具體做法上他考慮到包括文人、學生、家庭、病人在內的不同讀者的需求，憑借自己在儒學、佛學、道學以及中西醫學方面的修養，將古今中西衛生之說法熔爲一爐。丁福保在他的書籍及文章中採取的具體的做法是，從中國經史子集古籍中爲這些源於西方的衛生法找出其同樣適用於中國人身體的歷史依據。如對於空氣療養法，他分別引用來自《莊子》、《漢書》及《神農經》的引文來旁證：「莊子曰吹噓呼吸，吐故納新，《漢書·王吉傳》曰吸新吐故以練臟（臟五臟也），《神農經》曰食元氣者，地不能理，天不能殺……」。〔註81〕日光浴則追溯到其在中國歷史中的最早出現的記錄，「《列子·楊朱篇》曰宋國有田，夫自曝於日，顧謂其妻曰，日負日志

〔註78〕俞恰成，〈當代醫宗訓詁專家：丁福保先生家庭訪問記〉，《健康家庭》1940年第10卷第10期，頁10。

〔註79〕Barbara Mittler, A newspaper for China, Cambridge, Mass.: Harvard University Asia Center: Harvard University Press, c2004. p.247.

〔註80〕如蓋倫六條健康法：食物和飲料，睡眠和散步，空氣，運動和休息，熱情一直爲歐洲醫學家認爲是維持健康之法。Shang-Jen Li, "Eating well in China: Diet and Hygiene in Nineteenth-Century Treaty Ports", in Angela Ki Che Leung and Charlotte Furth. edited, Health and hygiene in Chinese East Asia : policies and publics in the long twentieth century, Durham 〔N.C.〕: Duke University Press, 2010. p.109

〔註81〕丁福保，《民眾新醫學叢書》，上海：醫學書局，頁2～3。

暄，人莫知者，以獻吾君，將有重賞。」﹝註82﹞灌腸法則有「《抱朴子》曰，欲得長生，腸中當清，欲得不死，腸中無滓。」﹝註83﹞而冷水浴古籍中亦有記載，如「《宋史》載呼延贊性怪誕，常以冷水沃其子，謂可令筋骨強健。以及晉葛稚川《肘後備急方》，治傷寒時氣溫病方內有一方，云冷水漬青布以掩之等」。﹝註84﹞

在利用日光、空氣、冷水等自然條件使身體強健的同時，丁福保也十分強調精神修養法，這也是丁福保認爲自己能夠對抗肺癆病並扭轉自己身體屢弱狀況的關鍵。在養病期間，他領悟到精神的重要力量，是克服疾病的關鍵：

> 病魔能使余性情顛倒，和平變爲激烈，歡悅變爲悲傷，引病症日趨於嚴重，於是振作精神，力與病魔反抗，變激烈爲和平，變悲傷爲歡悅，苦悶煩惱一切屏除，無論何事，皆抱樂觀。由是胃納日增，漸能酣睡，惟四肢仍無力如故。一日晨起，用全副精神專注於兩腳心，一堅決之命令辭，使氣力從腳底心生出，在俄頃之間，兩腳即鑒定有力，再以此法用於兩手，手亦有力，開始下床學立時，權利搖動不定，亦以精神力，命其不許搖動，果能即見大效，於是始知精神萬能，區區擊退病魔無足異也。﹝註85﹞

丁福保認爲精神作用力可助戰勝疾病，提出精神對於身體健康所起到的作用超出於醫藥之上，其來源可追溯到中國古代養生文化，是其多年來儒學、佛學以及道學修養的體現。無論是道家，還是佛家，在其經典文獻中都十分強調精神的作用，並將人的精神看作是比身體更爲重要的部分，只是道家用的是「神」、「氣」的概念，而佛學裏面有的則是「心」以及「名（受、想、行、識四蘊）」的概念。

道教文獻中於個人養生、修煉中強調養氣（精神）的重要性的論述比比皆是：如「《太平經》曰養生之道，安身養氣不欲喜怒也，人無憂故自壽也。」，「文子曰太上養神，其次養形，神清意平，百節皆寧，養生之本也，肥肌膚，充腹腸，開嗜欲，養生之末也。」﹝註86﹞受此影響，明清養生書籍中也多有

﹝註82﹞ 丁福保，《疇隱居士七十自敘》，無錫：無錫史志辦公室，2009，頁122。
﹝註83﹞ 丁福保，《保壽法》，北京：中央刻經院，1944，頁11。
﹝註84﹞ 丁福保，《疇隱居士七十自敘》，無錫：無錫史志辦公室，2009，頁144。
﹝註85﹞ 丁福保，《用科學改造中年後之命運法》，上海：醫學書局，1941，頁5。
﹝註86﹞ 李昉，《太平御覽卷第六百六十八‧道部十》，《秘書集成3》，北京：團結出版社，1994，頁377，頁400。

此種思想，如明代《養生膚語》中言保身衛生之術，要點是「自身有病自心知，身病還將心自醫。心境靜時身亦靜，心生還是病生時」。「卻病之術，有行功一法，虛病宜存想收斂，固秘心志，內守之工夫以補之。實病宜按摩導引，吸努掐攝，外發之工夫以散之，凡熱病宜吐故納新，口出鼻入以涼之。冷病宜存氣閉息，用意生火以溫之，此四法可爲治病捷徑，勝服草木金石之藥遠矣。」〔註 87〕這裏便提到了以養心、按摩、呼吸這樣的替代藥物療法來治療疾病。而在佛陀的眾多別名之中，有「大醫王」一名，可反映出佛教與醫學的緊密關係。佛教身體觀中固然有要拋開對肉體的關心的一面，但也強調身體與心的統一。即「以精神克服身體的問題，用身體克服精神問題」。〔註 88〕佛理中有許多激勵人「破除我執，制御意志」的論述，梁啓超曾對此解釋道，「凡夫被目前小欲束縛住，失卻自由，佛則有一絕對無限的大欲在前，懸以爲目標，教人努力往前募進。所以勇猛、精進、不退轉一類話，佛常不離口。」〔註 89〕丁福保中年之後開始研究佛學，對佛教經典教義有很深造詣，他的精神修養法，主張利用人的強大的意志力來戰勝疾病，應該受佛教教義的影響頗大，也兼少許有西醫衛生學說及傳統養生文化的影響。

道家養生講求內修，同時也講求煉丹以達延年益壽的效果，受煉丹術的影響，片面依靠藥物，希望藉此延年卻病和轉弱爲強，在中國社會尤其是上層人士中根深蒂固。〔註 90〕民國時期在商業消費文化的影響下，各種所謂的中西補藥都大投廣告，在上海十分暢銷，著名的有艾蘿補腦汁、百齡機藥片、人造自來血等，都十分暢銷。丁福保所講的精神修養法來治癒疾病，卻是通過發揮人的自愈能力而非服用所謂的補藥，表明他對當時流行的藥物治病養生文化的疏離。丁福保在學醫之時逐漸體會到，「疾病有非醫藥所能爲力而必死者，約居百分之五。又有病雖重篤，遇名醫則生，遇庸醫則死，其生死全繫於醫藥者，亦居百分之五。此外之病，大抵皆能自愈，不必服藥者約居百分之九十。」〔註 91〕也就是大多數疾病都不必服藥而能自愈。此後他更強調精神對於人體的重要作用，認爲西方醫藥正正忽視了這一重要力量，這是它的局限性所在：

〔註87〕〔明〕陳繼儒，《養生膚語》，《秘書集成 3》，北京：團結出版社，1994，頁 663。

〔註88〕江支地譯，日本花園大學佛學特別講座，《禪與漢方醫學》，臺北：立緒文化事業有限公司，1996，頁 141。

〔註89〕梁啓超，《佛學研究十八篇》，南京：江蘇文藝出版社，2008，頁 71。

〔註90〕朱晟，何端生，《中藥簡史》，臺北：世潮出版有限公司，2007，頁 397。

〔註91〕丁福保，〈學醫筆記〉，《中西醫學報》1914 年十一月第 4 期。

> 　　今所傳治病方法，但知用藥品食餌，又或利用日光空氣等，間
> 用海水溫泉浴，要全以人為肉體一物質，諸種療法若無效時，則惟
> 有待死而已，委諸天命無如何也。但吾人身體，決非僅由科學上所
> 謂元素物質而成，乃由精神靈妙動作而生活者也。肉體有病，但知
> 用物質之末，以肉體為本位而治療，其不能收完全效果亦固其所。
> 〔註92〕

　　近代西方醫學的發展雖取得日新月異的發展，獲得種種知識和技術上的突破，但都是以病症為研究之中心，特效藥物、高科技變得越來越重要，本來作為主體的人卻越來越退居次位。對於現代醫學發展帶來的醫生與病人關係的轉變，美國醫學家托馬斯在其回憶錄中亦寫到，「醫生是些應用科學家，只關心手頭的疾病，而不把患者看成一個人、一個整體的人。……他們（醫生）受訓練的方式和他們行醫的方式，已經和非人化成了同義詞。歷史悠久的醫療藝術已經丟失，已經被忘懷了。」〔註93〕近代西醫進入中國並佔據主導地位，靠的亦是其背後強大的技術及背後的科學理論優勢。起初銳意新學，大力鼓吹並接受西醫知識的丁福保到後來卻對西學有了另一種見解，他依然積極吸收西方醫學的最新研究成果如營養學、內分泌學說等，但同時也強調人的主體作用和以現代物理、化學科學為依託的現代醫學的局限性，他認為人的精神作用自有其奇妙而難以用科學解釋之處，並與疾病聯繫甚密。

　　丁福保的友人周然〔註94〕（1893～1967）在為丁氏著作《衛生延年術》做序時曾如此評價丁氏的衛生學說，「其凡其採說，皆擷最新科學之實驗而有確據者，遍及歐美各專家之名著，再溯源於中外古代精理之流傳，取材宏博可驚，而要歸之於能實踐，適合國人環境，而立可效行。」〔註95〕這大概可以解釋到丁福保的健壽法能夠超越以往的文人養生法，獲得各類現代讀者認可的原因。在深呼吸法、冷水浴、日光浴、灌腸法、精神修養法等的解釋上，丁福保引經據典，利用儒釋道之說，中西合璧，為西方衛生之法找出適用於中國人身體的歷史根據。如對於歐美日本的衛生學說，空氣療法（深呼吸法）、

〔註92〕丁福保，《疇隱居士七十自敘》，無錫：無錫史志辦公室，2009，頁 125。
〔註93〕〔美〕劉易斯・托馬斯（Lewis Thomas），周惠民等譯，《最年輕的科學：觀察醫學的札記》，青島：青島出版社，1996，頁 64。
〔註94〕周然，又名南陔，貴州貴陽人。早年加入同盟會，曾任國民政府交通部交際部代部長、吳淞要塞少將外交官、湖北省立文科大學教授、上海文史館館員等。
〔註95〕丁福保，《衛生延年術敘》，上海：醫學書局，1941，頁 5。

冷水浴、日光浴，灌腸法等丁福保都一一爲其在中國的經史子集古籍中找到了中國人曾提及或是用及過的記錄。另一方面，他也不再全盤接受所謂科學的東西洋醫學衛生知識，而是反思西醫所講的衛生之法是否適用，又如何適用於中國實際大眾，以及所謂的科學西醫自身的不足之處。如對於運動，丁福保認爲應分年齡選擇合適之運動，他以自己所讀過的西人所著的體操書籍中選取且有經驗而以爲最佳的「德人山都氏之體操法」。但認爲這種運動只適合用至四十歲爲止，過四十歲，則以走路爲最佳之全身運動，惟不可過度，中年後做事不可過分吃力，宜時時休息以調節之，老年做事尤宜休息。〔註96〕再如病人所使用之藥物，考慮到經濟因素，丁福保特意以廉價植物藥推薦給大眾：「近又以藥價日昂，凡中下等人一旦患虛弱症，無力購買補藥，此最可悲之事，因日夜苦思，欲於植物中覓其多而價廉者，以爲療治之品，久之得棉花根，每日煎服半斤，連服一月，能使食量增加，精神充足，又有強壯心臟之力，能退腳腫及顏面浮腫，又能使血液循環佳良。」〔註97〕

丁福保爲儒生出身，到二十八歲才開始接觸新學，他所有的西醫修養都是從其翻譯的日本醫書中而來。中年後的丁福保攜儒入釋，沉浸於佛學研究多年，他在自己編著的《佛學大辭典》一書的自序中也寫道，「余平生無他是好，獨於古人之典籍，如種宿緣，積書都十餘萬卷，耽耽癖嗜，朝斯夕斯者二十餘年。」〔註98〕這可以很好的解釋到他最終所形成的健壽法爲何呈現出如此混雜的狀態，是西方醫學影響下的衛生之術，但也可以從中看出傳統的文人養生法以及道家、佛學的影響。這看似與其積極吸收介紹最新西方醫學成果的宣傳者身份有所矛盾，但也恰恰合乎當時的社會文化心態，正正如同其身處的上海租界這個地方一般，雖爲有意建設爲世界大都會，一眼看去似爲中國現代化、西化之代表，但放眼再望卻是爲廣大的中國社會、文化所包圍的一個小小的孤島。因之不可避免地受到來自中西兩種文化的影響。也正如李歐梵所言，上海的現代性不是傳統與現代的對立，而是現代中包含著傳統。〔註99〕

〔註96〕丁福保，《用科學來改造中年後之命運法》，上海：醫學書局，1941，頁19。

〔註97〕丁福保，《用科學來改造中年後之命運法》，上海：醫學書局，1941，頁8～9。

〔註98〕丁福保，《佛學大辭典（卷首）》，臺北：新文豐出版公司，1985，頁5。

〔註99〕李歐梵，毛尖譯，《上海摩登：一種新都市文化在中國1930～1945》，香港：牛津大學出版社，2006。

再如據黃克武的推斷，民國上海都市社會中大致有三類對疾病成因的看法，第一類型完全採取中醫的陰陽五行論，而不接受西醫的看法；第二類型純採西醫的理論，而視陰陽五行，濕熱、虛虧等說法為無稽之談；第三類型則為相容並蓄型，同時接受中醫與西醫的理論，某些疾病採取中醫的解釋，某些疾病則接受西醫的看法……在民初上海持第二、三類看法的人似乎越來越多。〔註100〕這亦從讀者群體這一方面解釋了丁福保最終形成的這種混雜的健康保健法之原因。

第三節 「科學中醫」與《國藥新聲》

丁福保對於自己創辦的《中西醫學報》，只出任主編到 1916 年，此後的報務活動都交予其子及其弟子，他將更多的時間投於佛學、國學的研究之中，直到 1939 年，丁福保以擔任一所藥廠創辦的醫藥刊物《國藥新聲》主編的身份，重新活躍在中醫界。但與清末時候他創辦中西醫學研究會，發行《中西醫學報》，旨在「養成國人醫事衛生智識」不同的是，《國藥新聲》卻是一份由新亞藥廠出資創辦，旨在向中醫群體推廣國產新藥的刊物。從這份刊物中，可以看到的是丁福保對於中醫日後發展道路——「中醫科學化」的觀點的支持，以及從晚清到民國年間，中醫群體對西醫知識的更進一步的吸收。

民國以來的中西醫論爭及「中醫科學化」觀點的出現

民國成立以來，隨著西醫力量的日益增大並通過掌握政府資源對中醫加以抨擊和限制，中西醫日漸成為兩股對立的勢力，論爭激烈。趙洪鈞先生的《近代中西醫論爭史》一書曾經對這段歷史有過較全面的回顧與討論。民國初年北洋政府頒佈《新學制條例》中，將中醫藥排除在醫學教育系統之外，引起中醫界的抗議。上海中醫余伯陶等聯合各省中醫藥界人士進京請願，拉開了中西醫學對抗的序幕。1916 年西醫余雲岫發表《靈素商兌》，批判中醫經典《靈樞》《素問》乃故弄玄虛，不合科學，抨擊的層面涉及到中醫的陰陽五行，五臟六腑，臟腑生理，經脈絡脈，病理診斷等各個方面，其後他又發表了大批文章，提議廢止中醫或廢醫存藥，影響頗大。1922 年中醫惲鐵樵著《群

〔註100〕黃克武，〈從申報醫療廣告看民初上海的醫療文化與社會生活，1912～1926〉，《中央研究院近代史研究所集刊》，第 17 期下冊（1988 年 12 月），頁 171。

經見智錄》，對《內經》中的陰陽、五行、六氣等理論做合理化闡釋，正面回應余雲岫之前的批判。1929 年余雲岫又在第一屆中央衛生委員會工作會議上遞交《廢止舊醫以掃除醫事衛生之障礙案》，將中醫存廢問題從學理的討論上升到政府立法的層面中，這在報章上披露後引發中醫界請願抗爭，學理回擊的軒然大波。此後中西醫雙方筆戰不斷，參與西醫除余雲岫之外，還有龐京周〔註 101〕（1897～1966），胡定安〔註 102〕（1898～1965），汪企張〔註 103〕（1885～1955）等人，參與中醫則有楊則民〔註 104〕（1893～1948）、陸淵雷〔註 105〕（1894～1955）、陸士諤〔註 106〕（1878～1944）等人，直至抗戰爆發。〔註 107〕

因醫藥與生活的關聯密切，而中西醫之爭又與知識分子所倡導的科學、進步與腐敗、落後的變革相關，討論中西醫問題的不止是醫界內中西醫生，不少文人、政客，以及學校教員、學生等也捲入其中。如傅斯年在 1934 年發表的〈所謂國醫問題〉中，將中醫等同於中國人的劣根性加以抨擊：「中國現在最可恥最可恨的最可使人氣短的，不是匪患，不是外患，而應是所謂西醫中醫之爭。……只有中醫西醫之爭，真把中國人的劣根性暴露得無所不至！到今天還在那裏爭著中醫西醫，豈不使全世界人覺得中國人另是人類之一

〔註101〕龐京周，江蘇吳江人。入學德國同濟醫工專門學校，畢業後在上海開業，1935年赴歐美考察醫學，經漢堡大學醫學院院長特授博士學位。歷任上海醫師公會副主席，中國紅十字會秘書長。著作有《上海近十年來醫藥鳥瞰》等。

〔註102〕胡定安，浙江吳興人。1919 年畢業於浙江醫藥專門學校，1924 年入德國柏林大學醫科獲得博士學位，1928 年回國歷任國民黨中央黨部及軍事委員會醫務主任，第一、二屆中央衛生委員會委員，南京市衛生局長等職，1935 年刊行《胡定安醫事言論集》，攻擊中醫。

〔註103〕汪企張，1904 年留學於日本大阪府立高等醫學校，1911 年畢業。著有《二十年來中國醫事芻議》，於 1925 年與余雲岫、龐京周等發起成立上海醫師公會，創辦《社會醫報》《醫藥評論》等刊物，發表廢止中醫的言論。

〔註104〕楊則民，又名寄玄，字潛庵，浙江諸暨人。執教於浙江中醫專門學校，代表作有《內經之哲學的檢討》（1933），回應余雲岫的《靈素商兌》。

〔註105〕陸淵雷，江蘇川沙縣人。為惲鐵樵之學生。1929 年參與創辦上海國醫學院，力主國醫科學化。為中西醫論戰中維護中醫參與筆戰之干將，1928～1937 年間在《醫界春秋》、《中國醫學月刊》等中醫刊物中刊布眾多文章。

〔註106〕陸士諤，上海青浦人。1898 年至上海行醫，為上海名醫，刪改內經，推崇傷寒。與余雲岫等在上海報紙上展開論爭。精於醫，亦負文名，出版有小說多部。

〔註107〕此段中西醫論戰的歷史可參見趙洪鈞，《近代中西醫論爭史》，合肥：安徽科學技術出版社。

種，辦了四十年的學校不能脫離這個中世紀的階段，豈不使人覺得前途仍是枉然！」〔註108〕而上海由於聚集眾多中西醫生，醫生團體及醫藥刊物，成為論戰發生的主要地點。如廢止中醫派的中堅力量：余雲岫發起的上海醫師公會便於 1925 年成立於上海西醫界；而為抗議廢止中醫案而召開的全國醫藥團體代表大會亦是舉行於上海。

在中西醫論戰越來越激烈之際，曾經首先在晚清醫界抨擊中醫腐敗，提倡醫界改良的丁福保卻在此時保持了沉默，而是作為健康衛生知識專家，在報章雜誌上貢獻最多的只是關於保健衛生知識的文章，並未捲入中西醫論戰之中。他在此階段的活動，一是被國醫館館長焦易堂〔註109〕（1880～1950）聘為該館的編審委員會委員，二是與友人發起中西醫藥研究社，可從側面反映出他對於中西醫之爭的態度。

中西醫藥研究社發起籌備於 1932 年，正式成立於 1935 年，正值中西醫酣戰之際。發起者與社員中，既有西醫出身的宋大仁，萬友竹，也有醫學校學生如江晦鳴〔註110〕（1913～1985），中醫張贊臣〔註111〕（1904～1993）、譚次仲、范行準〔註112〕（1906～1998）等，政治人物如褚民誼等。丁福保為發起人並任委員，他的弟子沈乾一也參與其中。該社成立後，擬定將推進中國醫學的任務分為兩個步驟，一是「介紹歐西新醫學說」，二是「研究中國以往醫學經驗」，將中醫本草及驗方予以科學的整理，使中醫稱為科學醫，〔註113〕是一個在醫學學術上較為激進，傾向西醫的學術研究團體。

中西醫藥研究社於 1936 年發起「中醫科學化論戰」的徵文，從此次徵文活動的結果可以看出，「中醫科學化」，即用科學方法整理中醫，雖然在當時

〔註108〕傅孟眞，〈所謂國醫〉，《獨立評論》1934 年第 9 期，頁 99。
〔註109〕焦易堂，名希孟，陝西武功縣人。清末秀才，後入中國公學大學部法律科。跟隨孫中山加入同盟會，在南京政府長期任立法委員。1931 年中央國醫館成立後任館長，曾多次提出關於中醫醫政提案，1935 年《中醫條例》得以公佈，承認中醫及中醫學校的合法地位。主張要以科學方法改進中國醫藥。
〔註110〕江晦鳴，安徽旌德人。1937 年畢業於東南醫學院。後任安徽醫科大學醫學史副教授。
〔註111〕張贊臣，江蘇武進人。家傳世醫，精內、外、婦、兒、五官各科。入讀上海中醫專門學校，畢業後行醫滬上。創辦主編中醫刊物《醫界春秋》。
〔註112〕范行準，字天磐，浙江湯溪人，醫史學家。1932 年畢業於上海國醫學院，曾任上海國醫評論社，上海中西醫藥研究社總編輯。在醫學通史，醫學家，古代東西方醫藥學交流史，疾病史等方面都有力作。
〔註113〕〈本社宣言〉，《中西醫藥》1935 年八月第一卷第 1 期，頁 2。

的中醫界風靡一時〔註114〕，但對於如何實行卻毫無章法，存在頗多爭議。中西醫藥研究社將當時的討論意見分爲三類，第一類爲「中醫不必科學化」，代表人物多爲正統中醫，如湖南中醫曾覺叟、江蘇中醫宋愛人〔註115〕（1897～1963）等，他們大多認爲中醫學，不論是五行氣化理論還是經驗藥方都有其本身的價值與科學，無需要通過仿照西醫才能實現科學化。第二類爲「中醫可以科學化」。代表有中醫陸淵雷、譚次仲，葉橘泉等，也有一直對中醫藥感興趣的政界人物陳果夫。他們雖都承認中西醫學各有長短，但對中醫該如何科學化並沒有統一的觀點，最主要的分歧表現在如何對待中醫理論方面。如陳果夫、陸淵雷、譚次仲對中醫陰陽氣化理論仍有贊同之處，而激進一些的中醫如葉橘泉則認爲中醫若欲走進科學的正軌，除虛、實、寒、熱、表、裏之外，須把生理，病理，藥理等一切都宗近世學說，對於全部舊說，只可不留戀的把牠拋棄。〔註116〕而第三類爲「中醫不可科學化」，多以西醫爲代表，如余雲岫、范守淵、江晦鳴，宋大仁等，他們承認國產藥物的功效，但對於中醫陰陽五行氣化理論則完全排斥，斥之爲「落伍的玄學舊醫」。〔註117〕

丁福保的弟子沈乾一在此時也發表了自己的觀點，他認爲，醫學的真正基礎在於生物學、解剖學、醫化學、藥物學等科學，而中醫的基礎陰陽五行生剋的說理則是荒謬荒誕，與科學背道而馳的。「中醫全部的精華，都集在他一部分的經驗上，其他各部分，便都是他的糟粕。」〔註118〕沈氏跟隨丁福保習醫多年，翻譯多部日本醫書，如《肺癆病學》（1930），《肺結核之人工氣胸

〔註114〕自二十世紀二三十年代以來中西醫論戰的高漲，新出版的中醫書籍都無可避免要標榜其現代中醫的特色，以擺脫西醫的攻訐，吸引購書者的興趣。如陳存仁主編的《中國藥學大辭典》的宣傳詞是「用科學方法整理醫藥空前巨著」。張贊初的《中國診斷學綱要》的宣傳詞則是「用科學方法整理中藥學之唯一巨著」，而俞慎初主編的《現代醫藥》則打出「現代唯一科學化之讀物」的廣告。見《醫界春秋》1934 年 10 月 15 日第 94 期、1935 年 6 月 15 日第 102 期書尾廣告。

〔註115〕宋愛人，江蘇吳江縣人。家傳世醫，擅治傷寒時病及雜病調理，行醫蘇州，曾任中央國醫館理事。1955 年後任南京中醫學院教授，著有中醫醫案及學術著作多部。

〔註116〕葉橘泉，〈國醫藥科學化的謬見〉，《中西醫藥》1936 年第二卷第 2 期，頁156。

〔註117〕范守淵，〈中國舊醫藥的科學化問題〉，《中西醫藥》1936 年第二卷第 3 期，頁 32。

〔註118〕沈乾一，〈中醫興廢的我見〉，《中西醫藥》1936 年第二卷第 3 期，頁 35。

法》（1932），《漢藥神效方》（1929）等，也編寫過中醫普及讀物如《中醫淺說》（1931）。他此時發表的觀點屬於激進的新中醫派，相信也有受到其師丁福保的影響。

而丁福保自己，則遲至 1939 年他被聘爲上海新亞藥廠出資發行的刊物《國藥新聲》（1939～1944）的主編時，在這份面對中醫界，意在推廣該廠國產新藥的刊物上，丁福保才公開表達了自己對於中醫日後發展方向，即「中醫科學化」的支持。但他所認爲的「中醫科學化」未必是所有中醫可以接受的科學化之路，此時距離其上一次在《醫學報》上公開發表此方面的言論已相距近四十年。

丁福保與新藥雜誌《國藥新聲》

《國藥新聲》由上海新亞藥廠出資印刷，該藥廠是少數在抗戰時期得以發展擴大的中國企業之一，職工一度達到近千人，並在北京、重慶、香港等地開設分廠，資金和銷量及銷售網路都比戰前擴大許多。到抗戰結束之時，新亞藥廠已成爲擁有資本十億元，以新亞製藥廠爲核心，並且擴展到醫藥、出版、製紙、染紡、銀行、保險和房地產在內的新亞企業集團。〔註119〕新亞的成功，戰爭時期交通梗塞，歐美西藥輸入困難，而戰事又因傷亡而產生對藥品的迫切需求是一方面原因，而其領導人許冠群的經營策略更是關鍵。高家龍（Sherman Cochran）曾將其策略的成功分爲三個階段：戰爭前夕的經營；戰爭初期與日本及中國政府的協商；以及戰時使用科學來實現商業的擴展及文化的影響力。〔註120〕新亞藥廠生產的是國產西藥以及中西醫結合藥物，十分重視藥品的推銷和廣告。爲了推廣其藥品，新亞藥廠從 1930 年代開始便出版醫藥健康雜誌，如 1932 年面對會使用西藥的中國醫生發行《新醫藥刊》，並免費贈送給醫生；1936 年向大眾發行醫藥衛生通俗雜誌《健康家庭》；1939 年針對使用中藥的中國醫生發行《國藥新聲》，將國產新藥推銷到中醫群體之中。這些雜誌雖是新亞藥廠出資出版，但又非僅僅是介紹藥廠藥品的宣傳小冊，而是聘用專業人士擔任主編，注重刊登文章的學術性，在醫藥文化界亦有影響力。

《國藥新聲》作爲新亞藥廠經營策略中的一環，意在借宣傳科學與中藥

〔註119〕Sherman Cochran, Chinese medicine men: consumer culture in China and Southeast Asia, Cambridge, Mass.: Harvard University Press, 2006.

〔註120〕Sherman Cochran, Chinese medicine men: consumer culture in China and Southeast Asia, Cambridge, Mass.: Harvard University Press, 2006. p.90.

的相容性向中醫推銷新亞藥廠的國產新藥。藥商要中醫給病人開藥使用西藥看似有些矛盾而難以想像，而許冠群希望通過這份期刊說服中醫，「新亞的藥品是建立在一種既可當中藥使用，也可作西藥使用的科學基礎之上」的。〔註121〕因此《國藥新聲》被定位於宣傳現代科學與傳統中醫藥不是互相排斥，而是可以結合的以及化解西醫進入中國以來日益激烈的中西醫之爭。正如它的創刊號上的一篇文章所言，「醫藥原來無所謂國醫國藥與西醫西藥，更無所謂舊醫舊藥與新醫新藥，這些含著門戶色彩，狹義的名稱，最好徹底廢除。所以我們倘使要振興我國的醫藥，應以擁護眞理，袪除成見爲原則，……想法將國醫與西醫合爲一體」。〔註122〕按照前文討論中所論及的，民國以來，儘管有如傅斯年、余雲岫這樣的精英知識分子極力抨擊中醫爲腐化舊醫，廢止中醫之聲不絕，但在實際市場上，中醫中藥仍佔有優勢。根據統計，民國十六至二十二年上海中醫師有 4,681 人，西醫師有 596 人，〔註123〕中醫人數遠遠超過西醫人數，在上海之外的城市鄉村，西醫數量則更爲稀少。而相比起西藥藥房，中藥鋪數量也依舊佔優勢。據西醫龐京周的敘述，「以上海市而論，每一個熱鬧胡同口，止少有一家國藥鋪和一家當鋪。」〔註124〕由此反映出的是社會心理對中醫中藥的信賴。即使是廢止中醫派的領袖余雲岫，也不得不承認本草藥物的功效：「研究國產藥物，對於古人經高之陳跡，決不能輕視，往往可於其中得最良之導線。」〔註125〕因此作爲國產新藥商人的許冠群要打開他的藥廠所生產的新藥的銷路，就必須獲得中醫師們的支持。

而丁福保就在這種情況下，被聘爲該刊物的主編。從現有資料來看，丁福保與新亞藥廠並無商業上的聯繫，他之所以與這份刊物產生聯繫，應該與他和新亞藥廠的創辦人許冠群的私人交往有關〔註126〕。而就丁氏在中西醫界的資歷和威望來看，他也無疑是編輯這份刊物最合適的人選。傳統文人出身的丁氏，最先大規模地向中國大眾翻譯介紹西醫知識，在清末被稱爲「改良

〔註121〕Sherman Cochran, Chinese medicine men: consumer culture in China and Southeast Asia, Cambridge, Mass. : Harvard University Press, 2006. p.110.
〔註122〕華汝成，〈國醫和國藥之檢討〉，《國藥新聲》1939 年四月第 1 期，頁 11。
〔註123〕上海市政府秘書處編，上海市政概要（上海：上海市政府秘書處，民國 23 年），第 7 章「衛生」，頁 6。
〔註124〕龐京周，〈上海近十年來醫藥鳥瞰〉，上海：中國科學公司，1933。頁 5。
〔註125〕〈我國醫學革命之破壞與建設〉，《中西醫藥》1936 年第二卷第 3 期，頁 15。
〔註126〕有「路路通」之稱的許冠群在抗戰時期的上海與當時的工商業領袖聞蘭亭、林康侯、袁履登等都交往甚密，而他們也是上海佛教居士，因此與丁福保相識。

醫學的先鋒」，同時在佛學、國學、詩文、訓詁、古泉學方面都造詣頗深，最重要的是他在中西醫界都頗受尊重。如中醫陸淵雷在攻擊西醫之時便將丁福保作爲中醫的朋友而認可。「平心而論，西醫也有西醫的好處，何嘗可以一概抹煞。就像丁福保是留學日本的前輩，他的學問很淵博，奴隸派西醫沒一個比得上他。他對於中醫學也有相當瞭解，也常用中藥方來治病。」〔註127〕同時，這份刊物亦反映了民國二、三十年代中醫科學化運動中醫群體對西醫知識的吸收以及由此帶來的中醫的轉變，「科學化」對中醫的含義爲何？是採用西醫的理論方法，還是使用西醫醫用器械，甚至使用西藥及國產新藥？

據該刊編輯部的解釋，《國藥新聲》刊名中的「藥」有藥治之意，包括整個的醫理和藥理；「國」字則指其與中國國故的聯繫。「國藥」的範圍則超出傳統的本草藥物之外。該刊的宣傳詞爲「中西學說兼收並蓄，並介紹各種國產良藥，以謀國醫國藥之漸進於科學化，爲國醫界不可多得之讀物。」欲「利用科學整理國故」。〔註128〕由此可以看出此刊理念與中醫科學化運動的相承關係。

期刊起初設定爲月刊，每月一期，後改爲三月一期。定價低廉，每期印製兩千至四千冊，一部分免費贈送給醫生，一部分對外發行。在裝訂上採用傳統的線裝書形式，每期內容分爲四部分：言論（主要爲研究國醫國藥科學化文章）、專著（大部分爲丁福保的著作連載以及各藥學學者貢獻的對中藥藥物的研究）、新藥介紹及文藝。主要作者爲丁福保和其他中醫著述家如黃勞逸〔註129〕、范行準，葉勁秋〔註130〕（1900～1955）等，也有一些之前在新亞藥廠發行的西醫刊物《新醫藥刊》常刊登文章的西醫著述家，如章詩賓〔註131〕、

〔註127〕陸淵雷，〈西醫界之奴隸派〉，《醫界春秋》1928年第5、6期，轉引自趙洪鈞，《近代中西醫論爭史》，頁134。

〔註128〕〈答客問〉，《國藥新聲》第2冊，1939年五月，頁28～29。

〔註129〕黃勞逸，生卒年不詳，以研究中藥爲名。曾任教浙江中醫專科學校、上海中國醫學院教授醫藥學。提倡以科學研究中藥保存國粹，頗得丁福保贊同，著作《新中藥》（1930）由醫學書局爲其出版。

〔註130〕葉勁秋，上海中醫專科學校畢業，滬上懸壺，兼任上海中國醫學院教授，擅針灸，著述醫論頗豐，有《中醫基礎學》、《臨證直覺診斷學》、《中藥問題》、《傷寒論啓秘》、《仲景學說之分析》、《針灸述要》、《花柳病治療學》、《灸法自療學》、《現代名醫驗案》及《不藥療法驗案》等。

〔註131〕章詩賓，生卒年不詳，爲民國時期上海知名西醫著述家，著作有《兒童疾病問答》（1934）《西藥問答》（1935），另在期刊《醫藥評論》、《新醫藥刊》上發表文章多篇。

莊旭人等。刊登文章的大部分內容都與中醫中藥的中西溝通有關，如丁福保的譯作，〈國醫補習科講義〉、〈衰老之原因及預防〉、〈內分泌病學〉，向中醫介紹最新的西醫基本知識；又如藥理學家黃勞逸所進行的科學中藥的研究，再如醫史學家范行準的藥物研究著作，〈漢唐以來外藥輸入的歷史與外藥之國藥化〉、〈中國古代迷信的藥物〉。後期也出現了一些實用大眾西醫醫學知識介紹。如〈維他命〉、〈戒煙指南〉、〈食物中毒〉、〈近視眼〉等文章，反映出主編丁福保對通俗醫學知識的看重。

從《國藥新聲》歷期刊登的文章內容來看，它所傳達的用科學來整理國故，即中國醫藥很大程度上表現為對中藥的化學研究，刊登了對麻黃、烏頭、石青、大黃、肉桂、檳榔、鈎吻、萬年青、蟾酥等中藥藥物的所謂「科學整理成果」。包括藥物的中西藥名，產地與栽培，形態與組織，有效成份之化學分析、以及對有效成份再做藥理實驗確定其藥效，摒棄五行五色五味之說而代之以化學成份之說來解釋中藥的藥性藥理，並配有中藥的插圖畫。這應該是受到二十世紀二、三十年代以來，歐美日本學者研究本草藥物的影響，1924年北京協和醫學院的陳克恢〔註 132〕（1898～1988）與其美國導師共同從中藥麻黃中分離出麻黃素（鹼）的生理作用於腎上腺素類似而持久，其效能完全與交感神經興奮劑相同。此項研究成果發表在美國醫學會雜誌等期刊上，被認為是研究中藥的典範，引起醫藥界的重視。〔註 133〕此後中醫藥界也紛紛傚仿，這在《國藥新聲》中表現得非常明顯。但缺乏實驗設備和學理的支持，中醫學者們所做的對中藥的化學研究只能停留在簡單的物理、化學分析之上，很難確定這對於學術研究或者臨床的療效有多大。

而丁福保亦發文表達自己對國醫應當如何科學化的看法，在他的文章〈論國醫何故要科學化〉中，將其歸納為對經絡臟腑、病理及傳染病、本草及診斷學的科學化。具體而言是以西醫解剖生理學驗證古代的經絡臟腑學說；以西醫細菌學、傳染病學修正古代的病理學說；以科學化驗明古代的本草藥

〔註 132〕陳克恢，上海青浦人，藥理學家。1916 年考入清華學堂，1918 年赴美國威斯康辛大學留學獲得學士學位，1922 年獲得生理學博士學位回國擔任北京協和醫學院藥理系助教。1924 年與其導師共同從中藥麻黃中分離出左旋麻黃鹼，並發現其多方面的生理活性，又合成一系列與其成份相似的化合物，發現許多新藥。1925 年再度入霍普金斯大學醫學部，獲得醫學博士學位，後移居美國。還研究過蟾酥，貝母，夾竹桃等中草藥的藥理作用。

〔註 133〕鄧鐵濤，《中國醫學通史近代卷》，北京：人民衛生出版社，2000，頁 7。

物，以驗尿驗血驗糞痰及用檢查心臟器，用愛克斯光檢查各內臟等代替古代的切脈診斷法。〔註134〕儘管丁福保的科學化之路仍有粗糙之感，但與他四十年前所發表的「會通論」，還要從病名、病方、療法來尋找中西醫學相通之處，更爲明確與激進，公開向中醫界提出他所支持的科學化之路是在病理理論解釋及診斷上都採取西醫的理論及方法，對於本草藥物藥方則用化學方法驗明藥效。

　　至於丁福保爲何在此時表明自己對於中西醫論爭的態度，他在文章中亦有透露：「近數十年內，新舊醫學之爭，交嘲互擠，各張其說。余向不參加，因餘主張個科學說，宜以西醫爲主，而中醫不以爲然。處方用藥，宜以中藥爲主，而西醫亦不以爲然。是以余欲無言。」〔註135〕丁氏也清楚自己所持觀點在醫界中存在的爭議性，但隨著中醫科學化的聲勢日盛，對西醫知識有所瞭解並使用西醫診斷方法的中醫愈多，丁福保開始表達自己的激進看法。如章詩賓在〈關於國醫所用科學醫療器械之言〉一文中言，「學術大同，尤其是對於醫藥，更無所謂中西國界之分，只須學理眞確，治效卓著，自然可得到全世界醫藥家的信仰。……現在中醫什九使用者爲檢溫器，第二現在中醫每有使用者即爲治療爲目的之注射器……其它如鑷子，壓舌器，卷棉子等，中醫之使用者亦日見其多。」〔註136〕因此此時的丁福保已不必再通過尋找中西醫的共通之處來贏得中醫的認同，而是直接說明中醫瞭解西醫知識之後的實際好處。這便是丁福保列出的「國醫科學化」的八項便利之處：「一學問中西並進，非拘守舊學者可比，二可以應教育部考試，三國家開醫學大會盡可列席辯論，四，國際開防疫大會亦可出席討論，五，校醫軍醫鐵路醫官及各種公務機關之醫生，國醫亦可擔任，否則國醫比西醫少一出路，六，省立市立縣立各醫院，國醫亦可分任一席，七，國家衛生行政人員在任何階級國醫盡可列入，八，能將古書中之合於科學化者錄出，以求中西之匯通，蓋頭腦已經科學化之後，始能辨別古書之優劣，錄其優者，則古書可變爲科學化。」〔註137〕從這幾項便利之處可見，在民國時期中醫面對以科學爲依託的西醫的艱難處境，爲了生存，中醫向西醫看齊，吸收西醫知識，似乎是無可避免的選擇。

〔註134〕梅軒（丁福保），〈論國醫何故要科學化〉，《國藥新聲》1940 年十月第 18 期。
〔註135〕梅軒（丁福保），〈論國醫何故要科學化〉，《國藥新聲》1940 年十月第 18 期。
〔註136〕章詩賓，〈關於國醫所用科學醫療器械之言〉，《國藥新聲》1939 年五月第 2 期。
〔註137〕梅軒（丁福保），〈論國醫何故要科學化〉，《國藥新聲》1940 年十月第 18 期。

對於中醫科學化多年來之成效究竟如何的問題，《國藥新聲》中不少文章都給予了批評意見：如在〈國醫科學化之管見〉一文中，作者便批評科學化的中醫只停留在表面，如只有仿傚西醫的組織機構的建立以及醫療器械的使用而缺少實際行動。「每個國醫師們胸際多帶了一個某某國醫館的輝煌徽章和醫寓裏多掛了一兩張入會登記的五彩證書，再科學化點，那就是亦曉得購了一枝檢溫表去病人口中撈撈擺著架子罷了！這就是那自命所謂新中醫，科學化的中醫哩！至於學術方面？那流產還是胎兒挽不著乳根，瘄疾依然是痰作怪。」〔註138〕而在醫學學術方面，更有中醫將「科學」只視爲中醫的包裝工具而隨意套用，新瓶裝舊酒而已。「若干中醫之中，不冤枉地說，不識科學的極多，即有一二，不過是稍知梗概略識皮毛而已，如一位醫生，自命爲科學化而頗有名望的醫生著了一本關於國藥國理的書，說國藥的所謂根能收斂，葉能發散的理由，而引用植物學說，根在植物的功用上是把土中的養料和水分吸收，然後由導管送至上部，葉在植物的功用，是接受導管送來的水分和將體內的老廢物發散出去……所以中藥利用了這種植物的自然機能去治病。」〔註139〕而另一篇文章亦指出所謂的「中醫科學化」始終僅僅是個口號：「我國都市的國醫，亦每有唱導科學化，……而不佞所引爲深憾者，唱導科學化的國醫，每其感不能徹底，是以國醫科學化的聲浪，雖已逾十年，然未能有驚人的實際事實貢獻於世，……其原因紙上空談，固屬絕大的弊病。」〔註140〕

對於究竟該如何調和中西醫，丁福保並未給出一個答案，而是將自己從前的著作彙爲「世界醫學百科全書」，內分三集，由醫學總類以至各科專門，供中醫補充西醫知識使用，並言，「頭腦既經科學化之後，再讀吾國古醫書，即可立刻判其眞僞。」作爲醫書出版商，「中醫科學化」爲丁福保從前翻譯編著的醫學著作帶來新一輪的商業契機，但這個方法其實還是讓中醫通過自學西醫知識，來完善中醫學，與西醫抗衡，可見聲勢浩大的中醫科學化運動即使是到了1940年代，也僅僅是個概念與口號而沒有具體的可以爲中醫界普遍接受的實施辦法。

〔註138〕陳憶智，〈國醫科學化之管見〉，《國藥新聲》，1940 年七月第 15 期，頁 4。
〔註139〕陳憶智，〈國醫科學化之管見〉，《國藥新聲》，1940 年七月第 15 期，頁 4。
〔註140〕章詩賓，〈讀丁氏國醫何故要科學化有感〉，《國藥新聲》，1941 年一月第 21 期，頁 3～4。

小 結

　　丁福保從少年時代便因體弱而開始探索「衛生之道」，到民國初年成為滬上頗有名氣的「衛生家」，1930 年代以後成為「健壽專家」，活躍於報章雜誌上。從晚清到民國，不再大量翻譯新的西醫書籍的丁福保，憑藉著他在各類大眾報刊上發表的眾多關於健康養生的醫學科普知識文章以及在醫界的名望，依然活躍在中西醫界。然而丁福保眼中的健康衛生之道也有一個形成的過程，反映了他在不同階段的中西學修養。

　　丁福保的「衛生之道」是否具有衛生的「現代性」含義？由於晚清民國以來中央政府在公共衛生方面的消極作為，丁福保在大部分時候都將衛生解釋為個人養生，保養身體之法，具體方法包括飲食療養、日光法、深呼吸法、冷水摩擦以及灌腸法等，大部分都是來源於近代西方及日本的做法。在飲食療養法方面丁福保深受好友伍廷芳的影響提倡素食，在 1930 年代以後又提倡食用糙米取代白米，不止有衛生營養學上的考慮，也有宗教教義與社會經濟因素的考慮。此外，丁福保的宗教信仰對他的衛生之道的形成也有影響，因此他一直都十分強調「心」，即人的精神在保養身體中所起的作用。

　　丁福保最後形成的健康衛生之道涉及身心修養，疾病常識，飲食調和，公眾衛生等多方面，都為家庭社會必需的醫學科普知識，自孩自老，若女若男，都可從其著作文章中選出適合需要的部份。儘管他的保健方法大多由歐美日本諸學說雜糅而來，並非原創，但卻在大眾媒介中十分風靡，原因在於他慣用古今學理，中西名言以及個人經驗加以佐證，以契合中國大眾的實際。這些源自於歐美日本的衛生學說經過丁福保在理論和實踐方面的改造，配合上海城市內不同階層如有產階級、中產階級以及無產階級的口味，適應上海華人社會對個人健康上的需求，這是他的著述讓人信服，得以廣泛傳播的原因。

　　面對民國年間日益激烈的中西醫之爭，丁福保雖未參與論戰，但也不是漠不關心的。沉默良久的丁福保最終以主編的《國藥新聲》表達了自己對「中醫科學化」這一口號的支持。但他所提出的「中醫科學化」之路是一種「醫藥二分法」，把西醫與中藥分而論之，指在醫學理論上應採取西醫解剖、生理、病理學解釋體系，診斷上也可使用西法，在藥方上則可使用本草藥物，只是需要科學方法來驗明藥性藥理。這是丁福保心目中的中醫科學化的道路，但卻未必能被中醫界完全接受。對於滬上中醫而言，面對各方壓力，為了迎接西醫的挑戰，吸收西醫知識是大勢所趨。但中醫科學化運動卻始終存

在著爭議，包括丁福保在內的倡導者，也未能提出實現的具體辦法何在。在藥廠的商業化利益的推動下，中醫不止要採用西醫理論，也可以使用西醫醫療器械甚至是西藥，在中醫努力要向西醫看齊的同時，一方面日漸失去自主性，帶來了中醫西醫化的問題；另一方面，由於各家中醫往往各行其是，見解不一而成果頗爲有限。

第五章 丁福保對「時代病」的時代認識與他的醫學世界

　　丁福保在向大眾傳播他的保健衛生法時，特別強調戒除肉食、精神修養的作用，認爲這不止是個人平常養生保健之法，也對治癒當時的流行病——肺癆病大有功效。在晚清民國時期的上海灘，丁福保除了有「改良醫學之先鋒」和「保健衛生專家」之稱外，還有「肺病專家」的頭銜。此頭銜的由來，一方面歸因於他對防治肺癆病發表的豐富著述；另一方面，作爲一名醫師兼與肺癆病奮鬥並獲得成功的患者，丁福保在治療肺癆病的實踐方面也頗有經驗。如當時的大眾期刊稱，「丁福保醫師幼年身體極形瘦弱，且嘗一度染有肺病，後因療養得當，身體乃日益強健。……，要亦丁醫師養生之得其道也。」〔註1〕

　　之所以稱肺癆病爲「時代病」，一是因爲在二十世紀的中國，肺癆病是一種非常常見的病症，因一直沒有行之有效的醫療辦法，有「十癆九死」之說，民眾「談癆色變」。儘管由於民國以來政府對公共衛生方面投入的不足，很難找到關於近代肺癆病的死亡率統計的確切數據，但還是有一些民間的估計可以反映出它的流行程度：如 1930 年代出版的《防癆特刊》上稱，「中國每十萬人中有癆病者四千人，全國共有癆病者一千六百萬人，每年死於癆病者一百六十萬人。」〔註2〕二是因爲在丁福保本人關於肺癆病的大量著述中，也將此病看作是在當時的社會條件下產生的一種最爲令人恐懼的時代病，他於著

〔註 1〕編者，〈肺病新療養法〉，《家庭醫藥》，1947 年第 1 期，頁 6。
〔註 2〕《防癆展覽特刊》，上海：中國防癆協會，1936，頁 1。

作中寫到，「世間流行之病甚多，但醫療之難，彌漫之廣，無有如肺結核者。肺結核之侵害吾人，隨時隨地無有間斷，為害人最多，斃人最多之傳染病，吾人所最為恐懼者也。」〔註3〕

　　清季民初之時，丁福保率先翻譯出版了大批日本肺結核病書籍到中國，改變了彼時中國醫界中尚無肺癆病專書的狀況。丁福保前後出版的關於肺癆病的書籍共計有十餘本，從晚清一直到民國四十年代大都十分暢銷，不斷再版，其中初版於1933年的《肺病指南》到1948年時已經增訂到12版。他在民國時候的大眾期刊上亦發表了眾多關於肺癆病的文章，這些都是反映近代中國社會對肺癆病的認知必不可繞過的一部分。

　　身為醫治肺病的專家，丁福保診斷治療肺病採取的是西醫的方式，採用了他所翻譯的日本西醫書籍所載的理論與方法。據他診治一位患肺癆病病人的筆記，將該病原因記錄為「有一種成癆病之微生物，從鼻孔吸入肺內，遂成此症，此種微生物屬於下等植物名曰結核菌」。病名為「肺癆病一名肺結核，兼病腸結核，因結核菌侵入腸中之故。心臟及腎臟亦俱有病，時發胃痛，胃內亦有潰瘍」。現症為「時發微熱，腳腫，每日大便泄二三次，胃痛，盜汗，面上時有紅色一塊無定處，咳嗽不甚，吐白痰，面蒼白色，肌肉消瘦，易怒易悲哀，飲食減少，脈搏細數，每分時一百二十，至肺尖有水泡音，聲音震顫亦強盛，輕度致呼吸困難，精神疲倦」。病理是「結核菌侵入肺臟，故發咳嗽，吐白痰，細菌產生之毒侵入血液，故發頑固之微熱……」。採用的都是西醫的理論。在治法上丁福保也遵循日本醫書，有「飲食療法，空氣療法，精神療法，沐浴療法及藥物療法（處方用於退熱，止瀉之西藥）」〔註4〕。從診治肺癆病的實踐看來，在解釋病因、病名、現症、病理及療法上丁福保均拋棄了傳統的中醫理論，使用的是西醫的理論及思考模式。

　　據丁氏友人的觀察，丁福保診病，「耳聽，目驗，手按，指敲，口詢，手書，分端互用」〔註5〕，還會採用西醫化學化驗手段；但在治療上，丁福保則是中西藥並用，他有學習使用西藥的記錄，亦有提倡使用中藥的心得，更花費極大功夫在研究價廉之中草藥上。本章第一節意在分析從晚清到民國，丁福保對肺癆病前後認識的變化，以及這些變化因何而來，有何影響；第二節

　　〔註3〕丁福保，《肺癆病預防法》，上海：醫學書局，1911，頁1。
　　〔註4〕丁福保，〈日記之一斑〉，《中西醫學報》1911年二月第11期，頁4～5。
　　〔註5〕丁福保，《近世內科全書》，上海：醫學書局，1927年再版，頁1。

則從丁福保的醫學理論與實踐出發，探討他的中西醫修養及他如何處理中西
醫學的關係。

第一節　「改良舊醫學」與「宣傳新衛生」：丁福保眼中的肺癆病

　　肺癆病，在當代已經成爲肺結核（Tuberculosis）的俗稱。現今的西醫科
學已經詳細解釋了它的病徵、病因及治療方法：肺結核的病徵包括持續咳嗽、
痰中帶血、體重下降、持續發熱、夜間出汗等。病因出自結核桿菌的傳染，
經由肺結核患者講話咳嗽、打噴嚏、吐痰、唱歌和其他呼吸道活動產生的一
種能隨空氣傳播的小液滴傳播。但是普通人接觸到結核桿菌也並不必然會感
染上結核病，患病與否與其身體狀況及所處環境有關，如年齡、性別、免疫、
遺傳因素以及諸如人群密度、工作生活環境和營養狀況等。結核桿菌除了主
要侵襲肺部外，亦可侵襲其他器官，如淋巴、骨骼、關節、脊骨、腦部、腎
臟等。治療上則可服用抗結核藥物，療程在六個月到一年之間。[註6]

　　肺結核病作爲人類一種古老的疾病，雖在史書中早有記錄，卻未成爲一
種流行病。直到十六世紀隨著城市和工業的發展，肺結核病開始先在歐洲幾
個城市中流行，後來出現並流行於美國，日本，以至十九世紀以來的中國，
是一種世界範圍內流行的疾病。[註7] 出於對肺結核病病因及療法的不明，它
長期以來被認爲是「死亡之症」，直到 1882 年科赫分離出結核桿菌，揭示該
病的眞正病因，由此帶來的是預防方法的進步，以及診斷方面的發展[註8]，
但在治療方法上卻遲遲沒有進展[註9]。對於肺結核病長期以來並沒有特效藥

[註6] 肯尼士（Kenneth F. Kiple）著，張大慶主譯，《劍橋世界人類疾病史》，上海：
　　　上海科技教育出版社，2007，頁 949～955。

[註7] 見羅伊・波特（Roy Porter）主編，張大慶主譯，《劍橋插圖醫學史》，臺北：
　　　如果出版社，2008。頁 29。

[註8] 十九世紀以來對預防肺結核病的方法包括痰的處理，結核病患生活用品和居
　　　住環境的消毒等，肺結核病是一種慢性傳染病，很多肺結核患者的病狀並不
　　　明顯且病徵多樣，因此診斷是個難題。雖然診斷方面則有 1895 年出現的 X 射
　　　線診斷以及 1908 年發展出來的結核菌素測驗，細菌學檢查法等方法，但應用
　　　並不普遍。

[註9] 十九世紀晚期以來西醫對於肺結核的治療法通常可分爲四類：源於緩解咳
　　　嗽，高燒等症狀的治療（木餾油，水合氯醛，嗎啡，鴉片等）；殺菌治療（碘
　　　仿、苯酚、薄荷醇、桉樹腦等藥物）；外來的投機療法以及建立起人身體對桿

物治療方法，只是通過改善的營養，更好的衛生和居住環境來緩解病情。1895年 X 射線的發現與應用幫助醫生可以更早診斷出肺結核。從 19 世紀後期開始到二十世紀，有醫生用人工氣胸、肋骨切除等外科手術治療肺結核病，但有適用人群的限制和手術並發症的危險，1921 年法國微生物學家 A.Calmette 和 C.Guerin 首次分離出卡介苗（BCG），可用於防疫。直到 1944 年才有針對肺結核的特效藥鏈黴素（Streptomycin）的發明應用，才使肺結核病真正得到較爲有效的控制。

對於近代中國社會大眾而言，與肺結核有著相似症狀的這種疾病，他們有另一個更爲熟悉的病名，即肺癆病。雖然「肺結核」這一病名於清末民初之時經日本的翻譯進入中國之後，成爲其同義詞而漸漸爲社會所接受。但這兩個詞在公共領域內的競爭與共存，持續了半個世紀。儘管肺結核最終取代了肺癆病，但是這兩個詞背後蘊含的其實是兩套不同的疾病描述方式， 更確切的說是「兩種迥然相異的身體觀所產生的疾病語言」，這兩種語言在近代中國的交流，碰撞，反映了西方醫學對中國傳統醫療觀、身體觀的複雜影響。〔註 10〕

然而，肺癆這一病名在中醫文獻中，也是直到明清時期才確定下來。在明清以前的醫學文獻中，肺癆症狀繁多，病名龐雜，概念與範圍模糊。據近代醫史學家陳邦賢的考證，在中國經典醫籍如《金匱要論》、《病源候論》、《外臺秘要》中，有虛勞、志勞、心勞、風勞、癆瘵、骨蒸、傳屍、喪屍等病名都可指肺癆病，而這些名稱的不同則顯示出醫家對肺癆病不同症狀及原因的觀察，並不能與西醫中的肺結核病完全相等同。其中，肺勞、志勞、心勞、風勞之名都是來自醫生對病患體內某處的虛弱，過勞而導致病因的推測，而骨蒸則是描述病患的發熱症狀，如《醫學正傳》言，「陰火上炎而發蒸，蒸之燥熱」。傳屍、喪屍則和醫生認爲的該病有傳染性，與人死之後的屍蟲、人體之內的癆蟲的感染有關。

中醫對肺癆病的認知建立在對人體的觀察和想像之上，病理概念較爲模糊，治療方面則以治虛，殺蟲爲方向，如元代葛可久著《十藥神書》中所列

菌抵抗力的療法。（William Johnston, The modern epidemic: a history of tuberculosis in Japan, Cambridge, Mass. Harvard University Press, 1995, p.193～194）。但大多藥物療法都被證明是無效的。

〔註 10〕梁其姿，〈醫療史與中國現代性問題〉，《面對疾病》，北京：中國人民大學出版社，2012，頁 115。

治療肺癆十方，所開藥方都以緩解肺癆嘔血久嗽等症狀和補虛爲目的。《明代醫宗必讀·虛癆·傳屍癆療》中提出「補虛以補其元，殺蟲以絕其根的治療大法」。〔註11〕直到二十世紀中期，無論是中西醫都沒有出現針對肺癆病的特效藥，而中國民間對於此病的概念更是模糊，出現了許多似是而非的民間偏方。例如魯迅在他1919年出版的小說《藥》中寫下層民眾相信人血饅頭可治肺癆病，表現出當時的中國社會對肺癆病病因及病理知識的缺乏。但此時的西醫已經發現了肺癆病的病因、病理以及提出了預防方法。在以肺癆病爲中心的中西醫認知的衝突之中，作爲首先翻譯出版日本肺癆病書籍到中國的一員，丁福保曾以西醫肺結核病因理論和治法來抨擊中醫的腐敗落後，大力提倡學習西方醫學；到民國三、四十年代隨著社會防癆運動的興起，丁福保所傳播的肺癆病的知識更加側重於宣傳個人及社會公眾衛生知識以及自己的衛生經驗。

　　在 Bridie Andrews 對肺結核和病原細菌論是如何進入中國的研究中，她將丁福保看作是近代中國通過日本接受細菌論的代表，如丁氏在解釋肺結核病因時嚴格使用西方術語，即日本名詞：菌，細菌等，表現出他對西醫理論及方法完全的接受；〔註12〕而雷祥麟在以肺癆一病說明1930年代的中國存在著一種與西方衛生大相徑庭的「中國式的衛生」時，指出肺癆與肺結核這兩種病，代表了「兩種截然不同的衛生理想」。「在西醫看來，肺結核完全是細菌傳染侵入身體，重要是『不要隨地吐痰』。在中醫看來，肺癆來自過勞，正是來自『心思視聽，悉向外注，但知科學、哲學、不知養生』的生命形態。」〔註13〕在另一篇文章中，則指出在1930年代的中國對於肺癆病的論述中，並不將其看作是與工業化城市化有關的一種疾病，而是一種關乎個人衛生習慣及傳統大家族問題的疾病，防癆運動與近代改造個人、改造家庭的現代化運動聯繫在一起。〔註14〕這兩位學者的研究，也正反映了丁福保對肺癆病認

〔註11〕　王永炎，嚴世芸，《實用中醫内科學》，上海：上海科學技術出版社，2009，頁199。

〔註12〕　Bride J. Andrews, "Tuberculosis and the Assimilation of Germ Theory in China, 1895～1937", Journal of the History of Medicine：Vol. 52, January1997, p.135.

〔註13〕　雷祥麟，〈衛生爲何不是保衛生命？民國時期另類的衛生、自我、與疾病〉，《臺灣社會研究季刊》第五十四期，2004年6月，頁50。

〔註14〕　見雷祥麟，"Habituating Individuality: The Framing of Tuberculosis and Its Material Solutions in Republican China", Bulletin of Historical Medicine, 2010, 84, p.248～279. 及〈習慣成四維：新生活運動與肺結核防治中的倫理、家庭

識的一些方面。但在接受日本肺結核病說的同時，丁福保也對日本原著進行了適度的改寫與改編，以適應中國市場的需要；而到了 1930 年代，丁福保出版的關於肺癆病原因及治法的著述，則在認同過勞病因說的同時，向社會進行道德上的勸說。他認為要治癒肺癆病需要對個人的人生狀態進行反省，運用精神療法。本章將在雷祥麟已有論述的基礎上再做進一步的探討，以發掘丁福保對肺癆病產生這套想法的基礎與根源。

改良舊的醫學：清季丁福保對日本肺結核類書籍的翻譯與改編

1912 年以前，丁福保翻譯出版的肺癆病類的書籍計有《肺癆病救護法》（1908）、《肺癆病學一夕談》（1910）、《癆蟲戰爭記》（1911）、《肺癆病預防法》（1911），以及《新撰虛癆講義》（1912），雖然主體內容都是源於明治以後日本出版的結核病類醫書，卻不能算是全本翻譯，而是在原著基礎上參考各家學說編輯而成。儘管書內已經完全採用了日本譯名肺結核病，然而書名使用的還是「肺癆」、「癆蟲」這樣的舊醫名。丁福保這樣做是考慮到當時醫界的認知情況起見，他在《新撰虛癆講義》的序言中解釋道：

> 或謂是書也搜羅各種結核病多至二十八種，可謂詳備矣，宜名曰結核全書？余曰誠有是。然舊醫界中但知有虛癆，不知其為結核也，書名不過為書之記號而已，呼我為馬者，吾將應之以為馬，呼我為牛者吾將應之以為牛，以虛癆為結核之別名可也，以結核為虛癆之別名亦無不可。〔註15〕

由此可見為了書籍的銷售和市場的接受度考慮，丁福保在為書籍的命名上並不排斥使用舊的醫名，即使是舊的病名與書內的病名並不相符。

從書中的內容來看，丁福保在解釋肺癆病的病名、病因、生理、注意事項及療法等方面，基本上吸收了日本醫書的觀點，即病因是由於患者肺部受到結核桿菌的侵害而起，結核黴菌於肺病患者之痰中混之最多，「結核黴菌自結核患者之體內而排出散佈於空氣中，世間之人日夜被其侵襲。」〔註16〕因此傳染以肺結核患者之咯痰為媒介，患者要消毒咯痰以及改善體質。在療法

與身體〉，《中央研究院近代史研究所集刊》第 74 期（2011 年 12 月），頁 133～177。

〔註15〕 丁福保，《新撰虛癆講義》，上海：醫學書局，1912，頁 3～4。

〔註16〕 見丁福保著作，《肺癆病救護法》、《肺癆病預防法》，〈丁福保肺癆病警告十則〉，《申報》1913 年 6 月 7 日第十版。

方面丁福保亦幾乎無保留地吸收了日本的「攝生療法」，〔註17〕但只限於個人衛生方面，包括營養療法、空氣療法、冷水摩擦法及藥物療法等，但對於日本醫書中所強調的對於肺結核病公共衛生部分，如療養院、政府法令等則較少提及。〔註18〕

日本自 1868 年明治維新以來，採取了全面學習西方的政策，包括在醫學上，也以德國醫學爲藍本，逐步廢止漢醫。對於 1895 年及 1905 年分別戰勝中國及俄國，走上殖民擴張道路的日本，建立起有別於以往的新的西方化的醫藥衛生也成爲其建立帝國主義的一個重要工具。〔註19〕迫切希望「脫亞入歐」的日本，在結核病的病理解釋和預防治療上也與舊有的源於中國的漢醫說法完全脫離，完全受歐美西醫，尤其是德國醫學的影響，採取了種種公共衛生政策控制結核病，並將此看作是日本向西方看齊，躋身於現代文明國家的一個重要指標。因此在當時的日本的結核病書籍中，有大量的日本人口身體指數與歐美人口身體指數的對比，以及政府法令，學校衛生、治療肺結核的醫院衛生及專門療養所等公共衛生知識的介紹，而這些大多都未見於 1912 年之前丁福保的譯作之中。丁福保有意將這些去掉，填補上的是他認爲更適合於中國社會大眾的內容。他增補的內容，除了一些對原著觀點的解釋之外，最主要的是引用中西各家學說參考，如謝洪賁、伍廷芳的學說，另外還有相關的中醫古典學說，相合者爲補充，不合者爲參考。

日本肺結核書籍對丁福保的衝擊是巨大的，他將日本醫書中的肺結核病與中醫書籍中的肺癆病等同，接受了日本結核病書籍中對肺癆病病因，病理及預防，治療方法的解釋，並對他認爲還不諳肺癆病眞正病因病理的中醫界提出批評。晚清時期的中醫界還未出現關於肺癆病的專書，對肺癆病的病理認識還是傳統的陰陽五行病理學說。丁福保的友人在爲其做序時候曾言，「吾國醫界方且陰陽五行，死守不變，高譚靈素，沉溺於故紙堆中而自詡精通醫理，及叩以肺病之原因若何治療若何則瞪目結舌而不能對，其黠者則穿鑿附

〔註17〕明治時期日本醫學深受德國醫學影響，對肺結核病的看法也是。日本醫書中的提倡呼吸新鮮空氣和休養療法的攝生療法也是當時在整個歐洲和美國所流行的。

〔註18〕日本明治時代出版的關於肺結核病書籍幾乎都有提到公共衛生，療養院做法，但丁福保只有在一本書《肺癆病救護法》中提及，且所佔內容篇幅不大，見丁福保，《肺癆病救護法》，上海：醫學書局，1908，頁 33。

〔註19〕Bride J. Andrews, "Tuberculosis and the Assimilation of Germ Theory in China, 1895～1937", Journal of the History of Medicine: Vol. 52, January1997, p.131.

會，截取一二影響之譚以欺人，而於此病之的確症狀及根本上之療法，殆未能道其隻字。」〔註 20〕丁氏在仿照日本醫書所著的《癆蟲戰爭記》中則借肺結核菌之口，諷刺中醫之中空談醫理、毫無肺結核病菌知識，固守舊醫理的庸醫：「吾曹（肺結核菌）聞先生固名醫，大懼，若窺破吾曹之所在，施正當之醫術，吾曹必無幸。少頃，先生至，門牙多齲齒而落，缺齒顳顳然，面容黝黑，口臭逼人，見乙生變為獰笑狀，診視畢謂此病由於風邪未清，宜避風，不可開窗，宜食粥，不可食肉類及雞蛋等物，匆匆處方而去。……吾曹甚感此名醫先生之布置無異助紂為虐，為虎作倀。」〔註 21〕從丁福保此時對風的概念的批評可見他對傳統中醫病理概念的不認同。與中醫理論中常常將「風」看作引起病因的邪氣，需要防範不同的是，丁福保在他翻譯的肺癆病書籍中詳細介紹深呼吸法，認為新鮮的空氣對強健肺部進而預防治療肺癆病十分重要。

　　丁氏之所以如此堅定接受日本肺結核病說，很大程度上與其親身經歷有關。他自幼身邊親友朋輩中死於肺癆病者甚多。僅其一家，便有其父、其嫂、其妹及二侄女死於該症，友朋中則更多，中醫藥無救，難怪時人對肺癆有「逢癆必死」之認識。而他自己也深受該病所苦，丁福保自幼多病，身體孱弱，曾晝夜咳嗽不止，被西醫診斷為肺結核病第二期。〔註 22〕苦於病患的他曾遍覽古籍，「求醫學於本經，素問，靈樞，難經，以及漢之張長沙，晉之葛稚川，唐之孫思邈，金元之四大家，如是者又數年，而肺病日益加劇。」〔註 23〕大概是對中醫學說已經失望，於是轉而相信接受新學說，並親身實行冷水摩擦法，空氣療法及榮養療法，並獲成效。即使幾十年之後，丁福保對中醫態度有所變化，但仍然認為在治癒肺癆病方面，西醫學說、療法高於中醫許多。「肺病之學說，西醫與漢醫迥殊。用西醫法治，初期十可愈八九，二期十可愈六七。用漢法治則輕者變重，重者速其死。吾國醫界遇肺病均以漢法治之，貽害蒼生。」〔註 24〕因此丁福保在其譯著中，詳細介紹日本醫書中關於肺癆病之生理病理療法學說，希望中醫界能吸收新知識。

〔註 20〕丁福保，《癆蟲戰爭記》，上海：醫學書局，1911，頁 3～4。
〔註 21〕丁福保，《癆蟲戰爭記》，上海：醫學書局，1911，頁 16。
〔註 22〕丁福保，〈肺病易愈法自序〉，《文社月刊》1933 年一月，頁 45。
〔註 23〕丁福保，《現代醫學序》，上海：醫學書局，1929，頁 1。
〔註 24〕丁福保，〈肺癆病之適當預防法〉，《青年健康半月刊》1935 年第一卷第 2 期，頁 10～11。

　　但認可了日本肺結核學說的丁福保在他的譯著中亦有引用中醫典籍，其用意頗爲複雜。例如在《肺癆病預防法》一書中，對於肺癆病病因一節，丁福保案以《理虛元鑑》論虛症六因之語，與日本原著學說對比。他之所以引用此論是因爲其論虛症分爲先天之因，後天之因，病後之因，外感之因，境遇之因，醫藥之因，似乎與日本西醫書籍中講肺癆病之誘因相合。但對於其中的五行學說，丁氏則直斥其非：「蓋肺主皮毛，風邪一感於皮毛，肺氣便逆而作嗽，似乎傷風咳嗽殊不經意，豈知咳久不已，提起伏火上乘於金，則水精不布，腎源以絕且久嗽失氣，不能下接沉涵水子不能救金母，則癆嗽成矣。此說非是（丁福保案語）」〔註25〕，並於文後指出，「《理虛元鑑》內多哲學家語言，以科學之理繩之，往往有不合者，錄之以備參考。」〔註26〕丁福保認爲，要用科學（西醫理論）來檢驗中醫典籍的正確與否。在該書的書後，他又增加了自撰的「衛生古義」與「虛勞古義」兩節，表達了自己對中醫中關於衛生及虛勞思想的看法：「余讀日本各種衛生歷史，每侈述西歐古時之文明，曰埃及衛生，曰希臘衛生，曰羅馬衛生而不及中國，余深恥之。回憶十年前患肺癆時鈔錄古書中之關於衛生者頗多，其精卓之理，雖西歐古時之大哲學家亦不能駕乎其上也。」而對於其所補充的虛勞古義，丁福保則言，「素靈、難經、金匱、巢氏病源、金元四大家及各家之書虛勞一門，尊之曰國粹可也，卑之曰迂論亦可也。仁者見之謂之仁，智者見之謂之智。」〔註27〕由此看來，儘管丁福保反對庸醫及穿鑿附會的五行學說，但傳統文人出身，好讀古書的他還是贊同其中關於個人養生方面的精義的。

　　另一方面，丁福保所譯述的肺癆病的相關書籍面對的主要讀者包括中醫，作爲其補充新知，瞭解結核病病因及治療方法的需要。正如其爲《新撰虛癆講義》所作的序言，「吾願讀此書者由虛癆之舊名進而考其原因，則在結核斯可矣。或又謂舊法之治虛癆也，氣虛者宗東垣，血虛者宗丹溪，陰虛陽虛者宗景嶽，虛而成損，損而成癆者則奉葛可久《十藥神書》爲圭臬。醫者遂睥睨一切新學說，誃然尊己卑物儼然自命爲上工人自爲師家自爲學，強其外，空其中，不跟而植，以錢刀相尙，視書籍若火炭，結核固不知爲何物，

〔註25〕丁福保，《肺癆病預防法》，上海：醫學書局，1911，頁6。
〔註26〕同上，頁7。
〔註27〕同上，頁69。

即虛癆亦無暇研究。」〔註28〕丁福保在 1912 年以前所出版的肺癆病學的著作，也作爲其所辦的醫學選科講習社中的肺癆病一科的專用教材，因此在日本原著中加入中醫學說及古書精理，也可以看作是一種營銷手段，用來吸引中醫群體的購買和閱讀。

在晚清時期，丁福保利用他從日本考察醫學之行所帶回的結核病類書籍，進行翻譯以及編寫出版之後，打破了中醫界尚無肺癆病專書的局面，轟動一時。如宋教仁在 1911 年的《民立報》上介紹丁福保的肺癆病諸書，讚其「凡肺癆病之原因、症候、病理、療法、預防法、攝生法，皆記述靡遺，而預防法及攝生法尤爲詳盡」。因此極力向大眾推薦，「記者夙不究醫學，固未敢輕於月旦，然以爲吾國近日醫學頗頹，病夫遍天下，而患肺癆病者，尤號稱不易治，以故一染是疾，舉家惶然，束手視其奄奄以至於斃。……得是書而申警之，使國人皆可藉以獲肺癆病之常識，則有功於群類，……（此書）亦攝生家不可不讀之書也。」〔註29〕丁福保接受了日本肺結核書籍裏對肺癆病病因、診斷、及療法等方面的解釋，大力宣傳細菌論及個人衛生法，借肺癆病之防治批評中醫界對此類知識的缺乏，倡導醫界的改良。另一方面也對日本原著進行改編以適合中國醫書市場的需要。受日本肺結核書籍的影響，丁福保雖然在著作中也提到國家對於防治肺癆病應承擔的責任，並表示贊許，但因不認爲在中國可以實現而言之甚少。「結核療養所，國家宜親自經營收容下等社會之肺病患者，在於初期施適當之治療，防病毒之散逸，是實爲個人之幸福，國家之利益。……徒聞歐美各國之風說，銜指垂涎，實千古之恨事。」又說，「國家或慈善團體之盡力經營，余所日夜祈禱者也。」〔註30〕丁福保在書中增添的卻是中醫對肺癆的看法，並有意將中醫病名的與肺結核相似症狀的虛勞、癆瘵、傳屍、骨蒸等症與日本病名肺結核等同，以針對一般大眾讀者市場，適應中醫以及對中醫有一定瞭解的讀者群體的閱讀習慣。

到了民國時期，特別是 1930 年代之後，丁福保對肺癆病的病因和治療方法的認識則有了較大的改變，由起初的重在宣傳西醫關於肺結核病的病因、病理知識到後來的注重以治癒肺癆病勸導一種新的生活方式，避免心身過勞，發揮人體的精神作用力等，這不僅僅受到肺癆病本身醫學理論的發展的

〔註28〕丁福保，《新撰虛癆講義》，上海：醫學書局，1912，頁 3。
〔註29〕漁父（宋教仁之化名），〈新刊批評〉，《民立報》1911 年 7 月 5 日。
〔註30〕丁福保，《肺癆病救護法》，上海：醫學書局，1911，頁 33。

影響，也與其個人經驗和社會客觀環境的變化密切相關。

針對「都市時代病」的新衛生：民國以來丁福保對肺癆病病因及療法的見解

作家白先勇（1937～）在童年時曾患有肺結核病，他於回憶中寫到自己在 1940 年代時的養病經歷：

> 那時正在抗日期間愁雲慘霧的重慶，才七八歲我便患上了二期肺病，躺在床上，跟死神搏鬥。醫生在燈下舉著我的愛克斯光片給父親看，父親臉色一沉，因為我的右邊肺尖照出一個大洞來。那個時候沒有肺病特效藥，大家談癆變色，提到肺病兩個字就亂使眼色，好像是件極不吉祥的事。家裏的親戚傭人，一走過我房間的窗子便嗖地矮了半截彎下身去，不讓我看見……我得的是童子癆，染上了還了得。一病四年多，我的童年就這樣與世隔絕虛度過去。〔註31〕

而民國時期活躍於上海文壇的女作家蘇青（1914～1982）在她的小說裏則這樣描述了一個患了肺病的有錢人的療養生活：

> 醫生說過，肺病第一要講究空氣新鮮，於是洋房須蓋得大呀，寬敞呀！醫生說過，肺病第一要心境舒泰，不可操心思，於是一切事務都丟開呀，養好病再說，醫生說，肺病第一要滋養充足，於是吃得好呀，三餐之外有點心，點心之外有零食。〔註32〕

上述兩則材料反映的都是民國中後期城市中上層階層的肺癆病療養經歷，從中可以看出的是一直到 1940 年代，民間對於無藥可治的肺癆病還是有著強烈的恐懼之心，而治療的方法是日光、空氣、榮養、安靜等西醫療養法為主。從晚清到民國，在關於肺癆病的醫學普及知識的宣傳影響下，肺癆病儼然成為一種「富貴病」，似乎病人要養尊處優、安靜療養方能應對，而在當時的中國社會中，眾多的患肺病者中又有多少人能享有如此優厚的療養條件呢？針對這種情況，此時身份為滬上肺病專家的丁福保，在他的著述中卻提倡了一種不大一樣的肺病療養辦法。

丁福保在民國時期出版的關於肺癆病的書籍，計有《肺癆病》（1926）、《肺病指南》（1933）、《肺病最經濟之療養法（鬥病術）》（1940）、《肺病實

〔註31〕白先勇，〈驀然回首〉，《白先勇散文集》，上海：文匯出版社，2000，頁 323。
〔註32〕蘇青，〈聽肺病少爺談話記〉，《雜誌》1943 年第 11 卷第 4 期。

地療養法》（1941）以及《近世肺病新療法》（1941），並且在大眾期刊雜誌上發表了眾多防治肺結核病的文章〔註 33〕。此時丁福保發表的關於肺癆病的知識在大眾市場上依然有著極高的影響力，他出版的書籍，大多再版次數多得讓人驚訝，〔註 34〕而且一般醫藥刊物都以刊登其著作為幸。如一份雜誌上稱道，「丁老先生，醫界名宿，精擅中西，眾望所歸，惠賜大著，無任幸感。……茲本書於肺結核之症治豫防及攝養，有極詳盡精當之論述，誠健康之保障，肺癆之救星也」。〔註 35〕

丁福保發表的這些關於肺癆病的著述，雖然仍有介紹二十世紀以來西方治療肺結核病的最新理論和方法，如人工氣胸法（空氣針）、隔離療養院的設立等。但卻已不再藉此著力於宣傳西醫知識及批判舊醫學，而是調和中西醫對肺癆病的看法，把肺癆病的防治方法與他的健康養生法相結合，融合其多年來之經驗，建立起一個涉及各種療法、病人心理、看護知識、經濟問題、社會問題等在內的宏大的新的健康衛生知識系統。在這個新的衛生知識系統裏，滋養品，藥劑藥品，外科手術等當時流行的治療方法對治癒肺癆病都皆非必要。要治癒肺癆病，丁福保大力倡導的是依靠人體自然治癒力，以精神之力量戰勝結核菌，以養生之道預防結核病，這也是丁福保針對肺癆病這種「都市時代病」所開出的新的藥方。

為什麼是「都市時代病」？

根據雷祥麟對民國時期肺癆病的研究，「在 1930 年代的中國，肺結核病既沒有被認為是由現代工業化和城市化所帶來的疾病，也沒有被認為是要靠政府的干預才能解決的疾病，包括衛生官員在內都認為其是一種由傳統中國家庭滋生的個人不衛生的習慣所產生的疾病。」〔註 36〕在沒有完善的國家醫

〔註33〕 文章有〈結核預防法〉、〈學校中之結核傳染及預防〉、〈治療癆吐血奇驗方〉、〈治肺癆之新療法〉、〈防癆之要點〉、〈假如我患了癆病了〉、〈小學教員與肺結核問題〉、〈肺癆病患者之自然療法〉，〈肺病之新療法〉等。

〔註34〕 如《肺癆病預防法》1908 年出版，1913 年 4 月 3 版；《肺癆病學一夕談》1910 年出版，1929 年 10 月再版；《肺癆病救護法》1911 年 2 月出版，1912 年再版，1926 年 7 月再版，1932 年 1 月 2 版；《癆蟲戰爭記》1911 年 3 月出版，1912 年再版，1916 年 6 月 2 版；《新撰虛癆講義》1912 年出版，1916 年 6 月 2 版，1926 年 8 月再版，《肺病指南》1933 年出版，1948 年 12 版。

〔註35〕 編者附誌，〈肺結核之豫防與療養〉，《民間醫藥月刊》1943 年第 2 期，頁 2。

〔註36〕 Sean Hsiang-lin Lei, "Habituating Individuality: The Framing of Tuberculosis and Its Material Solutions in Republican China," Bulletin of the History of Medicine,

療衛生體系的作用下，對肺癆病的控制和預防在很大程度上只能依賴提倡個人的衛生舉措，丁福保彼時也有發表類似的觀點：

> 遊其街巷及一切民眾聚集之所，則痰涎亂吐而不加限制，……
> 其所居則緊閉窗牖不通新鮮空氣，所著則蟲蟲邊滿不加浣灌……，
> 所食則陳腐而不清潔，或但求悅胃口而無限制，其呼吸則淺表脊樑
> 則彎曲，皮膚與牙齒則經旬累月而不沐浴一次，磨刷一次，無時無
> 地不與衛生相反，令結核病毒日益一日而靡有已。一人罹肺結核則
> 傳染至一家，一家罹肺結核則傳染至四鄰及親戚。〔註37〕

在這裏丁福保也將個人不衛生的習慣如隨處吐痰、緊閉窗戶、不注意清潔、飲食無節制等與肺癆病的發生傳染相聯繫，而這種現象也爲雷祥麟所用進而探討個人主義、家庭改革乃至現代性問題。〔註38〕

儘管在 1930 年代的中國社會對肺癆病的大部分論述中並未將其與工業化，城市化問題相連，但它仍然可以稱之爲一種「都市時代病」。原因則是其相較於農村，在都市中的高發性和廣受關注度。受條件所限，在 1949 年以前，中國國內任何城市都沒有關於肺結核病的死亡率的統計數字發布，關於此病的統計數據只有依賴於上海公共租界的衛生官員的報告。根據其統計，從 1901至 1936 年，上海租界內中國居民每年死於肺結核的人數在上千人數上下，〔註39〕可看出它在都市內的多發性。另有一名醫師估計上海每年死於肺癆病的人數達三千多人，「根據 1929 年北平第一衛生所調查結果，每十萬人，死亡於癆病者爲 307 人，其中死亡於肺結核者，爲 258 人，其他結核者，爲 49 人，……上海人口，超過三百五十萬人，每年死於結核病者，有 3，656 人。」〔註40〕

Volume 84, Number 2, Summer2010, p272。

〔註37〕 丁福保，〈肺癆病之適當預防法〉，《青年健康半月刊》1935 年第一卷第 1 期，頁 9。

〔註38〕 儘管丁福保爲防治肺癆病倡導新的個人衛生習慣，但他並不反對傳統家庭制度，他自己便與子女兒孫一起生活。對於預防肺癆病應注意的衛生習慣，丁福保所提到的包括處理痰的簡便方法，病室內及器物之清潔法，購入舊衣之注意，結核患者所用之衣被消毒法，肺結核之母親與乳兒之關係，雇用女傭乳娘等時對於肺結核之主義，肺結核與拆信封時之注意等都是針對家庭面對肺癆病時候所給的衛生建議。(見丁福保〈肺病淺說〉)

〔註39〕 見圖表，上海租界中國居民的肺結核死亡率，張宜霞、伊懋可，〈近代中國的環境與結核病〉，劉翠溶，伊懋可主編，《積漸所至：中國環境史論文集》，臺北：中央研究院經濟研究所，1995，頁 803。

〔註40〕 陳長辛，〈上海市各醫院肺癆科及療養院床位之調查〉，《中華醫學雜誌》1937

據中國防癆協會在 1936 年發布的統計，中國在世界各國因癆病致死者佔首位，尤以五大都市（南京、上海、漢口、天津、杭州）之死亡率更足驚人。「各國癆病死亡統計：世界各國患癆而死者，計紐西蘭 736 人，美國 99,579 人，荷蘭 7,263，法國 66,824 人，日本 120,917 人，中國 124,000 人。」而「中國肺癆病死亡率以都市佔多數，各地農村較少。五市肺癆死亡人數，約佔全國百分之十以上」。〔註41〕

上海都市地區肺癆病患者之多也可從報紙上刊登的眾多針對肺癆病患的藥商廣告中看出。以《申報》為例，號稱對治療肺癆病有效的藥品廣告有兩類，一類是如魚肝油，牛乳，牛肉丸，補血丸，人造自然血，紅色大補丸這樣的滋補品，針對肺癆病患者身體虛弱的症狀；另一類是針對肺部問題的特效藥，如名目繁多的「除痰藥」，「保肺漿」，「補肺精」，「助肺呼吸香膠」等。從中外藥商針對肺癆病投入如此之多的藥品廣告，也可看出其在都市裏的流行。

二十世紀三十年代開始，肺癆病開始得到社會大規模的關注。1933 年十月，中國預防癆病協會在滬成立，以在社會上撲滅肺癆病為目標，開展了一系列規模甚大的防癆運動。該協會雖不是由政府正式創辦，但卻聚集當時政界、醫界、文化界名流，算是半官方的社會組織。如任名譽會長的為上海市市長吳鐵城，副理事長的為市衛生局長李延安，任常務理事的為西醫醫師伍連德、顏福慶等。該會出版發行會刊《防癆》雜誌，張貼標語，編製防癆歌詞，贈送防癆專書，開展了諸如防癆宣傳周，防癆展覽會，電臺播音各處講演防癆知識，勸止吐痰運動等運動，旨在喚起民眾防癆意識，不止開展於上海，也舉辦活動於南京、北京等全國各大城市。

防癆運動之所以規模如此宏大，重要原因之一是因為 1930 年代的很多關於肺癆病的著述都將其看作是不僅關係到個人健康的大病，也是關係到國家民族社會命運、經濟復興的大問題：「在中華民族的生命上，有一件極嚴重的危機，此種危機的開展，足以動搖民族復興運動之基礎，此種事實，便是癆病流行的普遍化，使復興前途掩上濃重的陰影。」，〔註42〕「誠能如此（注意

〔註41〕 年第 23 卷 3 期，頁 382。
〔註41〕 《申報》，1936 年 3 月 23 日第三版。
〔註42〕 金慕農，〈防癆運動與中國民族復興運動之關係〉，《防癆月刊》，1936 年第 6 期，頁 9。

衛生，奉行防癆方法），則防癆運動之舉行爲不虛，而民力國力亦可增其強厚，人民康樂，民族復興，蓋將基於此矣。」〔註43〕

　　丁福保也是此時轟動一時的社會防癆運動的重要參與者。他不止與杜月笙〔註44〕（1887～1951）、虞洽卿〔註45〕（1867～1945）等滬上名流一起被任命爲防癆協會的監事，而且還是《防癆》月刊的特約編輯人，在該刊物上發表多篇文章〔註46〕，宣傳他對於肺癆病的見解。協會向公眾贈送的防癆專書，亦爲丁福保所贈。他向協會贈送了《肺病指南》《肺病預防法》及《肺病療養法》三書共一千九百餘本，據稱很快便全部贈送完畢。

　　1934年，正當防癆運動開展之際，丁福保出資與其子丁惠康〔註47〕（1904～1979）創辦的虹橋療養院成立，該療養院以「國人自辦，設備一流，中西兼顧」爲名，在硬體設備方面完全按照西醫療養院模式興建，除備有手術室、冷氣裝置、愛克斯光機、太陽燈等醫療設備外，還設計有特等臥室、餐廳、藏書室、交誼廳、藏書室、音樂室、日光浴臺等生活設備，在聘請醫療護士人員上則號稱中西兼顧，完全是針對滬上有產階層建成的療病場所。憑著丁氏與滬上各界的良好人緣，得到眾多政商醫界人士的贊助，該肺病醫院開幕之時，滬上各界名流到場，成爲當時上海轟動一時的新聞。〔註48〕虹橋療養院亦與防癆協會及當時開展的防癆運動關係密切，1936年聯合防癆協會舉辦

〔註43〕　時論選輯（三月十五日《中央日報》），〈防癆運動之意義〉，《更生》，1937年第4期，頁4。

〔註44〕　杜月笙，上海人，民國時期上海最大幫會青幫首領，交際廣闊，也積極參與社會公共事務。

〔註45〕　虞洽卿，浙江寧波人。近代上海著名商人，時任上海總商會會長，公共租界工部局華人董事。

〔註46〕　丁福保發表在《防癆》上的文章計有〈治肺癆之新療法〉、〈防癆之要點〉（演講詞）、〈假使我患了癆病了〉、〈小學教員與肺結核問題〉、〈肺病淺說〉（連載）。

〔註47〕　丁惠康，江蘇無錫人，丁福保之次子。同濟大學醫科畢業，後赴德考察醫學，獲漢堡大學博士學位。1925～1926年主編《中西醫學報》，後將其改名爲《德華醫學雜誌》，主持虹橋療養院，並發表了不少關於肺結核的著述。

〔註48〕　見〈今日開幕之虹橋療養院〉，《申報》1934年6月17日，第十三張，由吳鐵城市長舉行開幕典禮，衛生局長李延安，陸伯鴻發表演說，孫科捐助太陽燈室，杜月笙捐助化驗器材，到場嘉賓還有葉恭綽，李烈鈞，王一亭，史量才及中外醫師，學生，記者等一千餘人。病室條件優越，手術室配備最新設備，還有飯廳、音樂室、藏書室、交誼廳等生活設備。用費據稱同等外國醫院需要十四五元一日，該院頭等每日八元，設隔離式平房，收費每日一元至三元。1937年後停業，後遷入霞飛路。入住過的名人有杜重遠、楊虎城、張瀾、羅隆基，歌星周璇等。

防癆展覽會，還曾配合協會免費為市民拍攝 X 光線檢查肺部，並發布檢查結果。在聲勢浩大的防癆運動之中，湧現出了眾多的關於肺癆病的書籍及文章，內容大多大同小異。解釋肺癆病之病因病理，療法大半是通過隔離與休息，如安靜療法，利用日光、空氣、營養等來恢復健康，預防方法則是提倡個人衛生習慣，尤其是注意痰的處理，如禁止隨地吐痰，吐痰要入盂，內置消毒藥水，盂上還要加蓋，防止蒼蠅蚊蟲傳播癆菌等。〔註49〕

縱觀民國時期的都市防癆活動，主旨在於宣傳肺癆病病理及預防知識，其中特別強調痰在傳染肺癆病中的作用，受此影響，對肺癆病的預防也變得和養成個人良好的衛生習慣息息相關，但對於治療肺癆病方面則沒有更新的辦法，仍是採取安靜和休養法。與此同時，上海市面上出現眾多號稱對治療肺癆病有效的中西良藥，它們在報刊雜誌上廣刊廣告，吸引人購買；由私人開辦的肺病療養院此時也在上海出現，除了 1934 年丁福保出資創辦的虹橋療養院外，還有 1928 年黃涵之在上海大西路辦的上海肺病療養院，1933 年顏福慶在江灣葉家花園創辦的澄衷療養院等，這些療養院大都聘有專門醫師，環境優越，收費不菲。虹橋療養院雖主要由丁福保出資籌款建成，但經營管理權都交予其子丁惠康。在丁福保的著述中可以看出他並不認為得肺病者一定要住進醫院和療養院，並提出了「最經濟之肺病療養法」的觀點。

丁福保的新見解：「最經濟之肺病療養法」的提出

在為數眾多的關於肺癆病的病因病理及預防治療方法的著述之中，丁福保的文字的特別性在於其始終以一般民眾為對象，注重針對民眾之心理及社會對肺癆病的一般看法與認識，重點不在於傳播新的關於肺癆病的專業醫學知識，而是以預防和治療肺癆病勸導一種新的對待疾病的辦法和生活方式，中西醫學思想兼具，特別強調人的精神作用力。並且關注到該病背後的經濟問題而提出「最經濟之肺病療養法」一說。

「最經濟之肺病療養法」所針對的主要是一般甚至下層民眾中患肺癆病者。丁福保對當時所需極高消費的肺病療養方式態度有所保留，他寫道，「今

〔註49〕此外還有戒除有害身體之一切不良習慣，以免減弱身體之抵抗力。注重清潔衛生，多在戶外吸新鮮空氣，練習深呼吸，多見日光；多食滋養食物，節憂慮，戒過勞，提倡雙筷分餐，實行獨睡覺，弗與患者戒除，不得已者當用口罩等。見鍾志和，〈防癆聲中我人對於肺癆應有之認識〉，《防癆月刊》，1936年第 2 期，頁 15。

之指導療養書籍，所言每多不切合實際，似專為富人著想而忘卻最大多數之勞苦大眾之人羣。談滋養品則開列一張羅列珍饈之食單，使人可望而不可即，談易地調養則又是高貴之名山勝地，非富翁莫能往，此種高貴之療養指導，讀之而得其益者有幾人。恐大多數人，不但未得其益，反得其害。」〔註 50〕為此，丁福保提出得肺病者不需要看醫生住醫院，可以省下診療費住院費；不吃世上一切特效藥，可以省下藥錢；不迷信高貴之滋補品，自然可以減輕經濟之負擔。只要保持心中喜悅的話，吃廉價食品如青菜、豆腐、糙米飯等，吃飽亦有滋養之效。要治癒肺癆病，靠的不是醫生、藥物，而是人身體自有的自然治癒力。〔註 51〕而他這個觀點的來源，則與其對肺結核病病因的認識的變化及其身體觀的變化相連。

　　丁福保在他早期（晚清民初）翻譯出版的數部肺癆病書籍中，基本上吸收了日本醫書的觀點，認為肺癆病是一種由結核桿菌而起，通過患肺病者的痰傳播的傳染病。而患病則有素因和誘因，如遺傳、體質、不擅攝生，飲食物之不適及其不足，精神及身體之過勞，運動不足以及有使體力衰弱之病如肺炎、肋膜炎等。〔註 52〕在治療方面則吸收了日本的關於個人的攝生療法，如榮養、氣候（空氣）、水療、居住環境、運動，精神療法，藥品療法等。〔註53〕但幾十年過去，在 1930 年代之後，丁福保則將肺癆病看作是一種不止是關乎肺臟　處的病症，而是與全身有關的全身病與慢性病，因此相應的，治癒的關鍵不在於殺菌，不在於滋養，而是要針對全身，需要病人對以往的生活狀態進行檢討與反省，「如有心身過勞，性慾放縱，不規則生活，不合衛生等情事，應加以矯正。」〔註54〕並做好長期調養的準備。

　　「心身過勞」是丁福保認為的沾染結核菌的最大誘因。「處此生存競爭劇烈時代，自青年期入成年期，往往有不能堪心身之過勞，以致患結核病者，……」那麼何謂過勞？他指出，「所謂過勞者，即作身體能力以上之事及運動之，自身體之營養而言，假如其人祇能進五分之飲食，而欲課以六七分以上之勞力，自然發生惡性影響……」例如「青年男女工人之多患肺癆病，每由於工廠內部不合衛生，工作過勞，榮養不足，睡眠不足，有許多做夜工

〔註50〕 丁福保，《肺病最經濟之療養法》，上海：醫學書局，1940，頁 1。

〔註51〕 丁福保，《肺病最經濟之療養法》，上海：醫學書局，1940，頁 1～3。

〔註52〕 丁福保，《肺癆病預防法》，上海：文明書局，1908，頁 2～4。

〔註53〕 丁福保，《肺癆病救護法》，上海：醫學書局，1911。

〔註54〕 丁福保，《肺病最經濟之療養法》，上海：醫學書局，1940，頁 3。

人，晝間睡眠，夜間工作，不但睡眠不足，而且少見陽光，亦易患肺癆病」〔註55〕。除此之外，「心有憂慮則也不能眠，食慾減退，自然致營養不足，更可成為結核之誘因。」〔註56〕由此看來，中年以後的丁福保將肺癆病視為隨著時代進步，人們在社會壓力之下不能適應，因生活不合衛生而產生的一種時代病，需要人對以往的不健康的生活狀態，如讀書做事的過度，心神的過勞做一反思。如果能夠告別身心過勞的生活方式以及憂慮煩悶的精神狀態的話，自然就可以避免結核菌甚至任何細菌的侵犯。「假如自己只有五分才能，五分財產，偏欲使人視為七分，十分，未免太自勞苦，世上一切被人視在實際能力以下，反而安逸和平。在此等處不但肺結核菌難於為犯，無論何種微菌亦當退避三舍，余深信健全之精神，確可戰勝癆病菌而有餘。」〔註57〕丁福保建議以檢討人生之生活狀態的方式來養病，在其對民國時期上海流行的疾病如腳氣病、花柳病、神經衰弱症的著述中亦可看到。〔註58〕除此之外，丁福保還認為，「多數結核病人不死於結核，而死於結核恐怖症，」〔註59〕因而特別提出了要依靠精神作用力，振作人的自愈能力來治癒肺結核。

用精神作用力來治癒肺癆病，在中外肺癆病書籍中，雖有提及，但都只是片麟隻爪，未作詳論。丁福保卻將此作為治癒肺癆病的根本，位於一般肺病療養書籍中所列的安靜療法、空氣療法、榮養療法的重要性之上，在多部著作及文章中詳盡論證何為振作人體的自然治癒力，為何要振作之以及該如

〔註55〕 丁福保，《衛生延年術》，上海：醫學書局，1940，頁 74。

〔註56〕 丁福保，〈結核豫防法〉，《文醫半月刊》，1938 年第三卷第 9 期，頁 7。

〔註57〕 丁福保，〈肺癆病之適當預防法（續）〉，《青年健康半月刊》1935 年第一卷第 2 期，頁 5。

〔註58〕 如對於曾在上海流行一時的腳氣病，丁福保參考中日古今學說編成《腳氣病之原因及治法》一書中認為，「腐敗之米實為腳氣之主要原因，風土僅助其發生耳……遷居於高燥之地甚有效」，將飲食環境列為病因且「病中宜守一般之養生法」。而對於花柳病，丁福保一方面介紹豫防與治療的知識方法，一面以佛經勸導時人色慾之害。（見丁福保《花柳病療法》，頁 1。）而神經衰弱一症，丁福保認為此病「青年之學生患病者最多，因教科繁重，專用力於腦，怠於身體之運動而發生，……學生外患此症最多者為心勞過度之人……療法第一以有規律之生活為主要，精神求其安靜，心存杞憂之心，夜睡須早，且充足，朝起在空氣清涼之所，行屋外運動，平時宜勉行適度之運動，戒煙酒茶等嗜好品。」（丁福保，〈神經衰弱症〉）又言，「病人受精神之影響而生病，由肉體上，精神上喪失抵抗力所致，病人必須肉體上強壯，同時精神上亦有堅強之鬥病心方可。」（見丁福保，《肺病最經濟之療養法》，頁 46。）

〔註59〕 丁福保，《肺病最經濟之療養法》，上海：醫學書局，1940，頁 12。

何振作，從中反映出的是丁福保晚年受宗教因素影響下的身體精神觀。何謂人體的自然治癒力？丁氏認為，如同植物被摧殘，動物受傷之後能自然而愈一般，人類也有此種自愈能力，這是造物主所給予的。但至近代漸漸消失，原因在於人長久不用將其忘卻，更因人長期以來受科學影響，不相信乃至以醫藥來阻止此種力量的發生。「古代人雖然負傷頗重，卻能信其必愈，其後果即能自愈，近時人稍受傷立即恐怖不安，忙延醫，忙於施行治療，將自然治癒力之存在全然忘卻，祗恃科學為唯一救世主。故自然治癒力亦隱而不現。」並進一步指出光依靠科學的不足之處，「科學雖然在吾人面前表衍種種新發明，使吾人驚異不已，然而同時亦給吾人以一個恐怖心，例如科學雖曾指點吾人知結核係由一種細菌而起，並可以傳染，但對於如何以自然治癒力豫防之，如何以自然治癒力恢復之，卻未有一言半句之指點，徒使人增加恐怖心而已。」〔註60〕

丁福保不認為「科學」可以治癒肺癆病，卻相信宗教的力量。他認為，因醫藥補品都對治癒肺癆病無效，因此要振作自身的治癒力，患者首先必須要有「大無畏精神及再僕再起之不倒翁精神」，「養成長期間勇氣及忍耐力，實為治癒肺病與否重要關鍵。」而宗教哲學則為人養成這種精神有很大的幫助作用。「患者最妙能涉獵各種哲學書籍，如莊子哲學、佛教哲學之類，達觀人生，則一切死生得失之煩惱，自然一掃而空。」〔註61〕丁福保中年之後皈依佛教，後半生都致力於佛學研究之中，他的身體觀如認為人的身體由科學所謂細胞（物質）與古說及佛經所謂之心（精神）構成，而肉體則受人精神的支配，就是從佛教教義而來。

佛教中十分看重人心（精神）的力量，認為一切以心為本。如《華嚴經》云，「三界所有，唯是一心。」《大乘起信論》則云，「以心生則種種法生，以心滅則種種法滅。」丁福保對佛教所謂「一切唯心造成」表示認同，在醫病方面，他特別提出心的重要作用，可以以心治身，甚至挽救生命：「心可造病亦可消病，堅決之心常能使精神發出不可思議之力量，為人所不能為。」〔註62〕因此罹患肺癆病之患者，「須振作精神力與之爭而勝之。蓋生之與死常相爭，如立足一主意，欲勝其死，則自然治癒力大半在精神中出，精神能感動

〔註60〕丁福保，《肺病最經濟之療養法》，上海：醫學書局，1940，頁48。

〔註61〕丁福保，《肺病指南》，上海：醫學書局，1933，頁32～33。

〔註62〕丁福保，《肺病最經濟之療養法》，上海：醫學書局，1940，頁49。

腦筋之力，亦能感動全身之力。竟有多人能因此而自救其生命者。」〔註 63〕
丁福保從佛經中領悟到人心的力量，因而提倡肺癆病患者以堅決的意志力，
以心的作用而不是靠種種療法戰勝肺結核菌。丁福保相信佛教的力量不止在
於它可以幫助人振作自然治癒力，還認爲在自然治癒力不能發揮作用之時，
也可向佛法求助：「萬一病人自以爲命運極壞，精神頹喪，已不能振作自己之
自然治癒力，……則宜潔誠齋虔，求佛法以治之。」〔註 64〕在丁福保的著作
《肺病最經濟之療養法》中引用數個病例，如華北大學畢業生譚君在認識佛
法之後肺病症狀消失，靜坐修佛數月之後身體健康也得以恢復；另一師範畢
業女士患肺病多年不治，念佛並皈依佛門之後病有起色等。〔註 65〕

　　宗教信仰是解釋丁福保相信人體的自愈能力以及精神力量的一個方面，
另一方面，他的這個認識，應當也與其好友，同爲佛教居士的聶雲臺有關。
聶雲臺曾是海上顯赫一時的工商領袖，在 1920 年代因病而退出商界，潛心修
佛，並對衛生、肺癆病、傷寒病等皆有專門研究，與丁福保同爲上海佛教居
士林的發起者。聶雲臺亦相信人體自身本身的神秘力量，認爲「生理本能之
偉大，比之我們用浮淺的科學知識造成的藥物、醫療效能更高。」對於治療
肺癆病來說，治癒的關鍵「絕不能靠滅菌之藥，而在扶助及恢復生理本能以
抗細菌的發展。」〔註 66〕爲此，聶雲臺提出了「結核輔生療法」一說，指出
可以利用營養品，及普通的生物藥品來輔助人體生理本身具有的能力來制止
細菌，自愈疾病。聶雲臺對肺癆病的治法的論述與丁福保的相比，更爲專業，
因其涉及到生理生化知識，並列舉了大量藥物。但兩者是建立在同一基礎上
的，即認爲治療肺癆病的方法不在於滅菌，而在於喚起人體自身的神秘強大
的自愈能力。只是丁福保在他的著作中強調的是精神修養法，而聶雲臺則進
行了諸多藥物的實驗嘗試。

　　儘管丁福保認爲藥物並非醫治肺癆病的必須品，但也不是完全拒絕任何
藥物。只是他研究的可用藥物，非傳統的中藥，也非西藥，而是取於價格低
廉的草本。他曾發現棉花根可作大補藥之用，並可治癒肺結核病，只是病人
在服用此藥的同時，也要謹守一般的呼吸、休養規則才可奏效。

〔註 63〕 丁福保，《肺病最經濟之療養法》，上海：醫學書局，1940，頁 31。
〔註 64〕 丁福保，《肺病最經濟之療養法》，上海：醫學書局，1940，頁 56。
〔註 65〕 丁福保，《肺病最經濟之療養法》，上海：醫學書局，1940，頁 56～59。
〔註 66〕 聶雲臺，《結核輔生療法》，上海：樂中印書社，1949，頁 3。

　　丁福保在他的關於肺癆病的著述中始終是以強調個人的衛生法為主，但他也認為貧窮以及惡劣的工作生活環境等是與肺癆病有關的社會問題，對於這些為生活所迫的人而不幸患上肺癆病的人，丁福保感歎道，「實際世人因不能不吃飯而不顧性命工作者甚多，誰人不圖安逸，但安逸卻不易立足於生存競爭激烈之社會。」〔註67〕又說，「安得有不愁麵包之盛世，患病而可安心養生之社會，使結核初期之患者，早日恢復，對國家社會之經濟上，亦有莫大利益。」歐美及日本政府當時都有國家衛生的概念，政府對肺癆病的控制承擔重要責任，丁福保亦有所瞭解，但卻認為「在最近之將來，恐一時尚不及造成不愁麵包之理想社會，養生之資，仍不能不委於個人之經濟，」〔註68〕對於那些生活困難，無財力支持一般的生活條件，即使患上結核病仍然要去做工的貧者，只有靠熱心慈善家設法。丁福保亦是其中之一。在民國初年，丁福保便有為貧民送診之舉，〔註69〕1940年代之時，又有籌備防癆基金資助貧病人士之舉。〔註70〕

第二節　「西醫」還是「國醫」：「中西醫名家」丁福保的醫學造詣探討

　　丁福保以在醫學方面的豐富著述聞名，從晚清到民國年間，他出版的關於醫學、藥物學、衛生學方面的專著計有130餘種，而他在大眾期刊雜誌上發表的此類文章的具體數字更是難以統計。雖然在丁福保的這些著述中，醫學普及類的通俗知識佔據了大半部分，但他同時也是一位醫生，從1908年

〔註67〕丁福保，《衛生延年術》，上海：醫學書局，1940，頁106。

〔註68〕丁福保，《肺病指南》，上海：醫學書局，1933，頁122。

〔註69〕此據《申報》1920年7月一篇名為〈丁福保醫生送診〉的新聞：「西醫丁福保君自民國六年起照錫金公所夏季送診之例送診兩月，至今已歷三年。……特發願常年為貧民送診，不以夏季兩月為限，診金掛號費一概不取，亦不買藥。凡上海之貧病無力醫治者均可至丁寓診治。……送診時刻每日上午八時至十二時止。」

〔註70〕此據《申報》1943年12月4日申報第二張名為〈福保防癆基金特設防癆醫院診療所今日開幕貧民可請求補助〉的新聞：「醫界耆宿丁福保先生鑒於肺病之長期治療，其費用為一般病家所不能擔負，特籌防癆基金，於最短期內設立一可容百人之防癆醫院，專收三等病人。……專門治療各期肺病外，並有專員義務指導防癆及治療法則，……收費均照紅會辦法，而貧病可請求基金補助，以達完全治療之目的。」

初至上海時便開始掛牌給人診病，一直到 1940 年代，行醫開業 30 餘年。有旁人稱道，「余屢道海上，每見達官居子薦紳編戶販夫與隸，造君（丁福保）廬求醫者，日夜肩踵不絕。」〔註71〕那麼丁福保的醫學修養究竟如何，在著述中中西醫學兼具的他，醫學傾向是歸於西醫還是中醫，還是兩者兼而有之呢？

在上一節中，通過對丁福保對肺癆病一症的觀點與療法的討論，可以看出的是，面對中西醫學兩套不同的針對肺結核（肺癆病）的理論與療法的知識體系時，丁福保認同了西醫的解釋，又以自己本身的修養補充了如何以精神修養法療養此病。同時，也有為病人研究合適的草本藥物。他在西醫方面的修養，是一般中醫所不及的，而在中醫方面的修養，亦是一般西醫所不及的，難以給他劃分中西醫的界限。

但就丁福保個人而言，他最初是將自己歸於西醫的陣營的，在晚清民初的報紙上刊登的廣告都稱自己為西醫。而在中醫群體中也有許多人視他為西醫或者是中西醫，如中醫陸淵雷稱其為懂得中醫的西醫，1930 年代上海中醫丁仲英在《康健集》中對其稱道：「丁福保先生，名中西醫家也，著述之富，國內一人。」而到 1930 年代之後，傾向研究中藥的丁福保被聘為國醫館編審委員，當時的報章雜誌中，多稱其為國醫。〔註72〕丁福保先習中醫再習西醫，雖翻譯出版了大量的西醫書籍，但亦有整理出版不少中醫文獻及中西醫會通書籍，針對的讀者多為中醫，他的社會交往圈也多和中醫相連，是贊成 1930 年代「中醫科學化」運動中的一員。丁福保始終並未接受過西醫的專門訓練，他所有的西醫方面的素養多來自其所翻譯的日本醫書，如他自己所稱，「余於醫學，稍得一二新智識，皆從日文中來。」〔註73〕他在西醫上的造詣並不及中醫來得深厚，從其中西醫學的修養及實踐來看，他更像是一位採西法，吸收西醫知識的中醫。那麼，他是如何使中西醫學這兩套完全不同的醫療文化在他的醫學世界中得以共存的呢？本節將從丁福保的行醫理論與實踐這兩方面著手，討論這一問題。

丁福保的醫學修養：從「中醫」到「西醫」到「科學醫」

1939 年，丁福保擔任《國藥新聲》的主編，他在該刊的發刊詞中說到，

〔註71〕 丁福保，《近世內科全書》，上海：醫學書局，1927，頁 2。
〔註72〕 1940 年代有記者採訪丁氏，稱其「是一位學者，又是一位國醫」。
〔註73〕 丁福保，《疇隱居士七十自敘》，無錫：無錫史志辦，2009，頁 30。

「中西醫藥溝通之呼聲逾四十年，吾人主張溝通中西醫應自中醫科學化始亦四十年。」〔註74〕然而，丁福保雖以醫爲業有 40 餘年，但眞正提出「中醫科學化」的概念卻是在 1930 年代之後，清末以來，向大眾傳播醫學知識的他所書寫的醫學，用更多的是「求中西醫學之會通」的概念。而這一概念，則來自於日本明治維新以來包括生藥學在內的新醫學。

丁福保的醫學知識最早來自中醫經典，受自身病患所苦的他曾自學過各類醫學古籍，養生方書：「求醫學於本經、素問、靈樞、難經以及漢之張長沙，晉之葛稚川，唐之孫思邈，金元四大家。」〔註75〕後來曾先後求師問道於中醫張聿青，以及通中西醫學的趙元益。張聿青與丁福保是無錫同鄉，後至上海行醫，爲清末名醫，門下弟子多人，著有《張聿青醫案二十卷》；而趙元益雖然爲中醫出身，卻以翻譯西書名，他與傅蘭雅合作翻譯了多本西醫書籍，首開譯介西醫知識之先河。丁福保由此接觸到早期歐美西醫書籍，如合信及嘉約翰等人的著作。

1903 年丁福保前往北京任京師大學堂算學與生理學講習，後辭職從事譯書出版事業，並於 1908 年赴上海。1909 年丁福保通過了側重考察比較中西醫學的南洋大臣醫科考試，〔註76〕獲得清政府頒發的內科醫師最優等開業證書，這亦是丁福保所得到的唯一一個行醫的資格認證。之後他赴日本考察醫學，買回大量日本西醫書籍及藥品。這些日本西醫書籍，也是他獲取西醫知識的主要來源，〔註77〕「遂求解剖學、生理衛生學以及內科學，藥物學，病理學，診斷學等東西洋之典籍。」。〔註78〕在丁福保的〈學醫筆記〉中，也提到他日間出診，晚間便閱其所譯西醫書籍：「閱內科全書，……檢閱病理學各書，凡細菌及內臟各圖畫，所以致病之處，皆粲然陳前。」〔註79〕在對中西醫學知識都有所瞭解的基礎上，丁福保從此開始探求中西醫學會通之道。

〔註74〕丁福保，〈國藥新聲發刊詞〉，《國藥新聲》1939 年第 1 期。

〔註75〕丁福保，《現代醫學》，上海：醫學書局，1927，頁 1。

〔註76〕題目有「論中西脈學之得失：論中西藥學之異同：論古人之用麻醉藥：論愛克斯光線之功用，論中西鍼法，論鼠疫病因療法以及論說文息字以證知覺屬腦之說。」

〔註77〕丁福保之子丁惠康，畢業於上海同濟德文醫工學校（同濟大學醫學院之前身），後赴德國留學醫學，其姪丁錫康畢業於上海聖約翰大學醫學院，都爲正規醫學校畢業的西醫。相信他們也是後期丁福保獲得西醫知識的來源。

〔註78〕丁福保，《現代醫學》，上海：醫學書局，1927，頁 2。

〔註79〕丁福保，〈日記之一斑〉，《中西醫學報》1911 年二月第 11 期，頁 10。

　　從清末到 1910 年代，丁福保一直致力於「丁氏醫學叢書」的編譯出版，這套叢書分類爲傳染病學、肺癆病學、內外科學、皮膚病學、細菌學、解剖學、生理學、病理學、藥物學、診斷學、兒科學、婦科學、胎生學及產科學類以及中醫學類、中西醫會通類。與日本明治維新以來的醫學分科及近代西醫分科不同的是增加了中醫學類及中西醫會通類，這反映出他在日本新醫學影響下對中國醫學日後發展道路的看法。他認爲，在醫理方面，中醫需要全面吸收西醫各科理論，而在藥方方面，因中醫不乏有效之方，這是中西醫學可以會通之處：「余研讀古醫書有年矣。知古書中所論之人體生理及病理藥性等謬誤最多。惟古書中有極效之良方，往往與西法若合符節者，……余擬薈萃中西醫籍，求其會通。凡古方可用者則存之，以保國粹。凡西藥之可以中藥相代者則代之以塞漏巵。」〔註 80〕在對比了西醫解剖生理病理各科理論之後，丁福保認爲古醫書中關於這方面的錯誤極多，但需要拋棄的不止是這些關於人體生理、病理及藥性的謬誤之處，也包括如陰陽氣化五行這樣的中醫基礎理論，以及仲景、丹溪等人的學說，只因其不如西醫理論簡單直接易於理解接受。「陰陽氣化五行五味生剋之理，迷亂恍惚如蜃樓海市不可測繪」，「若雲外感必師仲景，內傷必師東垣，熱病必師河間，雜病必師丹溪，是捨舟車之便利而必欲負重遠行。」〔註 81〕而對於古書中有效的良方，則可保存，而這可否保存下來的標準便是看它是否與西醫學說相符。

　　這段時期丁福保先後翻譯編寫出版的中西醫學會通類的書籍計有《化學實驗新本草》（1909）、《中外醫通》（1909）、《腳氣病之原因及治法》（1910）、《中西醫方會通》（1910）、《醫界之鐵椎》（1911）、《漢譯臨床醫典》（1913）、《漢藥實驗談》（1914）、《新萬國藥方》（1914 年 2 版）、《漢法醫典》（1916），除《腳氣病原因及治法》一書是古法新法並重，稱「中西之藥品雖不同，其理則一」外，〔註 82〕其他著作都是由日本明治以來的漢醫著作翻譯整理而來，基本上都是以中藥爲中醫價值的核心，將西醫理論與中藥藥方拼湊爲一體。對於中藥藥效的確認，則取決於它是否能配合西醫的理論。丁福保對於中西醫學的會通之道的看法也深受其影響。

　　自 1920 年代以來，隨著中西醫論戰的激烈，「中醫科學化」的聲音開始

〔註 80〕丁福保，《新傷寒論序》，上海：醫學書局，1911，頁 3。
〔註 81〕丁福保，《內科學綱要序》，上海：醫學書局，1911，頁 4。
〔註 82〕丁福保，《腳氣病之原因及治法》，上海：醫學書局，1910，頁 2。

出現，到 1930 年代醫界內喊此口號者漸多。1932 年，丁福保與宋大仁等發起中西醫藥研究社，該社致力於介紹西醫新學說以及研究整理中國本草及驗方經驗，發行刊物《中西醫藥》，並發表了關於中醫科學化的討論專輯。隨著中醫科學化日益成為醫界中熱門話題，雖未加入論戰之中的丁福保，也開始在著作中有意識地使用「科學」這一概念。這首先出現在丁福保在 1930 年出版的《中藥淺說》中，他在序言中寫道：

> 吾國本草，半由臆造附會，瑕釁百出，古人既僞言於前，今人又剿竊於後，謬種流傳，伊斯胡底，以致甚有價值之中藥，頗爲科學家所詬病。是書從日本藥物學書選譯而成，凡各藥之原物、形態、成分，應用等，皆依據科學，一一載明，足以正國人之舛誤，開後學之途徑，使數千百年來謬誤學說，一變而爲化學實驗的學說，此譯者之本意也。〔註83〕

儘管此時丁福保並未給出他對於「科學化」的定義，只勉強可說是將「科學」等同於西醫化學實驗。但從全書中可以看出的是，本草科學化的含義是，一是在辨別藥性方面，以化學實驗檢驗出其成分取代傳統本草著作中講藥性的陰陽五行五色五味說。二是在藥物的分類方面按照西藥以功能分類的方式，將其分爲強壯健胃消化、鎮痛鎮靜痙、收斂止瀉止血等類，形成一種中藥與西藥的對應，中藥可以當作西藥來使用的印象。這與日本的生藥學，即以西醫化學方法來分析中藥是一脈相承的。

到 1940 年代，丁福保出任《國藥新聲》的主編，在這份刊物中，他正式提出了「中醫（國醫）科學化」一說，並對何爲「科學化」，如何才能成爲「科學中醫」做出自己的解釋：「然而所謂科學化者非僅徒託空言必求之實際，即醫說須循生理病理學之正軌，方劑須循理化學生物學之原則，故今後之努力必須將舊學加以科學整理，善者從之，不善者改之，其理論相同者統一，相異者鑒別是非而去捨之。」〔註84〕這是丁福保首次公開發表對「中醫科學化」的概念的定義。他之所以在此時公開發表意見，是因爲他認爲時機已到，社會上對中醫科學化的接受程度已經越來越高：「社會間對於科學之認識日普，對於科學信仰日深。在今日不獨輿論家表吾同情者日衆，即中醫界最高當局之國醫館，亦諮吾說，一致公認中醫有科學化之必要。至是而始有接受吾人

〔註83〕丁福保，《中藥淺說》，上海：商務印書館，1930，頁 1～2。
〔註84〕丁福保，〈發刊詞〉，《國藥新聲》，1939 年第一冊第 1 期。

意見，貫徹吾人主張之傾向，誠堪引慰者矣。」〔註 85〕但他對於中醫科學化的見解並沒有與以前的論述有太大差異。他還是認為在醫學理論方面必須遵照生理病理學，藥方則遵照化學生物學的原則將中醫重新整理，相同者則保留，相異者則去除，認為這是中醫科學化的道路。而在治病方面，則盡量使用中藥，即「論病理則本諸西說，論處方則代之以中藥，至萬不可代之處則用西藥一二種，以補中藥之不足」〔註 86〕

丁福保在西醫方面的修養從日本新醫學而來，在透過日本西醫書籍瞭解到西醫各科後，他成為西醫的支持者，認為近世以來中醫與西醫之間的差距可以「鑽火之與電燈弓矢之與槍砲也」比擬之，因此主張中醫應學習西醫各科基礎理論，包括解剖、生理、病理、診斷及論藥性各科，在治療方面，他則有一種越來越傾向於中醫方劑及國產本草藥物的傾向。換言之，他吸收了日本西醫各科基礎理論及生藥學，並把後者看作是中西醫的會通之道。這套想法從清末到 1940 年代都沒有太多的改變。在當時，像丁福保這樣將中醫病理與療法分開對待的人並不是少數，如丁氏好友聶雲臺，也有發表類似見解：「蓋中西醫各有其特長，亦各有其所短，如中醫歷史悠久，經驗豐富，療法多與最近科學相發明，是其所長，但無生理解剖細菌化學，所言病理均不確當，是其所短。西醫病理藥理至極精微，而歷史太淺，效藥甚缺，是其所短。」〔註 87〕丁福保的這種中西醫學觀也影響到他的行醫實踐，呈現出一種新舊雜糅的形態。

丁福保的行醫實踐：新法與古方兼採

在丁福保早期的行醫實踐中，號為西醫的他採用的是西醫的診斷方式，處方也往往開西藥，但到後期，他越來越提倡使用中藥，並研究中醫古方及價廉的本草藥物。他對中藥及其藥方之中無法用科學解釋的治療力量，在行醫的過程中漸漸變得信任起來。

1914 年丁福保的友人在為其最新譯書《近世內科全書》作序中曾經舉出眾多醫例反映出丁福保彼時的行醫手段：

> 余兄炳輝，身肥而陰萎，精神萎頓，仲祜檢其尿有糖，以為糖
> 尿病，禁食粥飯及含糖之食品，專食動物類代之，服藥數月，病果

〔註 85〕丁福保，〈發刊詞〉，《國藥新聲》，1939 年第一冊第 1 期。
〔註 86〕丁福保，〈發刊詞〉，《國藥新聲》，1939 年第一冊第 1 期。
〔註 87〕聶雲臺，《結核輔生療法》，上海：樂中印書社，1949，頁 19。

愈。余一外甥，年十二，患全身浮腫而腎囊之腫尤甚，仲祜檢其尿
有蛋白，以爲急性腎臟炎，命靜臥專飲牛乳，用重瀉劑而愈。一李
氏女患腹痛，仲祜診其胸部，檢查糞便有飛蟲卵，以爲腹痛可即愈，
惟肺尖有水泡音及濁音，肺中已有結核，後常劇。女腹痛愈後，不
信有肺病，逾年果死於療。一老嫗頭痛嘔吐壯熱，仲祜診其淋巴腺，
檢其血液，以爲百斯篤，命速送工部局傳染病醫院，病家不從，越
日，老嫗死，其同居以傳染病死者數人，於是滬上始喧傳有鼠疫矣。
周君雪樵患胃病吐血，全身發惡液質，仲祜以爲胃癌，宜速施外科
手術，捨是無治法，周君不能決，逾二年果死。宋君咳嗽咯血，仲
祜以結核素種其臂，如種牛痘然，越二十四小時，皮膚現結核反應，
又以顯微鏡檢其痰有結核菌，遂診斷爲肺結核，注射藥與內服藥并
用，凡四閱月而病全治。〔註88〕

　　根據文中所描述的，丁福保的診病手段帶有強烈的西醫色彩，如簡單的
化學檢驗法（包括驗尿、糞、血），使用顯微鏡檢查細菌，用結核素注射法及
細菌檢查法來診斷結核病，使用的藥物也爲西藥，看似遠離於正統中醫治療
方法之外。但需要考慮的一點是這是丁氏友人爲其譯著《近世內科全書》作
序，重點在於驗證他按照日本醫書醫病方法的有效性。「仲祜曰余之治病，一
以近世內科全書爲法，凡診斷處方等無一不與是書相吻合。」〔註89〕從中反
映出的是丁福保的西醫修養都是來源於他所翻譯的日本醫書。

　　根據前文中所提及的，丁福保對肺癆病一症，完全吸收了他所翻譯的日
本西醫書籍所載的病理及療法，而對於其他一些流行傳染病及常見病患，只
要是丁福保所翻譯的日本醫書中有涉及到，丁福保在行醫中也會加以實施：
如患者閔氏「以喉痛甚劇，不能語言，飲食不下嚥……羣醫皆以爲白喉，余
則以爲重症之喉頭加答兒也。內服藥爲沃剝○、五，沃度丁幾○、三，石炭酸
二滴，倔利設林二、○，水三○、○，分三次一日服完……」此外，對於赤痢
一症，「宜用大量蓖蔴油以泄之，其後接用大量之收斂劑。」，「胃腸病宜用甘
汞，神經衰弱宜用臭素劑，胃痛宜用人工加爾爾斯泉鹽等」。〔註90〕由此可以
看出的丁福保對日本醫學術語以及西藥的熟悉。

〔註88〕 丁福保，《近世內科全書》，上海：醫學書局，1927，頁 2。

〔註89〕 丁福保，《近世內科全書》，上海：醫學書局，1927，頁 3。

〔註90〕 丁福保，〈日記之一斑〉，《中西醫學報》1911 年二月第 11 期，頁 4。

　　但在使用西藥的同時，丁福保對藥物療法卻並不信任，他強調人體的自愈能力，並認爲「病有非醫藥所能爲力而必死者約居百分之五，又有病雖重篤，遇名醫則省，遇庸醫則死，其生死繫於醫藥者，亦居百分之五，此外之病，大抵皆能自愈，不必服藥者，約居百分之九十。」〔註 91〕。也就是說，大部分的病人都不需要服用藥物而能自愈，合適的藥物僅僅是用於縮短病癒時間，減輕病苦。如果要使用藥物的話，較之西藥，丁福保更爲信任且提倡的卻是中藥，他認爲中藥與西藥在療效方面有相通之處，並在晚期花費不少心力研究特效古方，可以用於治療西醫未能治癒之病。如他在 1910 年代翻譯日本漢醫著作《醫界之鐵錐》時，就贊同以本草中藥代替西藥治療一般病症：「余嘗治妊婦嘔吐及其他嘔吐，初以西藥治之無效，後用半夏二錢，乾薑三分，茯苓一錢五分以水濃煎一次服下，日服三次，以二日而愈。」〔註 92〕「治瘧疾，不用金雞納霜而用花檳榔五錢，煨草果常山柴胡各一錢，以水煎服，一日三次分服，連服數日，治瘧神效，其價亦廉；又如化痰不用辛衣格（Senegn），而用遠志四錢，以水濃煎，一日三次分服能使氣管支分泌液增多，痰易咯出。」〔註 93〕再如對於當時未有特效藥的腳氣病，丁福保一方面遵從西醫療法，「多服重量硫苦以泄之。」另一方面，又引用古方土法，指「每日兼食鼈魚一隻更有奇驗。」〔註 94〕治療肺癆一症，雖無特效藥，卻有奇驗方，「用仙鶴草六錢，大棗十六個，水六杯，同熬五六點鐘之久，俟水已成一杯，然後服下，此方最有奇效，予親見服此而痊者甚多也。」〔註 95〕對於中藥中未有科學化驗解釋的藥方，丁福保亦以療效爲準，肯定其功效。

　　丁福保接受西醫理論而仍然使用中藥藥方的做法，雖有受到日本漢醫著作以及所處的交往圈的影響，但也與當時西醫的發展狀況相關。儘管十九世紀以來西方醫學取得突飛猛進的進步，但主要表現在病理知識上，在治療方面卻沒有取得相應的巨大進步。正如醫史學家所說，「儘管剛剛興起的製藥工業開始提純一系列傳統的方劑，並開發了一些新藥，治療學仍然滯後。科學認識轉化爲令人信服的實踐成果，要等待以細菌學爲基礎的疫苗、血清、抗

〔註 91〕丁福保，〈醫學筆記二十條〉，《現代醫學》，上海：醫學書局，1929，頁 41。
〔註 92〕丁福保，《中藥淺説》，上海：商務印書館，1933，頁 2。
〔註 93〕丁福保，《醫界之鉄錐》，上海：醫學書局，1911，頁 2。
〔註 94〕丁福保，〈日記之一斑〉，《中西醫學報》1911 年二月第 11 期，頁 5。
〔註 95〕丁福保，〈治癆症吐血奇驗方〉，《丹方雜誌》1935 年三月第 1 期，頁 32。

菌術的發展。」〔註96〕在西藥無法治癒所有疾病的情況下，其它種類的治療方式便有了生存的空間。

　　從醫學專業角度來看，丁福保雖然翻譯編寫了大量日本西醫書籍，但他從沒受過正式西醫訓練，他的行醫資格證只有一張1909年南洋大臣醫科考試的最優等內科醫師執照，但他卻以此在滬上開辦函授新醫學講習社，並行醫40餘年。問題是丁福保為何有信心可以以西醫自居並得到社會的承認？丁福保雖開業行醫，但為他帶來更多收入及名望的是他著述家，出版家的身份，此為一重要原因。另一個原因則與晚清到民國時期，西醫教育的薄弱以及醫政體系的不完備有關。直至清末，中國國內並無正式的西醫教育，真正醫學校的成立要到民國初年，但數量頗為有限。根據1934年的統計，全國也只有30幾所高等醫藥教育機構，其中三分之一為外國教會所設立。〔註97〕至於正式的醫師登記制度更是遲遲才得以建立。所以丁福保在清末時候可以以西醫自居，並憑藉大量醫學著述得到社會的承認。

小　結

　　從晚清到民國後期，丁福保一直都對肺癆病十分關注，為此編寫出版了大量著述，向大眾傳播肺癆病病理及治療預防知識。在晚清時期，丁福保率先出版了數部關於肺癆病的書籍，首次將日本明治以來對結核病的新知識介紹進入中國，對於當時還未知肺結核一症的西醫病因、病理及療法的中國社會來說，恰逢其時。丁福保一方面基本上吸收了日本西醫對肺癆病的病因、病理以及治療預防方法的解釋，並批評當時中國醫界對此病的無知，呼籲醫界的改良；另一方面也於譯著中增加了部分中醫關於肺癆病的理論，以適應中醫群體的閱讀習慣。到民國後期，丁福保將肺癆病看作是一種全身病，又受到身邊好友聶雲臺的影響，提出要以振作人的自然治癒力的力量治癒肺結核。此外，丁福保中年後皈依佛教，因而特別看重人體的精神作用力。為此他提出「最經濟之肺病療養法」一說，認為醫生、藥物、營養品以及其他物質療養文化都非必要，提倡以一種新的生活方式，利用人的精神作用力來預

〔註96〕羅伊・波特（Roy Porter）主編，張大慶主譯，《劍橋插圖醫學史》，臺北：如果出版社，2008。頁15。
〔註97〕江晦鳴，〈中國醫學教育之前瞻後顧〉，《中西醫藥》1934年八月第一卷第1期，頁51～52。

防和治療肺癆病，以適應中下層社會的需要。

對於肺癆病一症，丁福保在病理解釋以及診斷上都採取了西醫的方式，在治療上卻強調要以振作人的精神作用力甚至是利用宗教力量來治癒該病，並研究中醫古方以及本草藥物。從丁氏對待此症的態度反映出他在中西兩種醫學修養以及儒、道、佛學思想影響下的複雜醫藥觀。

面對晚清到民國以來愈演愈烈的中西醫之爭，丁福保對中醫日後發展的道路提出了「中醫科學化」一說。認為中醫舊學，必須依據西醫生理學、病理學、理化學、生物學等各門學科，經過科學整理，其理論相同者統一，相異者鑒別是非而去捨之，才能發展中醫，保存國粹。〔註 98〕他認為的「科學化」，是以西醫理論及方法來改造中醫，最終目的是使中國醫學可以應對來自西方醫學越來越犀利的挑戰，成為一種可為主流教育，政府機關乃至國際上可以接受的新的醫學。由始自終，「科學」在丁福保的心目中，指的是與中醫陰陽五行氣化等理論迥異的西醫各科知識，如清末他從短期的日本考察醫學之旅以及大量的日本醫書中所瞭解到並大力向中國社會介紹的近代解剖生理學、病理學、診斷學、細菌學知識到二十世紀三十年代以來的內分泌學、維他命學、營養學知識，而非一種實證科學精神。正因為丁福保並不是一個科學主義者，他的人生觀及世界觀受儒、道、佛學的思想影響更深，尤其是後兩者，因此他才特別看重人的精神的作用，以至晚年越來越相信鬼神、宗教的力量，以此來認識科學以外的世界，這也是解釋他的醫學觀、身體觀以及疾病觀為何呈現出種種矛盾的原因。

丁福保所處的時代，十九世紀末到二十世紀初，代表的是中西方文化掙扎的時代，西方的現代科學與技術一度被認作是使國家強盛的關鍵，而身在此時的知識分子則無可避免地承擔起改良中學，調和中西的責任。同樣，依託於近代解剖生理微生物科學體系之上的西醫進入中國之後，給中醫帶來的挑戰不止是來自醫學知識醫療辦法的競爭，也在於背後的文化系統，更多地表現為科學與傳統之爭。丁福保在中西醫兩條道路上行走卻不失平衡，既體現了十九世紀以來西醫知識傳入中國之後對中醫的衝擊，尤其是在傳染病學和細菌學的病理學領域，以及中醫面對西醫的挑戰對自身進行的調整和融合，也從一名通俗醫學知識著述家的角度提出了如何溝通中西醫學文化。儘管丁福保在西醫方面的造詣並不能與中醫相及，但他認為西醫在病理知識體

〔註 98〕 丁福保，〈發刊詞〉，《國藥新聲》1939 年四月第 1 期，頁 1。

系的發展方面已經遠遠超過中醫，所以他所認爲的溝通中西醫學之道，簡單而言是醫學理論的西醫化。但在藥方方面，由於中醫也有良方良藥，因此可盡量使用中藥，並贊同用化學生物學的原則來衡量中藥之藥效。

　　進入二十世紀，如丁福保一般兼習中西醫學，遊走於中西醫之間的醫家並不在少數。丁福保於 1910 年創辦中西醫學研究會，發行《中西醫學報》，舉辦函授新醫學講習所，宣傳西醫西藥知識，面對的對象很大一部分便是中醫群體。1920 年代上海著名中醫丁甘仁創辦上海中醫專門學校，聘請西醫師教授解剖和生理課程，其它地方的中醫學校如浙江中醫學校、山西醫學專門學校、廣東中醫藥專科學校、新中國醫學院、華北國醫學院等亦有開辦涉及生理解剖學、細菌學，藥物學等西醫課程，主張學習西醫知識理論的中醫越來越多。另一位提倡中醫科學化的代表，與丁福保同時代的中醫施今墨〔註99〕（1881～1969），在他 1940 年出版的醫案中，在藥方上依舊保持中醫傳統，但在病理上吸收西醫知識，有了極大的改變。他採用西醫病名及西醫學科分類方法，用西醫語言描述症狀，用生理生化知識描述病症，以細菌論取代了傳統中醫的陰陽五行六氣脈象學說，以及氣血論，痰論，風論等玄理，〔註 100〕可謂是丁福保之同道。然而將中醫理論與藥方分割，吸收西醫知識來作病理解釋而維持中藥藥方，最終所能呈現出的只是一種在有限西醫框架中的中醫形態，因爲它忽視了中西醫學文化的差別，導致的直接後果便是無法爲中藥藥方，尤其是眾多的偏方秘方提供一個可靠的理論基礎，尤其是對於那些西醫暫時也無法提供解釋和醫療方法的病症。丁福保所提倡的中西醫學溝通之道，雖然希望提供一條將傳統的中醫學與現代科學知識接軌的道路，卻也有著它本身的困境。

〔註99〕 施今墨，浙江蕭山人。自幼隨其叔父學習中醫，在北京行醫，頗有名望。1929年組織「華北中醫請願團」南下請願，抗議余岩等提出的「廢止中醫提案」，1931 年中央國醫院成立，被任命爲副院長，1932 年創辦了華北國醫學院，主編《文醫半月刊》，主張中醫科學化，吸收西醫知識。

〔註100〕《施今墨醫案》，選自《近代中醫珍本集：醫案分冊》，浙江科學技術出版社，1994，第 1030～1031 頁。

第六章　結論：醫學通俗知識與
中國的「現代性」

　　論治學，丁福保研習過小學、算學、醫學、佛學，古泉學；論職業，他
做過算學、生理學教習，醫生，書業商人，著述家，他的思想和身份顯得頗
為複雜，這些都對他的醫學思想與活動有所影響。全書主體部分的四個章節
嘗試以丁福保的人生經歷為線索，勾勒出從晚清到民國年間，他在上海開創
並發展翻譯和出版醫書的事業，通過書籍和報刊向大眾傳播各種類型的醫學
知識的經過。丁福保所傳播的醫學知識，前期以日本西醫及漢藥知識為主，
後期則以健康衛生類的醫學普及知識為主。他之所以獲得成功，一方面與他
精確的市場定位、對醫書的設計安排有關；另一方面，也與他在上海的多層
次交往圈，及由此帶來的日益卓著的聲名有關。這不僅擴展了他的圖書銷售
市場，那些與他志同道合的友人，如伍廷芳、聶雲臺等，對其醫藥健康衛生
思想的形成，也頗有影響。

　　在丁福保醫學方面的著述中，「衛生」與「肺癆病」為最常見的兩大主題。
通過對他此類著作的審視，可以瞭解到他在儒、道、佛，以及中西醫學思想
影響下的複雜衛生思想，也反映出與養病、飲食相關的社會經濟問題。最後，
丁福保雖以醫學著述聞名，但他同時也是名開業行醫的醫生，對中西醫學都
有所瞭解，起初號稱為西醫，最後將自己歸類為國醫，在中西醫界都頗有名
望。丁福保在清末時創立了中西醫學研究會，倡導中醫界改良，到民國時期，
他則發起成立中西醫藥研究社，並且贊成中醫科學化。他對中西醫的見解以
及相關活動也反映出晚清到民國的中西醫之爭。結論部分將從三個方面來扼

要總結本書研究，第一部分旨在總結丁福保在近代中西醫之爭中所扮演的角色以及他本人的醫學觀。第二部分指出丁福保所翻譯的醫書在從晚清到 1915年以前中國醫書市場上的主導地位，及這一歷史地位是如何形成的。最後，本書對丁福保所傳播的關於衛生的醫學通俗知識的研究也顯露出中國二十世紀初的現代性問題。

丁福保與中西醫

中醫與西醫是兩種於各自的文化土壤中發展出來的相對獨立的醫病學理體系。除了在處方用藥上的不同之外，〔註1〕兩者在對疾病的認知、診病方法，及其背後的理論文化等方面都有著根本差別。〔註2〕儘管近代西醫與中醫體系迥異，在西方醫學傳入中國之後，從十九世紀開始，中醫便漸漸失去了自己發展的獨立性，而與處理中西醫關係的問題糾結一起，試圖融合中西醫思想的各種嘗試不斷湧現，從以唐宗海爲代表的早期的中西醫匯通的主張到以惲鐵樵、張錫純、陸淵雷等中醫爲代表的二十世紀以後的中醫科學化運動等都爲例子。這也是所謂的「中醫現代化」的歷程。雖然中醫現代化是應西醫的挑戰而生的，但從中醫的發展史來看，它作爲一個系統也在一直不斷地吸收新的知識。正如 Volker Scheid 所言，中醫從來不是一個固定的概念或事物，

〔註1〕 中西醫在處理疾病的方針上，兩者的思路也有所不同。西醫多採取如殺菌、退熱、手術等直接面對處理病情的手段，而中醫則多採取如散毒、發汗、洩瀉及補等間接處理病情的手段。梁秉中，《手術室隨筆》，八方文化企業公司，1994，頁 83。

〔註2〕 中西醫之間的區別表現在很多方面，比如說，西醫，確切說是十九世紀以來建立的西方生物醫學，起源於古希臘醫學，建立在西方文藝復興，思想啓蒙運動對人思想上的解放，以及現代工業的發展，生物、化學、物理等自然科學學科基礎之上，充滿了對過去醫學的否定和不斷推陳出新的精神。中醫卻是以過去的醫典如《黃帝內經》、《傷寒雜病論》等爲尊，充滿了崇古的精神，建立的社會基礎則是傳統的農業及手工業，以及儒學、道學，哲學等文化基礎。西醫診病，有解剖學、生理學、病理學、微生物學等實驗科學的理論支持，臨症則通過各種客觀的檢驗手段，而中醫診病，靠的是醫生個人對病人的主觀觀察和判斷，依靠的是以陰陽、五行、臟腑、經絡等爲核心的理論體系及四診（望聞問切）八綱（陰陽表裏寒熱虛實）的辯證推理。相關的著作可見如何裕民，《中醫學方法論：兼作中西醫學比較研究》，北京：中國協和醫科大學出版社，2005，黃建平等著，《中西醫比較研究》，長沙：湖南科學技術出版社，1993，區結成，《當中醫遇上西醫：歷史與反思》，香港：三聯書店，2004，趙洪鈞，《近代中西醫論爭史》，Volker Scheid, Chinese medicine in contemporary China: plurality and synthesis, Durham, NC: Duke University Press, 2002 等。

它的發展一直以來都受到各種人類與非人類因素的影響與塑造，而且還將以這樣的狀態持續下去。〔註3〕作爲一名在傳播通俗大眾醫學知識方面頗有影響力的醫家，丁福保對於晚清至民國期間愈演愈烈的中西醫之爭，也表明了自己的態度，即從「中西醫會通」和「中醫科學化」的角度來溝通中西醫學。

　　丁福保在醫學方面的修養起初以西醫學爲主。清季民初，丁福保初至上海，剛剛開始他的行醫刊書事業之時，自稱爲「西醫」〔註4〕。以後的日子裏，以翻譯日本西醫書籍出名的他，亦被中醫界及社會視爲西醫。民國之後，報刊上對他的稱呼則除了「西醫」之外，亦有「名中西醫家」以及「國醫」之稱。丁氏有如此混雜的稱呼，是因爲他在翻譯出版西醫書籍的同時，亦有不少中醫中藥及中西醫學的會通類著作，而他診病用西法之外，亦使用中藥。從丁福保的既中又西的醫學生涯，可見近代以來中醫面對西醫從理論到技術上越來越犀利的挑戰所作出的回應與改變。

　　丁福保在醫學上的修養，經歷了從中醫到西醫再到科學中醫的變化，他是一個處於中西醫之間的人物。丁氏的溝通中西醫學之道，前期（清末）使用的是中西醫會通的概念，後期（1930 年代以後）用的則是中醫（國醫）科學化的論述，但在主體思想上並沒有太大變化，是將醫學理論與藥方分開來對待，以實現醫理學說的西醫化（後來改用科學化），以及處方的中藥化（經過西醫生物化學實驗驗證過的中藥）。丁福保所認爲的中醫科學化之路，屬於激進中醫派，在清末時期並不爲中醫群體所接受，但到民國三、四十年代，也隨著中醫科學化成爲中醫群體中日益流行的口號，而成爲其中的一股重要思潮，獲得一些激進中醫及西醫的支持。

　　丁福保早期的中西醫會通之道，受其在日本考察醫學的影響極深。1909年丁福保赴日本考察醫學，親身觀察到日本以醫學研究爲主的實驗室醫學，並帶回大批日本醫書，深受觸動，認識到中醫醫理與西醫醫理之間的差距。他同時也看到日本西醫進行的漢藥研究，認爲這是中國也可以採取的中西醫會通的方式，於是回國後著文大力提倡，但這並未得到當時中醫界的普遍認同。正如本書第三章第一節所揭示，清末之時，丁福保以西醫之名，翻譯東

〔註 3〕volker Scheid, Chinese medicine in contemporary China, Durham, NC: Duke University Press, 2002.

〔註 4〕如在清末《醫學報》中有人以西醫稱呼丁福保，陸淵雷亦將其列爲西醫之一員，而丁氏自己爲中國首個西醫組織中華醫學會的發起人（1915），他在民初的報紙上刊登的廣告也稱自己爲西醫。

洋西醫醫書，向中醫界稱讚西醫學理而批評中醫醫理，引起了頗大的爭議。最終丁福保也因此離開他曾參與的團體中國醫學會，另外創立中西醫學研究會。此後他在發表中西醫溝通之道的見解時都十分謹慎，只說中西醫各有所長，各有所短，〔註5〕在中西醫論爭日益激烈之時，他提出的也只是相信中醫的有效之方，只是需要用化學方法來確證其藥效。這也顯現了十九世紀末到二十世紀初，中國醫學在傳統與現代間的奮力掙扎。

丁氏在著述中提出的「中西醫會通之道」在近代醫史上也頗有影響。如他首先提出病名上的中西會通法，即為西醫病名尋找對應的中醫病名以及中醫醫方。在生理病理上的解釋採用的是西醫語言，而處方上則是中藥藥方。這套中西病名對應的做法也為他的學生，醫史學家陳邦賢所接受。在陳邦賢於1937年出版的著作《中國醫學史》中的疾病史研究一章，便採用了這種方法。1930年成立的中央國醫館，也試圖以科學方式整理中醫學術，發布了統一病名的建議書，意在以西醫病名統一中醫病名，但實行時頗多阻滯，最後不了了之。〔註6〕其後是在藥方上的會通，即用化學實驗分析中藥成分以明中藥藥性。丁氏對此頗為熱衷，早年有編譯著作《化學實驗新本草》，分別以中國學說、日本學說、英美學說分析本草藥物。1930年代又有出版《中藥淺說》，繼續嘗試將中藥藥物學轉變為有化學實驗基礎的學說。至1939年他主編《國藥新聲》，進一步發展中藥的化學研究，他本人也越來越傾向於使用本草藥物，且從大眾的角度立言，認為使用本草藥物更為經濟，符合中國社會的需要。1940年代丁福保發表文章〈論國醫何故要科學化〉，將其多年以來的見解概括為論經絡臟腑、病理及傳染病、本草及診斷的科學化，主旨思想仍然是以西醫學理來驗證中醫，以修正中醫理論及藥方。

丁氏的醫藥二分法，一方面注意到面對西醫的傳入，傳統中醫在解剖生理、病理、診斷以及藥理等方面的劣勢；一方面又注意到在當時的西醫無法治療所有的疾病，治癒能力有限，而中醫中藥在實際市場上佔優勢的情況下，中醫醫方藥方的實用性，而提議以化學實驗的方式驗明藥性，使中藥可以在

〔註5〕1911年，丁福保在翻譯出版日本漢醫著作《醫界之鐵椎》時在緒言中說，「譯者之意欲世人知西醫之術尚未發達至完全之域，中國之藥及藥方，亦有突過西人之處，中西各有短長，不可偏廢。如將中藥盡力研究，必有最新之發明可以代西藥之用，可以治西醫所不能治之病。」丁福保，《醫界之鐵椎》，上海：醫學書局，1911，頁2。

〔註6〕甄志亞，《中國醫學史》，北京：中醫古籍出版社，1990，頁487。

西醫病理藥理的指導下繼續被使用。在當時的歷史條件下，丁氏認爲這種通過從西醫中吸取知識從以取得新發展是最有利於中醫擺脫危機，取得發展，保存國粹的辦法。民國以來的眾多名中醫，如陸淵雷，譚次仲、施今墨等，都不同程度地吸收了西醫各科知識，而在新的中醫教育體系中也都將西醫解剖生理知識課作爲基礎課。只是在是否要全盤捨棄中醫理論方面還有著頗多爭議，所以個人往往自行其是。中醫科學化運動雖然聲勢浩大，但成效甚微。

　　丁福保傳播的醫學知識，以西醫各科知識及健康保健知識爲主，中醫書及中西醫會通類別的知識相較之下只占少數，並且還一度強烈抨擊過中醫理論。但現代醫家的評價，多將丁福保歸於傳播西醫知識的中西醫會通派的陣營中，〔註7〕與日後的惲鐵樵、祝味菊、陸淵雷等人並列。因他們多認爲丁氏翻譯日本西醫書籍的目的在中西醫學的溝通互補。在《海派中醫學術流派精粹》一書中，作者認爲丁氏的醫學必循生理、病理之正規，方劑須循化學、生物學之原理……這些思想與會通派醫家有相契合之處。〔註8〕趙洪鈞的《近代中西醫論爭史》中則將丁福保歸於中醫科學化的激進派。但丁氏顯然沒有激化中西醫之間的矛盾，因此可以在半個世紀中能同時受到中西醫界雙方的尊重，而基本上被列於中醫陣營，〔註9〕趙洪鈞的評價頗爲符合事實。丁氏之所以被歸於中醫陣營還有兩個重要原因，一是因爲丁氏一直比較信任中藥藥方的作用，翻譯出版了爲數不少的日本漢藥著作，後來自己亦從事中藥藥方，本草藥物的研究。二是因爲丁福保先辦函授新醫學講習社，後辦醫學分科補習社，針對的都是主要依靠自學的中醫群體。因此丁福保翻譯的日本西醫書籍及中西醫學匯通類書籍在普通中醫群體中影響頗大。現代中醫謝海洲〔註10〕（1921～2005）便說他的啓蒙讀物是丁氏著作，青年時受益匪淺。據他所

〔註7〕 見崔月梨，《中國當代醫學家薈萃第5卷》，長春：吉林科學技術出版社，1991，頁357；傅維康，《中國醫學史》，上海：上海中醫學院出版社，1990，頁543；謝海洲，《中醫藥叢談》，北京：人民衛生出版社，1998，頁267；上海市中醫文獻館、上海中醫藥大學醫史博物館，《海派中醫學術流派精粹》，上海：上海交通大學出版社，2008 等。

〔註8〕 上海市中醫文獻館、上海中醫藥大學醫史博物館，《海派中醫學術流派精粹》，上海：上海交通大學出版社，2008，頁260。

〔註9〕 趙洪鈞，《近代中西醫論爭史》，合肥：安徽科學技術出版社，1989，頁179。

〔註10〕 謝海洲，河北秦皇島人。家世業醫，曾師從趙橘黃學習本草學，後任中國中醫研究院研究員、主任醫師，北京中醫學院名譽教授。

言，中醫耿鑒庭〔註 11〕（1915～1999）也是丁福保的再傳弟子。〔註 12〕從晚清到民國時期，如謝海洲、耿鑒庭這樣的成為丁氏醫書讀者，受到他編著的醫書的影響的地方中醫想必還有許多。

西醫發展日新月異，也許從醫學知識發展的角度來看，丁福保於晚清到民國年間所出版發表的醫學著述，在內容上已經過時，而他出書針對的又為中醫及一般大眾市場，內容上並不專業，只求通俗易懂，因此也逐漸淡出醫學學術領域。但對於近代醫史研究者來說，他卻是很好的研究對象，他的一生反映出傳統中醫在面對近代西醫的挑戰之時的發展和變化。他傳播的訊息，既有近代上海等城市中的社會精英的養生之道，也包括大眾需要的衛生知識。他所提出的關於中醫該如何處理與西醫的關係，中西醫之間要如何溝通的問題到今天仍被討論，但依然沒有定論。

丁福保與 1915 年以前中國的醫書市場

本書的第二章及第四章回顧了從晚清到民國年間，丁福保向大眾傳播的醫學知識的內容及手段，從中反映出從傳統到近代，中國的醫書市場經歷的一個很大的變化，即西醫進入中國，醫學知識的傳播借助現代出版業及傳播手段，向著大眾化、商業化以及普及化的發展方向大大邁進。在傳統社會中，醫書市場的讀者主要是士大夫、文人及中醫，內容主要是中醫典籍及驗方醫案；到了近代，醫書的受眾除了中醫（以醫為業者）之外，擴大到毫無醫學專業訓練的普通人，而他們多曾接受過西學教育。除此之外，加速信息流通的新式媒介如報紙、廣告、雜誌、郵局等的出現，也使得近代的圖書銷量及營銷手段異於古代。丁福保為傳統文人出身，一直以來接受的都是正統的儒學教育，雖曾接觸如化學、英文、日文這樣的新學，但時間並不長。沒有正統醫學教育背景的丁福保，卻在晚清到 1915 年以前，牢牢把握了中國的醫書市場，也正是因為抓住了社會環境和讀者群體的變化趨勢，在出書的內容上配合新的讀者市場的要求，並利用多種營銷手段，開創並發展了他的翻譯出版醫書的事業，獲得成功。

丁福保前後所出版的醫學知識類的書籍總計有 130 餘種，在不同時期出版的側重點都有所不同，有關內容反映了越來越大眾化、普及化的趨勢。其

〔註 11〕 耿鑒庭，江蘇揚州人，中醫世家，1934 年畢業於江蘇醫政學院，在揚州行醫。後任北京醫史學會主任委員，衛生部中醫研究院圖書館副館長等職。
〔註 12〕 謝海洲，《中醫藥叢談》，北京：人民衛生出版社，1998，頁 269。

發展大致可以分爲三個階段，從 1900 至 1909 年爲丁福保出版事業的初始階段，以出版衛生教科書、藥物學（西藥）以及生殖生育類書籍爲主，應對新式學堂學生，對西藥感興趣者以及文人的需要。1909 年至 1915 年是丁福保出版醫書的高峰期，此階段他所出版的醫書佔據他一生出版醫書總量的一大半。內容包括生理衛生、內科學、傳染病、外科學、皮膚病學、病理學及診斷學、藥物學及處方學書類、中西醫中醫書會通書類等醫學各科，其中大部分爲日本西醫書籍，也有相當數量的日本漢醫漢藥著作，丁福保將其歸類爲中西醫會通類。此後一直到 1920 年代，丁福保出版的新醫書數量有所下降，但他之前出版的醫書仍然不斷再版。到 1930 至 1940 年代，丁福保出版的譯著較少，多爲自撰的健康衛生知識類書籍，面對普通大眾，而他則成爲民國時期眾多大眾期刊雜誌的供稿人，發表的多爲個人健康衛生心得，以及普通疾病知識類的文章。

清末民初，丁福保憑藉著他 1909 年赴日本考察醫學時購回的大批醫書奠定了其出版事業的成功的基礎。到 1915 年以前，他所創辦的醫學書局出版的「丁氏醫學叢書」幾乎壟斷了當時的西醫書籍市場。然而這成功並不是偶然的，它建立在丁福保勤勉的翻譯以及對譯本內容的重新編寫、出版順序的精心安排上，迎合了中國市場內不同層次，不同讀者群體的需要。丁福保所採購的日本醫書，是日本明治維新之後至 1909 年所出版的西醫書籍，既有日本醫院、醫學堂使用的教科書，醫學博士著作，亦有社會流行的醫學知識宣傳手冊，大部分都爲日本西醫醫學士的著作。他將這些書籍重新組合，翻譯編寫，最終選擇出版的是包括醫學門徑書類、基礎醫學書類、生理衛生書類、內科學書類、肺癆病書類、傳染病學書類、外科學書類、花柳病學書類、皮膚病學書類、病理學及診斷學書類、細菌學書類、法醫學書類、看護學書類、婦人科及產科學書類、兒科學書類、藥物學及處方學書類、中西醫中醫書匯通書類、青年書類及參考書類在內的十七大類，有自己的體系的「丁氏醫學叢書」。丁福保之所以選擇這些書出版，一方面是配合他所開辦的「函授新醫學講習社」以及「醫學分科講習社」對授課教材的需要，一方面是應對新學學堂學生以及普通市民對家庭生活及普通醫學知識的需要。因此他每年所出版的醫書，都可大致分爲四大類：西醫教科書類（如解剖生理、內科學、診斷學病理學等，針對中醫補習以及新學學堂學生市場）、傳染病類（如肺癆病、花柳病、霍亂等，針對中醫及一般大眾市場）、實用醫學知識類（如家庭醫藥、

生殖生育、皮膚病等，針對普通市民家庭），以及中西醫學會通書類（如以化學方法分析本草藥性的漢方漢藥著作，針對中醫市場）。

　　除了在題材方面的重新選擇和安排之外，已有一定中西醫學修養的丁福保在內容上也對日本原著有所改編，以便更適用於中國市場。這些改變，包括在日本醫書的日本病名下增加中醫病名及症狀解釋，對用藥分量及服用次數的中式用量的說明，以及以「譯者案」的形式增補相關中醫觀點。這一點在肺結核病類的書籍中最為多見，由於肺癆病是當時中國最為常見的一類疾病，中醫對此也有一套觀點，丁福保在翻譯日本肺結核病的書籍之時，一方面接受了日本原著中所載的病因病理及療法的解釋，一方面又於書中增加了虛勞古義以及衛生古義，以適合中醫以及熟悉中醫觀點的讀者的閱讀習慣。

　　此外，丁福保也十分重視廣告的宣傳功能以及擴大圖書的銷售網絡。除了在當時的上海的大小報紙中，如《申報》上廣登售書廣告及刊登新書章節外，丁福保也利用自己本身的資源來做廣告宣傳，如編寫《醫書提要》這樣的宣傳小冊，供人免費索取，在已出版的醫書末頁刊登醫學書局所出版的新書廣告等。丁福保的多層次社會交往圈也使得他的醫書不止是在醫學書局有銷售點，也擴展到商務印書館、中華書局、文明書局、中華圖書公司，及其各省各埠分售處，這也有利於進一步打開丁氏醫書的市場。丁福保所出版的醫書，讀者以中醫、西醫學生以及普通市民為主。儘管由於資料的限制，我們很難明確他們的具體情況，但從丁福保所出版醫書的再版次數來看，他的醫書在晚清民國時期的中國社會十分暢銷，顯示了他在開拓近代醫書市場上的成功，也反映了近代以來醫書市場大眾所需要的醫學知識狀況。然而到 1915年之後，隨著中國國內西醫團體的興起以及接受西醫教育者越多，丁福保所翻譯的日本醫書在醫學專業領域內的影響力漸漸降低，他則致力於佛學、國學書籍的編寫出版活動中，在醫學知識領域內傳播的主要是大眾醫療健康衛生知識，在衛生、肺癆病知識的傳播方面頗有影響力。

醫學通俗知識與現代性

　　丁福保傳播的醫學通俗知識究竟在怎樣的程度上反映了「中國的現代性」？從前面所討論的兩個問題中可以看出丁福保所致力的醫學事業在於向大眾普及醫學知識，因此他所傳播的並非嚴謹的中西醫學學理，更多的是雜糅各家學說的易普及，易明白的通俗知識。根據緒論中所提出的對「多元現代性」的討論，即現代性不等於西化，現代性的西方模式，也不是唯一真正

的現代性標準。從丁福保所傳播的醫學通俗知識來看，它們同樣也不是純粹的西醫科學知識，而是參雜了東方儒、道、釋文化的影響。

　　丁福保所傳播的醫學通俗知識，以衛生和肺癆病爲主題的最多，這也反映了近代城市大眾對如何保護自己身體健康方面最關心的兩大問題。在近代醫療文化史的學術領域中，已經出現了不少對「衛生」以及肺癆病與中國現代性的關聯的精彩討論。本書不再重複前人的研究，而是針對丁福保對「衛生」與肺癆病的理解展開討論。儘管丁福保較早便透過日本醫書而對公共衛生的概念有所瞭解，但由於晚清及民國政府在公共衛生措施上的缺失，而且丁福保著述的讀者主要是一般民眾，因此在他關於衛生的著作和文章中，始終將其與個人保養身體之法聯繫在一起。丁福保最終所形成的衛生保健的方法，涉及到飲食法、深呼吸法、精神修養法、日光浴、冷水浴及灌腸法等多方面。在內容上並不同於傳統的養生之道，而是融入丁福保長久以來的中西醫學修養及儒、道、佛思想，自成體系。而對於當時的社會流行病：肺癆病，丁福保在他的著述中，則一方面吸收了西醫肺結核病菌論及攝生療法，另一方面，則建議以振作精神作用力，借助宗教的力量來戰勝結核病菌。而丁福保作爲近代上海聞名的衛生家，他的「衛生法」，廣登於各大報刊雜誌這樣的現代出版品中，頗爲大眾所接受，對社會亦頗有影響力。

　　如第四章所分析的，丁福保從他少年到青年到中老年階段，一直都在探索衛生之道。他從閱讀晚清各種中西衛生書籍開始，繼而翻譯出版日本生理衛生書籍，再而從其所處的交往圈，如中西醫學研究會、愼食衛生會中吸取與衛生相關知識，加上親身的實踐，最終形成的衛生保健法，是對他以往所瞭解的中西衛生法的綜合。如飲食法中的戒肉食，戒煙酒以及灌腸法起初的來源是伍廷芳的做法；深呼吸法、日光浴和冷水浴起初則是源自近代日本的衛生書籍。但丁福保對這些又不斷加以補充與解釋，使其內容更爲豐富，更適應時代與大眾的需要。以飲食療養法爲例，丁福保先引用中醫古籍證明飲食對健康的重要性，然後再以西醫學理如生理學與消化學知識，提倡食用素食與糙米，且認爲食用糙米對預防腳氣病亦有功效。後來，在米價高漲，通貨膨脹嚴重，生活成本愈高的抗戰時期的上海租界，改食糙米和素食在經濟上更爲節約，可以降低生活成本。此外，丁福保還開出食譜以及食用方法以方便大眾進行嘗試。對於深呼吸法、日光浴、冷水浴及其他衛生之法，在學理解釋上丁福保亦兼採中西，以獲得更多人的認同，反映出的是中西文化雜

糅影響下的中國的現代性。

丁福保精神修養法的形成，與他的身體觀以及疾病觀的變化相關。起初開始接觸新學的丁福保，受到十七世紀西方機器醫學論的影響，將人的身體看作自保自養的機器，認為人要遵循機器運行的規則，尤其是不能過於勞累，以保護身體。但到後期，他將人的身體視為科學所謂的細胞（物質）與古說及佛經所謂的心（精神）構成，而肉體則受人的精神的支配。從此他越來越重視人的精神的力量，甚至認為人的精神作用力的力量可戰勝疾病，超出醫藥以及其他利用水、空氣、陽光等外物的自然療法效果。丁福保的改變，與他中年之後皈依佛教，從佛教身心合一的教義中得到的啟發有關，也反映了他在長期醫病、自醫的過程中認識到藥物治療方式的有限，從而改變了他的疾病治療觀。丁福保不單認為衛生法是強身健體之術，也是治療肺癆病、身體衰弱症等慢性疾病之法。

在那個時代，丁福保的想法與實踐並非獨一無二，他的這套折衷中西，融合儒、道、佛思想的「衛生法」也得到當時頗多擁有中西兩種文化修養的知識分子的認同，丁氏的素食習慣由伍廷芳、李石曾而來，而丁氏的好友如吳稚暉、聶雲臺等人，當時對如何養生，保護身體健康也有相近的看法。1910年代以來，中國出現了不少救贖性質的社會團體，如道德會、同善社、道院等，倡導融合儒、道、釋三教，試圖以東方精神文明的方法來解決西方文明過度物質主義及暴力的問題。〔註 13〕而所謂的修身的方法則包括進行慈善事業、精神道德上的內省活動，以及實行嚴格的養生法，如規避藥物、肉類與酒精。這些救贖團體參與者包括商人、官員、知識分子，宗教學者在內的都市精英，雖未有資料顯示丁福保有加入這些團體，但從他 1915 年代有參與嚴復創辦的靈學會的扶乩活動，之後開始相信未知的精神的，宗教力量，並認為科學並非萬能，不能解決一切困難，從而提倡以人的精神修養法來治療當時尚無特效藥的肺癆病來看，應當有受到這些團體的思想的影響。根據杜贊奇的分析，這些團體及觀點的出現，要回溯到一戰後一些西方學者如斯賓格勒（Oswald Spengler）、湯因比（Arnold Toybee）對國家與文明的新觀點相關。如認為每種文化基本上都是一種精神現象，都有著自己獨一無二的特性，而宗教則在文明中扮演著重要的角色，以及一戰後由美國排華、排日法案所引

〔註 13〕Prasenjit Duara, Sovereignty and authenticity: Manchukuo and the East Asian modern, Lanham,Md.:Rowman & Littlefield Publishers,2003,p.103～104.

發的東西方文明的對立。〔註 14〕這顯示了丁福保在著述中所傳達的融合儒、道、佛的醫學衛生知識，不止是可以往傳統中找尋縱向根源，也有著與當時世界思潮的橫向鏈接。從丁福保所傳播的這些醫學通俗知識，反映出中國都市現代化中傳統與現代，科學與宗教並存、融會的種種可能性。

〔註14〕 Prasenjit Duara, Sovereignty and authenticity: Manchukuo and the East Asian modern, Lanham, Md.:Rowman & Littlefield Publishers,2003,p.93, p.98.

附表　丁福保醫學書目年表 [註1]

序號	書　　名	出版年份	發行所	類型（根據書頁廣告）及定價
1	蒙學衛生教科書	1903 年 9 月出版，1906 年 12 月 13 版	上海文明書局	丁編纂。「初等小學堂學生用書，共三十六課，爲衛生學中最淺顯、最簡明之書。將衛生之法分爲外界之物，即飲食、空氣、日光以及身體自然作用，即運動和休息。衛生學爲研究人體康健之規則者。至 1911 年已銷售至十萬部，爲南北各學堂通行課本。」定價一角。
2	衛生學問答	1905 年 7 月 10 版，1911 年 19 版	上海文明書局	丁編纂。普通教科問答叢書。講生理衛生學。洋裝精本定價五角。
3	子之有無法	1906 年 11 月出版，1913 年再版，1916 年 8 月 4 版	上海文明書局	日本醫學士田村化三郎著，丁譯述。定價三角。
4	藥物學綱要	1908 年 5 月出版，1912 年 8 月 3 版	上海文明書局	日本鈴木幸太郎原著，丁譯述。洋裝精本定價一元五角。
5	藥物學一夕談	1908 年出版1911 年 8 月再版	上海文明書局	丁譯。「所載皆重要之藥品及其用法，皆附西文藥名，初學者適用。」定價六角。

〔註1〕　説明：本年表由筆者從各圖書館現有資料搜集而成，因丁福保出版之醫書多再版，不乏漏編之處，只做研究的參考。

6	普通藥物學教科書	1908 年出版 1920 年 7 月 3 版	上海文明書局	日本系左近原著，丁譯述，顧鳴盛序。兩冊定價一元六角。
7	西藥實驗談	1908 年出版	上海文明書局	丁編述，函授新醫學講義之一。「醫家不可不各置一編。」定價一元二角。
8	肺癆病預防法	1908 年出版，1913 年 4 月 3 版	上海文明書局	由日本竹中成憲、寺尾國平原著，參考各家之所著，丁譯述。並有素問、難經、金匱、金元四大家等關於肺癆病之學說。定價五角。
9	內科學綱要	1908 年出版，1926 年 11 月再版	上海文明書局	日本安藤重次郎，村尾達彌，瀨尾雄三原著，丁譯述。
10	育兒談（家庭必讀）	1908 年 7 月出版，1909 年 10 月 2 版 1917 年 5 月 4 版	上海文明書局	日本足立寬原著，丁譯述，兒科學。定價四角。
11	醫學綱要（國民必讀）	1908 年 7 月出版，1915 年 12 月 3 版	上海文明書局	丁主編，內分三編。第 1 編序錄肺癆病新學說、胎生學大意、產科學大意、育兒法大意、產婦攝生法。普通智識之最重要者。第 2 編有傳染病學大意、黴菌學大意、內科學大意、外科學大意、皮膚病學大意、婦人科學大意。第 3 編有內科病之救急法、中毒之救急法、異物之取出法、火傷及凍傷、止血法、失氣及假死，創傷。「一二月內可卒讀，普通醫學智識可得。」定價一元二角。
12	醫學指南	1908 年 10 月 2 版，1916 年 10 月 7 版	上海文明書局	丁福保著。丁氏醫學叢書序言集成。「言及凡歷代醫學源流、中西醫學分科、內科學、藥物學大要、內經、本草等各書謬誤，為醫學門徑階梯，以普及齊民醫學智識。」定價二角。
13	內科全書	1908 年 7 月出版，1914 年 5 月 3 版	上海醫學世界社	日本河內龍若原著，丁譯述。

14	實驗卻病法	1908 年 7 月出版，1909 年 10 月 2 版，1911 年 11 月 3 版，1936 年 10 月 7 版	上海棋盤街文明書局	德國山都原著，丁編纂，保健操，健身運動，介紹德國體育家山德所著《體力養成法》譯述中的鐵啞鈴練習法，並有其小傳。「習此術一月小效，兩月大效，能使全體內外發達急速達到卻病目的。」定價三角。
15	醫學補習科講義	1908 年出版	英租界大馬路泥城西首龍飛西間壁三十九號醫學書局	丁福保譯述，薈萃日本醫學博士二十五人學說。「可得普通生理衛生，可得普通醫學智識，可為學習專門內科學之基礎。」連續編定價三元。
16	傷寒論通論	1908 年 12 月出版，1915 年 12 月再版	上海英界泥城橋西靜安寺路三十九號醫學書局	丁編。對傷寒論的版本、卷次、內容、作者生平及歷代為傷寒箋釋者進行考證，列出箋釋者姓名及專著。定價二角。
17	醫學補習課講義續編	1909 年 2 月出版		丁編。傳染病、消化病、運動器病呼吸病、神經系病等原因、病狀、診斷、療法。
18	看護學	1909 年 2 月出版，1918 年 5 月 3 版 1933 年 9 月 8 版	上海文明書局	丁譯述。「女子教育學科宜添置看護學，為他日作良妻賢母。」定價七角。
19	化學實驗新本草	1909 年 5 月出版，1910 年 8 月 2 版，1934 年 30 版	上海文明書局	丁譯述，中藥化學。分麻醉劑、興奮劑、解熱清涼劑、驅蟲劑、變質劑、強壯劑等。藥品所含成份根據化學實驗，中國、日本、英美說加以分析，中西會通。並介紹某些新發現的中藥藥性。定價一元四角。
20	生理衛生教科書	1909 年 4 月初版，1911 年六月再版	上海文明書局	原著高橋吉山、內繁雄合編，丁譯述。定價五角。
21	二十世紀新內經第一集新素問	1909 年 9 月出版，1926 年 2 月 5 版	上海文明書局	丁編纂。論人壽縮短之原理及人壽延長之原理。「醫家必讀之書，教員學生必讀之書，可為高等小學堂中學堂生理衛生學最新課本。」定價一元四角。

22	二十世紀新內經 第二集 新靈樞	1909 年 9 月出版，1926 年 2 月 5 版	上海文明書局	丁編纂。解剖學生理學。定價一元五角。
23	竹氏產婆學	1908 年 1 月出版，1920 年 5 月 4 版，1930 年 5 月再版	上海文明書局	竹中成憲原著，丁譯，助產學。普通智識。定價六角。
24	歷代名醫列傳	1909 年出版	上海文明書局	丁編輯。古今中外醫生。定價五角。
25	實驗衛生學講本	1909 年出版，1930 年 10 月 2 版	上海文明書局	日本醫學士山田謙次原著，丁譯述。學生社會皆適用。定價一元二角。
26	初等診斷學教科書	1909 年出版	上海文明書局	丁譯述。「以淺顯之語達艱深之理，普通人閱之亦能解診斷學大略以助醫生之不足。學醫者之指南針，臨牀醫學之基礎。」每部定價七角。
27	診斷學大成	1909 年出版	上海文明書局	日本橋本節齋原著，丁譯。圖畫精緻入微。定價四元。
28	診斷學實地練習法	1909 年 4 月出版，1913 年 1 月再版	上海文明書局	日本系左近原著，丁譯述。問答形式。互相督課。有志改良醫學者。洋裝精本定價一元。
29	病理學一夕談	1909 年出版，1926 年 9 月再版	上海文明書局	丁譯述，內分疾病之意義，因何故而起疾病，自然療法與醫療，死亡及死亡之科學觀念，漢醫學之病理思想，關於人體之迷信等。定價三角。
30	普通藥物學教科書續編	1909 年出版	上海文明書局	丁譯述。
31	普通醫學新智識	1909 年 4 月出版，1913 年 1 月再版		丁譯，內分傳染病、呼吸器病、胃腸病、神經病、皮膚病、婦人病及花柳病。淺要新醫學，針對普通人，家庭必備。定價四角。
32	霍亂新論、瘧疾新論合編	1909 年出版，1933 年 6 月 2 版	上海醫學書局	丁譯述。貫穿中西，文筆淺達。定價二角。

33	花柳病療法	1909 年出版，1921 年 4 月 6 版	上海醫學書局	丁譯述。定價七角。
34	南洋醫科考試問題答案	1909 年 8 月出版		應兩江總督端方考試醫生試卷。定價二角。
35	中外醫通	1909 年 12 月出版，1926 年 9 月再版	醫學書局	日本藥學家赤木勘三郎原著，丁譯述。「每種病詳列中西經驗各方以達融會，古方居十分之九，外國方居十分之一。按西醫分類法分類。」定價兩元。
36	公民醫學必讀	1910 年正月出版，1916 年 5 月 3 版	泥城橋西靜安寺路醫學書局	丁著。「上編中西醫學之要理，下編羅列各種普通疾患及最普通最簡易之療法。藥劑選用平和。」定價二角。
37	肺癆病學一夕談	1910 年出版，1929 年 10 月再版	上海醫學書局	丁譯。空氣、安靜、運動療法、飲食療法等。定價三角。
38	藥物學大成	1910 年出版		日本伊勢錠五郎原著，丁譯述。「收錄西藥製法性狀及生理的作用醫療的應用，漢藥中經西洋化學實驗確認有效者亦收錄。研究西藥者不可不讀。」定價四元。
39	神經衰弱之大研究	1910 年 8 月出版，1919 年 12 月 2 版	上海醫學書局	丁福保、華文祺合譯。「吾國人士於種種惡習，多陷於神經衰弱，強健者變為頹廢，聰明者變為魯鈍，絕少特效藥，死者比比是。醫家病家宜各置一編。定價三角。日本醫學博士長與稱吉著，苦胃腸病者不可不讀。」丁編輯。定價七角。
40	胃腸養生法	1910 年 2 月出版	文明書局	
41	赤痢新論	1910 年 3 月出版，1920 年 3 月再版	上海英界靜安寺路三十九號醫學書局	丁福保編輯，日本志賀潔博士著傳染病論書，華文祺幫助譯述，「得此書治療赤痢可無敵於天下。」定價四角。
42	新撰病理學講義（三冊）	1910 年 3 月出版，1918 年 7 月 2 版	文明書局，上海英界靜安寺路三十九號醫學書局	丁譯述。「論人類得病之原因。理論精博文詞淺顯。」定價四元。

43	家庭新醫學講本	1910 年 3 月 2版	文明書局	丁編輯。 醫藥學，普及讀物，供家庭演講使用。西醫病名並附中國舊名，述病原症狀療法，藥劑平和中西皆備。「非醫生亦能治病，雖有錯誤亦無危險。」定價四角。
44	分娩生理篇	1910 年 4 月初版，1918 年 7月 2 版，1930年 5 月再版	上海醫學書局	日本今淵恒壽原著，丁福保、華文祺合編。
45	中西醫方會通	1910 年 5 月出版，1929 年 5月 6 版	上海醫學書局	丁編纂。「按西醫疾病分類法，並收中外醫方，外國方所選藥皆性質平和，用量一律改用中國分兩，並載簡單外藥製法。」每部定價二元。
46	腳氣病之原因及治法	1910 年 8 月出版	上海棋盤街文明書局	丁編譯。「上編為中國舊法諸家學說經驗良方無不搜羅，下編為外國治法。讀者可見中西醫術之異同。」定價六角。
47	歷代醫學書目序	1910 年 8 月出版	上海棋盤街文明書局	丁編輯。定價二角。
48	生殖譚	1910 年 11 月出版，1924 年6 月 7 版	上海文明書局	渡邊光國原著，丁、華文祺合譯。定價六角。
49	新撰急性傳染病講義	1910 年 12 月出版	上海文明書局	丁譯述，列急性傳染病三十餘種定義、原因、症候、解剖、診斷、豫後及療法。定價一元二角。
50	肺癆病救護法	1911 年 2 月出版，1912 年再版，1926 年 7月再版，1932年 1 月 2 版	上海醫學書局	丁譯述。「載可以去除肺癆之法。可行於個人，可行於國家，未病者可免病，病者據此可望痊癒。」定價六角。
51	傳染病之警告	1911 年 3 月出版，1924 年 10月 2 版	上海文明書局	丁譯。痛東省疫癘流行而譯。定價四角。
52	癆蟲戰爭記	1911 年 3 月出版，1912 年再版，1916 年 6月 2 版	上海英界靜安寺路醫學書局	丁氏根據日本醫學士廣澤汀波著《結核菌物語》所著，定價四角。

53	妊婦診察法	1911 年 5 月出版，1924 年 8 月 4 版，1931 年 7 月再版	上海英界靜安寺路醫學書局	丁譯述。定價三角。
54	預防傳染病之大研究	1911 年 5 月出版	上海醫學書局	丁譯。「豫防傳染病以保地方治安者不可不讀此書。」定價五角。
55	近世法醫學（新法之洗冤錄）	1911 年 6 月初版，1926 年 9 月再版	上海醫學書局	日本田中祐吉原著，丁福保、徐雲合譯。定價一元八角。
56	免疫學一夕談	1911 年 2 月出版	文明書局	丁福保、徐雲合譯。「東西洋細菌學家之學說胥備。」定價五角。
57	醫界之鐵椎（中醫第一奇書）	1911 年 9 月出版，1917 年 5 月再版，1930 年 5 月再版	上海醫學書局	日本和田啓十郎原著，丁譯述。「前編講述中醫理論，臨床治療方面的特點與長處，病列舉實際病例證明；後編比較評論中西醫學，意在振興中醫。研究中醫者讀此可知日本漢醫學識不在西醫之下。」定價八角。
58	新傷寒論	1911 年出版	上海醫學書局	日本宮本叔、橋本節齋、寺尾國平原著，丁譯述。洋裝精本定價五角。
59	人體寄生蟲病編	1911 年出版，1938 年 7 月 3 版	上海醫學書局	日本小西俊三原著，丁譯。定價七角。
60	預防傳染病之大研究	1911 年 5 月出版，1926 年 9 月再版	上海棋盤街文明書局	丁譯述。保地方治安者不可不讀也。定價五角。
61	新醫學六種	1911 年 6 月出版，1918 年 7 月 2 版	上海醫學書局	丁編纂，醫藥學普及讀物。內容包括永免咳嗽法、實驗良方一夕談、小兒服藥一回之用量、診斷書舉偶、病理學材料實地練習法、鬱血療法。定價五角。
62	學校健康之保護	1911 年 10 月出版	上海醫學書局	丁編纂。「上編述學校生活及於健康上之影響。下編述學校衛生設備及法則。其間附錄肺癆病淺說及運動、健身、節食、養生、深呼吸、皮膚衛生、氣浴等法。由時體育教育家徐一冰函勸丁氏敦

			促而成，熱心教育者不可不讀。」定價五角。
63	外科學一夕談	1911 年出版，1927 年 10 月再版	上海醫學書局	日本桂秀寫原著，丁譯述。普通外科，家庭備救急書。三角。
64	癆症之原因及治法	1911，1917 年 4 月 2 版	上海醫學書局	日本醫學博士三輪德寬著，丁譯述，結核病。定價七角。
65	新纂兒科學	1911 年出版，1930 年 1 月再版	上海醫學書局	日本伊藤龜治郎原著，丁編譯，羅列小兒疾病附以治法處方。定價一元二角。
66	近世催眠術	1911 年出版，1914 年 4 月再版，1926 年 9 月再版	上海醫學書局	丁福保、華文祺合譯。
67	醫學指南正續三合編	1912 年 1 月出版，1922 年 9 月 4 版	上海醫學書局	丁編，為《醫學指南》、《醫學指南續編》及《醫學指南三編》合訂本，計六十五種序跋。定價四角。
68	臨牀病理學	1912 年 5 月出版，1917 年 5 月再版，1922 年 8 月再版	上海醫學書局	日本田中祐吉著，丁譯述。「傳染病理、中毒病理、新代謝病理、血液病理、泌尿病理、循環病理、呼吸病理、消化病理、神經病理。凡有志學醫者必讀。」兩冊定價二元四角。
69	實用經驗良方·兒科經驗良方	1912 年 5 月出版，1918 年 7 月 3 版	文明書局	丁福保，李祥麟編纂。「簡介常用八十餘種西藥的主治及用量，稱能治一切普通病，醫學界中終南捷徑。醫學書局代售藥品，滿一磅其價廉過藥房。」定價四角。
70	新撰解剖學講義（四冊）	1912 年 6 月出版，1929 年 7 月 3 版，1938 年 7 月 3 版	上海醫學書局	原著森田齊次。「丁福保東遊日本搜集二十餘種解剖學書中擇出，此書亦是慈惠醫院醫學專門學校講義。附圖六百餘幅。有志研究解剖學者不可不讀。」定價八元。
71	皮膚病學	1912 年 6 月出版，1926 年 8 月再版，1940 年 6 月 2 版。	上海醫學書局	日本醫學博士筒井八百珠原著，丁譯，「取材宏博，條例精當超出歐西原著之上。」定價二元二角。

72	喉痧新論	1913 年出版，1930 年 7 月 2 版	上海醫學書局	丁譯述。定價二角。
73	漢譯臨牀醫典	1913 年 4 月出版	上海醫學書局	日本簡井八百珠編纂，丁譯，「內分傳染病、血行病疾患，鼻腔疾患、喉頭疾患、肺臟疾患等 33 門，講述各病病因診候療法處方提要，診病時檢閱最為便利。」定價二元二角。
74	胎生學	1913 年出版，1929 年 6 月再版	上海醫學書局	日本大澤岳太郎原著，丁譯述，人體胚胎學，定價七角。
75	組織學總論	1913 年出版，1930 年 1 月再版	上海醫學書局	日本醫學博士二村領次郎原著，丁編譯，圖畫精良。定價一元三角。
76	中風之原因及治法	1913 年 10 月出版	上海醫學書局	丁譯述。中風為腦髓疾患之一種。定價五角。
77	漢藥實驗談	1914 年 3 月出版，1918 年 7 月再版		日本藥劑師小泉榮次郎著，丁編譯。按藥物的功用分類，介紹二百餘種中藥的形態、植物科屬、成分、效能、處方及用量等。陳邦賢寫作緒言，「以海外之經驗盡中華之藥物」。定價一元。
78	西洋醫學史	1914 年 2 月出版	上海丁氏醫院	丁譯述。分內科學史及外科學史，「為改良醫學者之先導。」定價五角。
79	身之肥瘦法	1910 年 8 月出版，1914 年 3 月 2 版，1917 年 4 月 3 版，1924 年 10 月 3 版	上海醫學書局	日本田村化三郎著，丁福保，徐雲編輯。肥法、瘦法。定價六角。
80	病原細菌學	1914 年 5 月出版	上海醫學書局	日本佐佐木秀一原著，丁編譯。分細菌生物學、細菌檢查法、病原菌各論、病原不明之傳染病。稱「歐美細菌大家之學說靡不兼收，圖畫亦極精緻」，定價三元。
81	新萬國藥方	1914 年 5 月 2 版	上海醫學書局	日本恩田重信撰，丁譯，萬餘種藥方彙編。定價三元。

82	增訂藥物學綱要	1914 年 12 月增訂 8 版	上海醫學書局	丁編著。
83	皮膚病學美容法	1916 年 5 月 3 版，1929 年 11 月 5 版	上海醫學書局	日本山田弘倫原著，丁編纂。定價四角。
84	新撰虛癆講義，又名，結核全書	1916 年 6 月 2 版，1926 年 8 月再版	上海醫學書局	丁譯述。凡結核之名義歷史及病理皆詳備。定價七角。
85	近世婦人科全書	1917 年 4 月再版，1933 年 4 月 2 版	上海醫學書局	日本竹中之助望月寬一譯德文著作。丁譯，「古書之號稱婦科不足以稱婦科也」。三冊定價四元。
86	食物新本草	1913 年 10 月再版，1917 年 5 月 2 版	上海醫學書局	丁譯述，「日常食物性質效用注意，家庭必備之書也」。定價六角。
87	赤痢實驗談	1917 年 12 月出版	上海醫學書局	丁譯述，「實驗詳論病因病理解剖類症鑒別治療療法等，羅列實驗之病床日志。爲從古未有之書，閱者可案病施藥，案藥治病，即不知醫者亦可自行療治。於此書出版後，各埠函購已紛紛，實驗而得良好結果者咸來報告。苟商學各界人置一冊，赤痢病可絕跡於吾國。」定價四角。
88	頓死論	1917 年 12 月出版	上海醫學書局	丁譯述，病理學。
89	富氏產科及婦人科學	1918 年 4 月出版	上海醫學書局	丁編譯。
90	靜坐法精義	1920 年 8 月出版	上海英界泥城橋西靜安寺路三十九號醫學書局	丁編著。
91	妊娠生理篇	1910 年 1 月出版，1924 年 8 月 4 版	上海醫學書局	日本醫學博士今淵恒壽原著，華、丁合譯述。產科家及家庭必須。定價七角。
92	內經通論難經通論	1926 年 8 月再版	醫學書局	丁編輯。定價三角。
93	肺癆病	1926 年 7 月出版	上海醫學書局	丁譯述。

94	新脈學一夕談	1926 年再版	梅白格路醫學書局	丁述。定價四角。
95	內科學綱要	1926 年 11 月再版	梅白格路宏昌里一百廿一號即愛文義路新聞巡捕房後面醫學書局	日本安藤重次郎、村尾達彌、瀨尾雄三原著，丁譯述。定價兩元五角。
96	無藥療病法（醫學界破天荒之奇書）	1927 年 2 月再版，1930 年 11 月 2 版	梅白格路醫學書局	日本系左近原著，華文祺譯，丁校閱。「凡不服藥可治神經性胃病、神經衰弱、歇斯底里初期、肺病、糖尿及腦病等十餘種。」洋裝定價一冊四角。
97	近世內科全書	1927 年再版。	上海醫學書局	日本橋本節齋原著，丁譯述。「原著二十七萬字，譯者擇書中吾國最多之疾病一百十六種附上標誌。」定價四元。
98	西洋按摩術	1928 年 1 月再版	梅白格路醫學書局	丁譯述。
99	漢法醫典	1929 年 2 月再版，1934 年 4 月 30 版	上海醫學書局	稱爲「中醫之秘訣」，日本野津猛男原著，丁編譯，作者訪求日漢醫專家井上香彥，得其臨床五十餘年的經驗良方編成。書中選錄 60 種常見病癥的漢醫治療方劑 107 方，簡介其主治、方藥及劑量。漢醫特效方可補西醫之不足。按方治病，可獲奇效。定價一元。
100	現代醫學	1929 年 10 月再版，1932 年 8 月 5 版		內收丁福保、陳邦賢、丁惠康文章及醫書提要。定價三角。
101	家庭新本草	1929 年 10 月再版	梅白格路醫學書局	丁編纂。「所載藥品皆爲中藥曾爲西人化驗確有實效者，性極平和，猛烈者刪去，用於家庭最爲合宜。論藥性及處方與舊本草不同。按西藥分類法。居家必要之智識。」定價四角。
102	新本草綱目	1929 年 10 月初版，1933 年 8 月校訂重印	上海醫學書局	原著：日本小泉榮次郎著《和漢藥考》，丁重新分類，介紹漢藥 550 餘種。定價十元。

103	普通防疫法	1929 年 10 月出版		日本川德治郎原著，丁編譯。
104	中藥淺說	1930年10月出版，1945 年 3 月渝版，1947 年 3 月 6 版	商務印書館萬有文庫	丁編寫，收常用中藥 100 餘種，按強壯健胃消化藥、解熱藥、利尿藥、鎮痛鎮靜鎮痙藥、鎮咳祛痰藥、興奮藥、瀉下藥、變質解凝藥、驅蟲藥分爲 10 類，介紹每味藥的植物、形態、成分、應用等。
105	（最新）醫學指南	1930 年 11 月出版	醫學書局	醫學書局編，收入出版醫學書籍序文 136 篇。
106	妊娠診察法	1931 年 7 月再版		丁譯述。診察婦人妊娠之方法。定價三角。
107	民眾新醫學叢書	1933 年 3 月出版，1947 年 6 月再版	梅白格路醫學書局	丁編輯，吳稚暉，蔣維喬作序。內收《肺病易愈法》、《深呼吸與心身之改造》、《生命一夕談》、《胎生學一夕談》、《兒科一夕談》、《胃腸病一夕談》、《性病一夕談》、《寄生蟲一夕談》、《醫話叢存》、《早老之預防》等。
108	肺病指南	1933 年 9 月出版，1948 年 5 月 12 版	上海醫學書局	丁編著。
109	臨床內分泌病學	1933 年再版		日本橫森賢治郎原著，丁譯述。
110	健康生活叢書	1933 年 12 月出版	梅白格路醫學書局	丁編纂。衛生食物等健康知識。定價八角。
111	自然療法、德國式自然健康法清潔之標準合編	1934 年 12 月出版	醫學書局	丁編。自然療法分自然療法之起源，自然療法大綱，外治法，食物療法，精神療法，病理，急性病，慢性病。德國式自然健康法譯自德國布瑙夫萊著《自然生活法》，提倡科學自然生活方法，鍛鍊身體，健康防病。清潔之標準列舉個人飲食住行，環境衛生的標準。
112	國醫補習課講義（兩冊）	1935 年 10 月出版	上海醫學書局	丁編纂，上冊講解生理解剖及臨床癥狀學，下冊介紹西醫臨床常用藥物的用法及其他非手術療法。

113	德國醫學叢書	1938 年 7 月 3 版	梅白格路醫學書局	丁據日本寺尾國平日譯本重譯，3 冊。定價三元。
114	食物與早老	1939 年 1 月出版	梅白格路醫學書局	丁著，虹橋療養院叢書。
115	食物療病法	1939 年 1 月出版，1940 年 12 月 2 版	上海醫學書局	丁編，臨床營養。「決不做任何補品藥物之介紹。國內同胞宜人手一冊。」上下冊定價國幣九元。
116	肺癆鬥病術一名，肺病最經濟之療養法	1940 年 9 月 2 版	梅白格路醫學書局	丁編纂。
117	現代精神病學	1940 年 4 月出版	梅白格路醫學書局	原著日本下田光造、杉田正樹，丁譯述。
118	衰老之原因及其預防	1940 年 5 月出版，1947 年 10 月再版	上海醫學書局	〔德〕羅蘭著，日太平得三日譯，丁譯述。
119	結婚與優生學	1940 年 6 月出版	梅白格路醫學書局	丁編輯。定價法幣一元五角。
120	食物最經濟法	1941 年 4 月出版	梅白格路醫學書局	丁編纂。
121	衛生延年術	1940 年 9 月出版，1941 年 10 月 2 版	梅白格路醫學書局	丁著，從嬰幼兒到老年的日常生活衛生保健理論和方法。定價三元。
122	用科學來改造中後年之命運法	1941 年 3 月出版，1947 年 5 月再版	梅白格路醫學書局	丁著，內分四十以後之人生、早老及不自然之死，返老還少方法、血壓、如何可使高血壓降低，如何應付動脈硬化等。定價三元。
123	近世肺病新療法	1941 年 6 月出版	上海醫學書局	丁編纂。
124	怎樣調理使你的身體更健壯	1941 年 9 月出版，1948 年 5 月 2 版	梅白格路醫學書局	丁編著，內分健康生活、鍛鍊及不服藥之自然療法、疾病之預防與療養。定價三元。
125	肺病實地療養法	1941 年 11 月出版，1947 年 2 月 2 版	上海醫學書局	丁著。
126	老人延年術，老人性尿閉症	不詳	上海醫學書局	丁著。

127	現代最眞確之生命觀、最眞之衛生長壽術合刊	1942 年 2 月出版	上海醫學書局	丁編著，前部介紹生物學醫學知識，論述生命的本質；後部以中醫觀點講述保健養生知識。定價法幣一元。
128	怎樣創造我的健康生活：五十年著述生活紀念	1942 年 7 月出版	上海醫學書局	丁著，介紹自我養生保健的經驗，青年人的肺結核，中老年人的腦血管意外，癌症等常見病的防治方法，以及修身養性與健康長壽的關係。定價十元。
129	長壽之條件	不詳	上海醫學書局	丁著。
130	日光療病法	1948 年 5 月 2 版	上海醫學書局	丁著作。定價三元。
131	疇隱居士自傳	1948 年 8 月出版	上海詁林精舍	丁著。
132	疇隱居士學術史	1949 年 1 月出版	上海詁林精舍出版部	丁著。

參考書目

一、原始文獻

（1）傳記、家譜、地方志等

1. 丁福保，《疇隱居士自傳》，上海：詁林精舍出版社，1948。
2. 丁福保，《疇隱居士七十自敘》，無錫：無錫史志辦，2009。
3. 丁福保，《疇隱居士自訂年譜》，《清代民國藏書家年譜》第六冊，北京：國家圖書館，1999。
4. 丁錫鏞等主修，丁寶書纂修，《無錫南塘丁氏眞譜》，北京：北京燕山出版社，2006。
5. 秦緗業等纂，《中國地方志集成・江蘇府縣輯24・光緒無錫金匱縣志》，南京：江蘇古籍出版社，1991。

（2）丁福保編寫出版書籍（排序按出版年份）

1. 《醫書提要》，上海：醫學書局，出版年不詳。
2. 《蒙學衛生教科書》，上海：文明書局，1903。
3. 《衛生學問答》，上海：文明書局，1906。
4. 《育兒談》，上海：文明書局，1908。
5. 《肺癆病預防法》，上海：文明書局，1908。
6. 《醫學指南》，上海：文明書局，1908。
7. 《醫學補習科講義》，上海：文明書局，1908。
8. 《內科全書》，上海：文明書局，1908。
9. 《實驗卻病法》，上海：文明書局，1908。
10. 《化學實驗新本草》，上海：文明書局，1909。

11. 《二十世紀新內經》，上海：文明書局，1909。

12. 《竹氏產婆學》，上海：文明書局，1909。

13. 《歷代名醫列傳》，上海：文明書局，1909。

14. 《花柳病療法》，上海：醫學書局，1909。

15. 《傷寒論通論》，上海：醫學書局，1909。

16. 《中外醫通》，上海：醫學書局，1909。

17. 《公民醫學必讀》，上海：醫學書局，1910。

18. 《肺癆病學一夕談》，上海：醫學書局，1910。

19. 《赤痢新論》，上海：醫學書局，1910。

20. 《分娩生理篇》，上海：醫學書局，1910。

21. 《新撰病理學講義》，上海：醫學書局，1910。

22. 《腳氣之原因及治法》，上海：醫學書局，1910。

23. 《歷代醫學書目序》，上海：醫學書局，1910。

24. 《肺癆病救護法》，上海：醫學書局，1911。

25. 《傳染病之警告》，上海：醫學書局，1911。

26. 《癆蟲戰爭記》，上海：醫學書局，1911。

27. 《妊婦診察法》，上海：醫學書局，1911。

28. 《新傷寒論》，上海：醫學書局，1911。

29. 《醫界之鐵椎》，上海：醫學書局，1911。

30. 《人體寄生蟲病編》，上海：醫學書局，1911。

31. 《預防傳染病之大研究》，上海：醫學書局，1911。

32. 《新撰解剖學講義（三冊）》，上海：醫學書局，1912。

33. 《新撰虛癆講義》，上海：醫學書局，1912。

34. 《皮膚病學》，上海：醫學書局，1912。

35. 《喉痧新論》，上海：醫學書局，1912。

36. 《漢譯臨床醫典》，上海：醫學書局，1912。

37. 《普通醫學新智識》，上海：醫學書局，1913。

38. 《西洋醫學史》，上海：醫學書局，1914。

39. 《漢法醫典》，上海：醫學書局，1916。

40. 《皮膚病學美容法》，上海：醫學書局，1916。

41. 《醫學指南正續三合編》，上海：醫學書局，1922。

42. 《新撰虛癆講義》，上海：醫學書局，1926。

43. 《西洋按摩術》，上海：醫學書局，1926。

44. 《近世內科全書》，上海：醫學書局，1927 年再版。

45. 《家庭新本草》，上海：醫學書局，1929。

46. 《現代醫學》，上海：醫學書局，1929。

47. 《新本草綱目》，上海：醫學書局，1929。

48. 《中藥淺說》，上海：商務印書館，1933。

49. 《肺病指南》，上海：醫學書局，1933。

50. 《民眾新醫學叢書》，上海：醫學書局，1933。

51. 《健康生活叢書》，上海：醫學書局，1933。

52. 《德國醫學叢書》，上海：醫學書局，1938。

53. 《食物與早老》，上海：醫學書局，1939。

54. 《肺病最經濟之療養法 —— 肺病鬥病術》，上海：醫學書局，1940。

55. 《現代精神病學》，上海：醫學書局，1940。

56. 《結婚與優生學》，上海：醫學書局，1940。

57. 《食物療病法》，上海：醫學書局，1940。

58. 《食物最經濟法》，上海：醫學書局，1941。

59. 《衛生延年術》，上海：醫學書局，1941。

60. 《用科學來改造中年後之命運法》，上海：醫學書局，1941。

61. 《怎樣調理使你的身體更健壯》，上海：醫學書局，1941。

62. 《怎樣創造我的健康生活：五十年著述生活紀念》，上海：醫學書局，1942。

63. 《保壽法》，北京：中央刻經院，1944。

64. 《衰老之原因及預防》，上海：醫學書局，1947。

65. 《佛學大辭典（卷首）》，臺北：新文豐出版公司，1985。

66. 《西洋醫學史》，北京：東方出版社，2007。

（3）近代醫學期刊

1. 丁福保主編《中西醫學報》，1910～1918；1927～1928；1929～1930。

2. 丁福保主編刊物《國藥新聲》1939～1944。

3. 何廉臣主編《紹興醫藥學報》1908～1910。

4. 周雪樵等主編《醫學報》1903～1910。

5. 《醫學世界》、《康健報》、《醫藥評論》、《大眾醫學月刊》、《中西醫藥》、《健力美》、《健康家庭》等。

（4）近代報紙期刊

1. 《申報》、《大公報》、《新聞報》、《東方雜誌》等。

（5）近代圖書

1. 中國防癆協會，《防癆展覽特刊》，1936。

2. 伍廷光，《伍廷芳歷史》，上海：國民圖書局，1922。

3. 李延安，《中外醫學史概論》，上海：商務印書館，1944。

4. 梁啟超，《佛學研究十八篇》，南京：江蘇文藝出版社，2008。

5. 蔣玉伯，《中國藥物學大成》，知新書局，1935。

6. 轟雲臺，《結核輔生療法》，上海：樂中印書社，1949。

（6）文集及史料集

1. （明）高濂，《遵生八箋》，北京：人民衛生出版社，2007。

2. （清）李鴻章，《李鴻章全集》，長春：時代出版社，1998。

3. （清）麥仲華，《皇朝經世文新編（卷二十上·學術）》，上海：大同譯書局刊〔出版年不詳〕。

4. （清）盛宣懷，《愚齋存稿》，臺北：文海出版社，1975。

5. （清）盛宣懷，《盛宣懷日記》，揚州：江蘇陵古籍刻印社，1998。

6. 傅蘭雅輯，《格致匯編》，南京：南京古舊書店，1992。

7. （清）趙元益、秀耀春譯，〔英〕古蘭肥勒，《保全生命論》，江南製造局，1901。

8. （清）鄭觀應，《盛世危言》，臺北：學術出版社，1965。

9. 《秘書集成3》，北京：團結出版社，1994。

10. 北京大學歷史系近代史教研室編，《盛宣懷未刊信稿》，北京：中國史學社，1960。

11. 朱有瓛主編，《中國近代學制史料》第一輯，（下冊），上海：華東師範大學出版社，1986。

12. 李桂林編，《中國近代教育史資料彙編·普通教育》，上海：上海教育出版社，1995。

13. 陸拯主編，《近代中醫珍本集：醫案分冊》，浙江科學技術出版社，1994。

14. 張靜廬，《中國近代出版史料》（初編、二編、補編），北京：中華書局，1957。

15. 無錫文史資料，《無錫史志 —— 百科全書式的學者丁福保》，2009 年第 5 期。

16. 湯志鈞等編，《中國近代教育史資料彙編：戊戌時期教育》，上海：上海

教育出版社，2007。

17. 黎難秋主編，《中國科學翻譯史料》，合肥：中國科學技術大學出版社，1996。

二、研究論文與專著

（1）中文期刊

1. 小曾户洋，〈日本漢方醫學形成之軌跡〉，《中國科技史料雜誌》2002 年第 33 卷第 1 期。

2. 王汎森，〈中國近代思想文化史研究的若干思考〉，《新史學》十四卷四期，2003 年 12 月。

3. 牛亞華、馮立昇，〈丁福保與近代中日醫學交流〉，《中國科技史料》2004 年第 25 卷第 4 期。

4. 伊廣謙，〈丁福保生平著作述略〉，《江西中醫學院學報》2003 年 3 月第 15 卷第 1 期。

5. 吳迪，〈我國 30 年代的雜誌出版業〉，《編輯學刊》1999 年第 5 期。

6. 朱現平，〈中醫學傳承體系的形成〉，《中華醫史雜誌》1991 年第 4 期，第 21 卷。

7. 高毓秋，〈丁福保年表〉，《中華醫史雜誌》2003 年 7 月第 33 卷第 3 期。

8. 高毓秋、眞柳誠，〈丁福保與中日傳統醫學交流〉，《中華醫史雜誌》1992 年第 22 卷第 3 期。

9. 陳勝崑，〈看圖説醫：平民醫生 —— 丁福保〉，《健康世界》1980 年 12 月。

10. 黃克武，〈從申報醫療廣告看民初上海的醫療文化與社會生活，1912～1926〉，《中央研究院近代史研究所集刊》，第 17 期下冊，1988 年 12 月。

11. 黃克武，〈民國初年的上海靈學研究：以「上海靈學會」爲例〉，《中央研究院近史所集刊》第 55 期，2007 年 3 月。

12. 曹麗娟，〈試論清末衛生行政機構〉，《中華醫史雜誌》2001 年 02 期。

13. 葉曉青、許立言，〈清末中西醫學研究會〉，《中國科技史料》1981 年第 2 期。

14. 雷祥麟，〈衛生爲何不是保衛生命：民國時期另類的衛生、自我與疾病〉，《臺灣社會研究》第 54 期，2004 年 6 月。

15. 雷祥麟，〈習慣成四維：新生活運動與肺結核防治中的倫理、家庭與身體〉，《中央研究院近代史研究所集刊》第 74 期，2011 年 12 月。

16. 趙璞珊，〈丁福保和他早期編著翻譯的醫書〉，《中西醫結合雜誌》1990 年第 10 卷第 4 卷。

17. 趙璞姍，〈趙元益和他的筆述醫書〉，《中國科技史料》1991 年第 12 卷第 1 期。

18. 劉士永，〈清潔、衛生與保健 —— 日治時期臺灣社會公共衛生觀念之轉變〉，《臺灣史研究》第八卷第一期，2001 年六月。

19. 黎難秋，〈趙元益與西方近代醫藥學的傳入〉，《中華醫史雜誌》，1983 年第 13 卷第 3 期。

20. 盧潤向，〈丁福保傳略〉，《晉陽學刊》1991 年第 5 期。

21. 蕭惠英、王博芬，〈中西醫百年期刊民國間醫事實錄：紀念丁福保創辦中西醫學報 100 週年〉，《中國醫藥文化》2010 年第 3 期。

（2）中文著作

1. 上海市中醫文獻館，《海派中醫學術流派精粹》，上海：上海交通大學出版社，2008。

2. 上海市檔案館，《檔案裏的上海》，上海：上海辭書出版社，2006。

3. 戈公振，《中國報學史》，北京：中國新聞出版社，1985。

4. 王揚宗編，《近代科學在中國的傳播（下）》，濟南：山東教育出版社，2003。

5. 王書城，《中國衛生事業發展》，北京：中醫古籍出版社，2006。

6. 王永炎，嚴世芸，《實用中醫內科學》，上海：上海科學技術出版社，2009。

7. 田淼，《中國數學的西化歷程》，濟南：山東教育出版社，2005。

8. 白先勇，《白先勇散文集》，上海：文匯出版社，2000。

9. 江支地譯，日本花園大學佛學特別講座，《禪與漢方醫學》，臺北：立緒文化事業有限公司，1996。

10. 何廉臣編，《增訂通俗傷寒論》，福州：福建科學技術出版社，2004。

11. 朱晟，何端生，《中藥簡史》，臺北：世潮出版有限公司，2007。

12. 吳仁安，《明清江南著姓望族史》，上海：上海人民出版社，2009。

13. 宋原放主編，《中國出版史料近代部分》，武漢：湖北教育出版社，2004。

14. 李經緯、鄢良編，《西學東漸與中國近代醫學思潮》，武漢：湖北科技出版社，1992。

15. 李經緯，張志斌：《中醫思想史》，長沙：湖南教育出版社，2006。

16. 李尚仁主編，《帝國與現代醫學》，臺北：聯經出版事業有限公司，2008。

17. 李歐梵，毛尖譯，《上海摩登：一種新都市文化在中國 1930～1945》，香港：牛津大學出版社，2006。

18. 巫仁恕等主編，《從城市看中國的現代性》，臺北：中央研究院近代史研

究所，2010。

19. 來新夏，《中國近代圖書事業史》，上海：上海人民出版社，2000。

20. 周惠民等譯，〔美〕劉易斯・托馬斯（Lewis Thomas），《最年輕的科學：觀察醫學的札記》，青島：青島出版社，1996。

21. 馬伯英等，《中外醫學文化交流史》，上海：文匯出版社，1993。

22. 桑兵，《晚清學堂學生與社會變遷》，臺北：稻禾出版社，1991。

23. 郭秉文，〈中日戰爭之影響於新教育〉，《中國教育制度沿革史》，福州：福建教育出版社，2007。

24. 郭廷以，《近代中國的變局》，臺北：聯經出版社，1987。

25. 梁其姿，《面對疾病：傳統中國社會的醫療觀念與組織》，北京：中國人民大學出版社，2012。

26. 陳存仁，《銀元時代生活史》，桂林：廣西師範大學出版社，2001。

27. 陳邦賢，《中國醫學史》，上海：商務印書館，1937。

28. 陳固亭，《明治時代中日文化的連繫》，臺北：中華叢書編審委員會，1971。

29. 陳勝崑，《近代醫學在中國》，臺北：橘井文化事業股份有限公司，1992。

30. 屠詩聘主編，《上海春秋》，香港：中國圖書編譯館，1968。

31. 張大慶主譯，肯尼士（Kenneth F. Kiple）著，《劍橋世界人類疾病史》，上海：上海科技教育出版社，2007。

32. 張仲禮，《上海近代社會經濟發展概況：1882～1931》。上海：上海社會科學出版社，1985。

33. 張仲民，《晚清衛生書籍的文化史》，上海：上海世紀出版集團，2008。

34. 鄒伊仁，《舊上海人口變遷的研究》，上海：上海人民出版社，1980。

35. 鄒振環，《20世紀上海翻譯出版與文化變遷》，南寧：廣西教育出版社，2000。

36. 蔡景強，《西醫往事——民國西醫教育的本土化之路》，北京：中國協和醫科大學出版社，2010。

37. 鄧鐵濤，《中醫近代史》，廣州：廣東高等教育出版社，1999。

38. 鄧鐵濤，《中國醫學通史近代卷》，北京：人民衛生出版社，2000。

39. 廖育群，《遠眺皇漢醫學》，臺北：東大圖書公司，2007。

40. 樂正，《近代上海人社會心態 1860～1910》，上海：上海人民出版社，1991。

41. 劉翠溶，伊懋可主編，《積漸所至：中國環境史論文集》，臺北：中央研究院經濟研究所，1995。

42. 劉士永，《武士刀與柳葉刀 —— 日本西洋醫學的形成與擴散》，臺北：國立臺灣大學出版中心，2012。

43. 魯迅，《魯迅全集》，北京：人民文學出版社，1981。

44. 鄭逸梅，《鄭逸梅選集》第六卷，哈爾濱：黑龍江人民出版社，2001。

45. 羅伊‧波特（Roy Porter）主編，張大慶主譯，《劍橋插圖醫學史》，臺北：如果出版社，2008。

46. 熊月之，《西學東漸與晚清社會》，上海：上海人民出版社，1994。

47. 熊月之，《晚清新學書目提要》，上海：上海人民出版社，1997。

48. 趙洪鈞，《近代中西醫論爭史》，合肥：安徽科技出版社，1988。

49. 譚汝謙，《中國譯日本書綜合目錄》，香港：中文大學出版社，1980。

50. 謝柏暉譯，Roger Chartier 著，《書籍的秩序：歐洲的讀者、作者與圖書（14～18 世紀）》，臺北：聯經出版社，2012。

51. 戴仁著，李桐實譯，《上海商務印書館 1897～1949》，北京：商務印書館，2000。

（3）英文期刊

1. Bridie Jane Andrews.（1997），Tuberculosis and the Assimilation of Germ Theory in China, 1895～1937, Journal of the History of Medicine & Allied Sciences, 52（1）, 114～157.

2. Hsiang-Lin Lei. （2010）, Habituating Individuality: The Framing of Tuberculosis and Its Material Solutions in Republican China, Bulletin of the History of Medicine, 84（2）, 248～279.

（4）英文學位論文

1. Bridie Andrews.（1997）, The making of Modern Chinese medicine, 1895～1937, Dissertation, The Cambridge University.

2. Hsiang-Lin Lei.（1999）, When Chinese medicine encountered the states, 1910～1949, Dissertation, The University of Chicago.

（5）英文專著

1. Angela Ki Che Leung and Charlotte Furth edited.（2011）, Health and hygiene in Chinese East Asia: policies and publics in the long twentieth century, Durham: Duke University Press.

2. Barbara Mittler.（2004）, A newspaper for China 抬 Power, identity and change in Shanghai's news media, 1872～1912 , USA: Harvard University Asia Center.

3. Benjamin A. Elman.（2009）, A cultural history of modern science in China, USA: Harvard University Press.

4. Hsu Elisabeth edited.（2001）, Innovation in Chinese medicine, Cambridge, England: Cambridge University Press.

5. Mark Jackson edited. （2011） , The Oxford handbook of the history of medicine, USA: Oxford University Press.

6. Morris Low edited. （2005）, Building a modern Japan: science, technology, and medicine in the Meiji era and beyond, New York: Palgrave Macmillan.

7. John Z. Bowers,（1980）, When the twain meet, the rise of western medicine in Japan, Baltimore and London: The Johns Hopkins University Press.

8. Paul U. Unschuld, （1988）, Medicine in China: a history of ideas, Berkeley: University of California Press.

9. Prasenjit Duara, （2003）, Sovereignty and authenticity: Manchukuo and the East Asian modern, Lanham,Md.:Rowman & Littlefield Publishers.

10. Ruth Rogaski, （2004）, Hygienic modernity: meanings of health and disease in treaty-port China, USA: University of California press.

11. Sherman Cochran, （2006）, Chinese medicine men: consumer culture in China and Southeast Asia, USA: Harvard University Press.

12. Volker Scheid, （2007）, Currents of tradition in Chinese medicine, 1626～2006, Seattle: Eastland Press.

13. William Johnston, （1995）, The modern epidemic: a history of tuberculosis in Japan,Cambridge, Mass. Harvard University Press.

（6）日文著作

1. 中野操，《皇國醫事大年表》，東京：株式會社南江堂，1942。

2. 石川日出鶴丸，《石川生理衛生教科書》，東京：富山房，1915。

3. 石神亨，《通俗肺病問答》，東京：丸善株式會社，1902。

4. 竹中成憲，《通俗肺結核豫防及療法》，東京：誠之堂，1907。

5. 富士川游，《日本醫學史》，東京：裳華房，1904。

6. 橫手千代之助，《衛生學講義》，東京：南光堂支店，1911。

後　記

　　本書脫胎於我的博士畢業論文。寫作論文是一個漫長的階段，需要有足夠的耐心來應對遇到的種種困難，從最初的選題、搜集資料、確定主旨、構思綱要、到實際的撰寫與成文後的修改。在這個過程中，幸運的是我有兩位好的導師的指引，使得我的這條路走得不至於那麼艱辛。多謝我的指導教授：梁其姿老師和葉漢明老師。從選題到完稿，梁老師爲我的論文付出了極大的心血。入學之際，梁老師便提醒我關注丁福保這個在近代醫史中十分重要但研究尚缺的人物。在我查找資料，撰寫論文的過程中又指導我不斷地發現問題，討論問題。能夠在梁師門下四年，此生幸甚！葉老師在幫助我提煉論文的主題和注意整體行文的流暢度上出力甚大。還要謝謝論文口試委員會的蒲慕州老師，梁元生老師的意見與幫助，以及校外委員雷祥麟老師，讓我意識到自己的論文還有許多未竟之處。還有一起上討論班的各位同學：文妍、學謙、蔡茄、劉煒、阿昇，不止因爲你們帶給我諸多關於論文的想法和問題，也因爲你們的友情，讓我這三年多的生活不那麼孤單。

　　如果沒有找到丁福保的大量醫學方面的著述，這篇論文也不能夠寫成。因此要多謝在我 2010 及 2011 年暑假前往北京、上海、無錫三地查找資料時遇到的諸多好心人的幫助。多謝北京圖書館樣本庫的劉桂雲老師，幫我以最快速度複製丁福保的期刊文章；多謝無錫史志辦的吳佳佳主任，除了爲我在無錫的行程提供幫助之外，還告知我丁福保後人在上海的聯絡方式；多謝丁福保的兒媳徐奶奶以及其孫丁大海先生，熱情接待我這樣一個不速之客，並爲我影印了不少資料；多謝上海中醫藥大學醫史博物館的蕭老師的仗義相助，還有很多一起查找資料的朋友們。

　　能夠出版自己的博士畢業論文，是一件非常幸運的事情，畢竟太多好的博士論文都處於塵封之中。感謝我本科時候的指導教授，南京大學申曉雲老師的提醒，讓我知曉臺灣花木蘭文化出版社的這個資助博士論文的出版項目。謝謝花木蘭文化出版社編輯在此書付梓過程中的辛勤努力。

　　多年來，我的父母和姐姐對我的學業給予了莫大的支持，拳拳之心無以為報，謹以此書表達最大的感謝！

附　錄

圖一：丁福保肖像

　　丁福保（1874～1952），字仲祜，又字梅軒，號疇隱居士，又署晉陵下工、濟陽破衲。江蘇無錫人。他不僅精通中西醫學，出版了大量醫書，這是本書研究的主要方面。但除此之外，丁氏在佛學，國學，算學，錢幣學方面亦頗有造詣。在佛學方面，編有《佛學攝要》、《佛學指南》、《佛學起信》及《佛學大辭典》等十多種書籍；在國學方面，編有《說文解字詁林》，《全漢三國晉南北朝詩》及《歷代詩話》等；錢幣方面有《古錢大辭典》、《古泉學綱要》、《古泉叢話》等。

圖二：丁福保醫書廣告

　　1914 年《申報》第二張刊登丁福保的廣告，內容包括丁福保醫寓遷移及譯著《花柳病療法》介紹，稱「書中所論病源、病狀及療法皆理明詞達，閱之即能瞭解。其藥方皆從確實之經驗得來，苟能照方試治，必能事半功倍之效。」

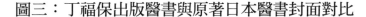

圖三：丁福保出版醫書與原著日本醫書封面對比

日本醫學士竹中成憲著作《簡易產婆學》，1900 年出版。

　　丁福保譯作《竹氏產婆學》，上海文明書局 1908 年 1 月出版，1920 年 5 月 4 版，1930 年 5 月再版。

日本足立寬著作《育兒新語》，1907 年出版。

　　丁福保譯作《育兒談》，1908 年 7 月出版，1909 年 10 月 2 版，1917 年 5 月 4 版。總髮行所：上海醫學書局。分售處：上海商務印書館，上海掃葉山房。各省分售處：各埠商務印書館，各埠掃葉山房。售價大洋四角。（民國六

年大米每石六、七元左右，當時較有名氣的醫生的出診費爲大洋一元，大洋四角相當於上海一非熟練工人一天的工資。見蘇同炳，《人物與掌故叢談下》，北京：紫禁城出版社，2010，頁 207。何一民，《近代中國城市發展與社會變遷，1840～1949》，北京：科學出版社，2004，頁 518。）